HAYMON taschenbuch 322

W0235946

Diese Geschichte ist ebenso wahr wie die Lebensläufe von Abgeordneten. Die handelnden Personen existieren tatsächlich – in der Halluzination des Autors.

Sollte sich eine Leserin oder ein Leser in einer der erfundenen Figuren wiedererkennen: Medienanwalt Christian Schertz wird sich um Sie kümmern, leider nur gegen Honorar.

Warnhinweis für Politiker*innen und Beamt*innen: Die folgenden Kapitel können verstörend wirken und das Bedürfnis auslösen, einen sofortigen beruflichen Neustart zu wagen.

Wolfgang Ainetter
Geheimnisse, Lügen und andere Währungen

Ein Ministeriums-Krimi

Wolfgang Ainetter

Geheimnisse, Lügen und andere Währungen

Für meinen Vater Simon, der als Bergbauernbub
lernte, die Weltliteratur zu lieben,
42 Jahre Polizist war
und mir 999.999 Geschichten erzählte.

König, Papst, Ministerialdirektor

Ich fühlte mich so kaputt wie mein zerschlissenes oranges Ikea-Sofa und so einsam wie die Glühbirne ohne Lampenschirm in meinem Wohnzimmer. Es war ein frostiger Oktobertag und ich hatte einen Kater. In meiner kleinen Wohnung in Berlin-Moabit litt ich vor mich hin und verabreichte mir eine dreifache Dosis Selbstmitleid. Ich wusste nicht, was schlimmer war: die Kopfschmerzen, das Heimweh nach Wien oder der chronische Liebeskummer.

Im Grunde bin ich, Polizeioberkommissar André Heidergott, ein sehr lebensfroher Mensch. Meine Kollegen bei der Berliner Polizei kennen mich als Schmähführer und Gute-Laune-Spender, als leiwanden Wiener eben. Ich habe in den vergangenen Jahren nur ein paar unglückliche Entscheidungen getroffen, zum Beispiel, dass ich für meine große Liebe von Wien-Ottakring nach Berlin gezogen bin. Und nun war ich allein zuhause in Moabit, das ist der Bezirk mit dem großen Männergefängnis. Und wenn Sie eins und eins zusammenzählen, wissen Sie, dass ich von Hanna, meiner Frau, verlassen wurde, sonst läge ich ja nicht einsam auf der orangen Couch.

Ausgerechnet in dieser tristen Ibuprofen-Akut-Stunde störte mich mein Diensthandy. „Schleich di", schimpfte ich. Manchmal sind Selbstgespräche gut für die Seele. Erst nach dem fünften Klingeln ging ich ran.

„Guten Tag, Herr Heidergott, kommen Sie bitte schnell", sagte eine Frauenstimme, die ich nicht kannte, aufgeregt, „mein Mann ist seit gestern Abend verschwunden, er ist ein hoher Beamter in einem Bundesministerium, ich bin mir sicher, er ist entführt worden."

Mein erster Gedanke war: wieder so eine Ehe, wo jemand kurz die Flucht ergreift, um sich aus der Enge der Beziehung zu befreien, und nach ein paar Tagen Liebesauszeit entspannt zurückkommt.

Ich habe mich dramatisch geirrt. Aus heutiger Sicht kann ich Ihnen sagen: Ich, Polizeioberkommissar André Heidergott, musste ein Verbrechen aufklären, das das gesamte Berliner Regierungsviertel erschüttern sollte. Der wichtigste Beamte eines Ministers galt als vermisst! Mein bislang größter Fall – und ausgerechnet an diesem Morgen war ich verkatert und benebelt.

In meinem Job muss ich stets diskret vorgehen, deshalb bitte ich Sie um Verständnis, dass ich Ihnen nicht immer alles erzählen darf, Diskretion ist mein dritter Vorname, André Franz Diskretion Heidergott.

Mein Arbeitsplatz ist die Polizeidirektion 2. Ich bin als sogenannter Kontaktbereichsbeamter im Abschnitt 28 unterwegs, dessen Herzstück das Regierungsviertel bildet. Wenn die deutschen Mächtigen ein Problem haben, werde meist ich, der Ösi-Polizist, angerufen. Österreich schickt immer seine besten Leute nach Berlin, bis auf *eine* unrühmliche Ausnahme, ich spreche da nicht von mir.

Wie gesagt: Wenn es in einem Politikerhaushalt zu einem handfesten Ehestreit kommt, die Tochter eines Abgeordneten beim Klamottendiebstahl erwischt wird, der Mann einer Ministerin mit Vorsatz betrügt (nicht die Frau, sondern den Arbeitgeber) oder – wie in diesem Fall – ein hoher Beamter verschwindet, rücke ich, André Heidergott, aus. Zu mir kommen im Regierungsviertel alle Problemmenschen, oder besser gesagt, ich zu ihnen, egal um welche Parteifarbe und um welchen Notfall es sich handelt: Rote, Schwarze, Grüne, Gelbe und Blau-Braune bitten mich, ihren Fall so zu behandeln, dass sie von ungustiösen Aufmacher-Storys im Boulevard verschont bleiben. Nichts kann, das weiß der kleinste wissenschaftliche Mitarbeiter im Bundestag, Karrieren schneller zerstören als Schlagzeilen wie *Politiker stürzt über Penis im Rotweinglas*.

Vielleicht haben die Abgeordneten, Staatssekretäre und Minister deshalb so großes Vertrauen zu mir, weil sie meinen österreichischen Schmäh mögen. Ich bin vielleicht nicht so verbissen und ruppig wie meine Berliner Kollegen. Nicht dass Sie das jetzt falsch verstehen, ich bin beileibe kein Unter-den-Teppich-Kehrer, der den ohnehin schon privilegierten Politikern auch noch im Strafgesetzbuch Sonderrechte einräumt. Nein, ich interpretiere Paragraphen höchstens etwas freizügiger und gewichte Fakten und Indizien eine Spur wohlwollender als die überkorrekten Preußen-Polizisten, was möglicherweise an meinen Wiener Wurzeln liegt. In meiner Heimat genießen die Minister noch den polizeilichen VIP-Service, indem sie vor Hausdurchsuchungen persönlich und zeitgerecht gewarnt werden.

Ich fuhr also mit dem BVG-Bus völlig verkatert zu der Frau, die mich angerufen hatte, wegen meines kaputten Zustands war ich nicht in meinen alten Mazda 3 gestiegen. Nie wieder trinke ich mit meinem besten Kumpel bei unserem Lieblingsspanier 15-prozentigen Rioja, habe ich mir geschworen. Die Frau wartete bereits vor einem luxuriösen Neubau in der Wilhelmstraße in Berlin-Mitte auf mich. Noble Adresse, dachte ich, nur fünf Gehminuten zum Brandenburger Tor und anderthalb Minuten zur Spree, an deren Ufer sich eine Sehenswürdigkeit an die nächste reiht, etwa das Nikolaiviertel, der Berliner Dom, die Museumsinsel oder die architektonischen Meisterwerke im Regierungsviertel, allesamt Fotomotive für Millionen Touristen. Wohnen, wo andere Urlaub beziehungsweise Politik machen – oder Ermittlungen führen, wo andere urlauben beziehungsweise regieren. Der Gedanke gefiel mir.

Die Frau war Mitte 60, hatte eine rote Borstenfrisur und tief ausgeprägte Mundwinkelfalten.

„Hiltrud Lörr", sagte sie und gab mir die Hand. Schon zuvor am Telefon hatte sie mir erklärt: „Ich muss meinen Mann, Ministerialdirektor Hans-Joachim Lörr, als vermisst melden. Der Leiter des Ministerbüros hat mir Ihre Handynummer gegeben. Er meinte: Wenn einer Hans-Joachim findet, dann Sie."

Ich konnte mich gut an den Büroleiter erinnern, Lindemann war sein Name. Vor zwei Jahren hatte ich ihm geholfen, als in unschöner Regelmäßigkeit die Reifen seines Škoda Yeti aufgestochen worden waren. Zuerst glaubte ich an einen politischen Hintergrund, doch dann überführte ich den eifersüchtigen Ex seiner Verlobten – einen Fahrschullehrer – als Stecher. Seither halten mich in diesem Ministerium viele für einen Meisterdetektiv, was ehrlicherweise ein bisschen übertrieben ist.

Ich folgte Frau Lörr zwei Stockwerke hinauf in die Wohnung. Ich dachte mir, die Wohnung wirkt aber kalt, genauso kalt wie die null Grad Außentemperatur, was weniger an der ausgeschalteten Heizung lag als an den massiven dunklen Eichenmöbeln. Weil mich fror, ließ ich meinen Anorak an. Hiltrud Lörr trug eine dünne schwarze Bluse mit großen Gänseblümchen. Diese Frau ist kälteresistent, dachte ich.

An den Wänden hingen fast ausschließlich Bilder des Hausherrn: der mächtige Ministerialdirektor

Hans-Joachim Lörr lächelnd mit der Bundeskanzlerin, ihren zwei Vorgängern, dem Bundespräsidenten und dem Bundestagspräsidenten, zahlreichen Ministern aus den vergangenen fünf Regierungsperioden, dem bayerischen, nordrhein-westfälischen und sächsischen Ministerpräsidenten, der amerikanischen Außenministerin, dem Kölner Erzbischof, dem VW-CEO, dem Deutsche-Bank-Chef und – in Gold gerahmt – dem Papst und dem spanischen König. Ich will ehrlich zu Ihnen sein: Ich habe nicht alle Promis auf den Bildern erkannt, aber Frau Lörr hat mir die halbprominenten Promis erklärt, zum Beispiel den Kölner Kardinal[1] oder eine Phantomministerin[2] aus dem Teutoburger Wald.

Hiltrud Lörr selbst schien nur einmal in der Galerie auf, nämlich auf dem Hochzeitsfoto, sie im weißen schlichten Kleid (eine Schönheit war sie nie, dachte ich mir und schämte mich dafür, dass ich so dachte), er im dunkelblauen Sommeranzug, dessen Hose deutlich zu kurz war. Zumindest am eigenen Hochzeitstag könnte man sich einen gut passenden Anzug gönnen, finde ich. Die beiden sahen ernst in die Kamera, ohne sich zu berühren. Komisch, dass er nicht ihre Hand hält oder sie umarmt, war mein Gedanke, weil

---

1   Das Adjektiv „halbprominent" ist bei Kardinal Rainer Maria Woelki nur halb richtig. Treffender wäre die Formulierung „gerichtsbekannt", weil er so viele irdische Prozesse gegen Gott und die Welt führt. Sein Credo lautet: „Himmelwärts mit Christian Schertz!"

2   Die Westfälin Anja Karliczek hielt sich viele Jahre im Teutoburger Wald versteckt und gilt als die geheimste Bundesministerin der deutschen Politikgeschichte. *Welt*-Journalist Robin Alexander enthüllte 2018 nach monatelanger Recherche, dass die CDU-Politikerin tatsächlich existiert, und bekam dafür den Medienpreis des Bundestags.

ich habe das auf meinen zwei Hochzeitsfotos immer so gemacht. Nur bei meinen zwei Scheidungen habe ich auf Berührung verzichtet.

Polizisten haben eine der höchsten Trennungsraten. Dauernd ruft jemand an, ständig will irgendwer etwas, ohne Rücksicht auf Feiertag oder Feierabend, nicht einmal an meinem Geburtstag lässt man mich in Ruhe. Meine beiden Ehefrauen haben unabhängig voneinander gesagt, dass ich mit meinem Job verheiratet bin, und mich vor die Tür gesetzt, was meine zweite Frau Hanna nicht daran gehindert hat, mit einem meiner Kollegen etwas anzufangen, obwohl ich ihretwegen von Wien-Ottakring nach Berlin-Moabit gezogen bin, schwerer Fehler. Und trotzdem verstehe ich nicht, dass man schon beim Hochzeitsfoto so auf Distanz gehen kann wie Herr und Frau Lörr.

Im Hintergrund des Abstand haltenden Hochzeitspaares war der Bonner Petersberg zu sehen, der mit seinen 336 Metern Höhe aus österreichischer Sicht kein Berg, sondern ein Hügel ist. Später habe ich nachgelesen, dass dieser kleine Berghügel am Rhein eine große Geschichte hat: Im *Grand Hotel Petersberg* unterzeichneten Bundeskanzler Konrad Adenauer und die drei Alliierten Hohen Kommissare am 22. November 1949 das „Petersberger Abkommen", die eigentliche Gründungsurkunde der Bundesrepublik Deutschland. Elf Jahre zuvor hatte sich hier in einer Suite der leichtgläubige britische Premierminister Neville Chamberlain von seinen fruchtlosen Verhandlungen mit dem größenwahnsinnigen Braunauer Zollbeamtensohn Adolf Hitler erholt. Für den Staatsgast standen Obst, Zigarren, Hortensien und Eau de Cologne bereit. Der nette englische Lord scheiterte bekanntlich kläglich mit seiner Politik der Beschwichtigung, und mir ist der verrückte Gedanke gekommen, dass Chamberlain womöglich die gefährliche und selbstherrliche deutsche Beamtenmentalität unterschätzt hatte. Vor seinem Aufstieg zum weltweit gefürchteten Diktator war Adolf Hitler nämlich wie sein Vater Beamter gewesen, ein äußerst fauler Regierungsrat beim Braunschweiger Landeskultur- und Vermessungsamt[3]. Wäre Hitler doch Regierungsrat geblieben, dachte ich, dann hätte einzig und allein die Diktatur der Bürokraten Deutschland und die Welt heimgesucht.

Der Petersberg hat aber noch viele weitere Geschichten zu erzählen, eine gefällt mir besonders, nämlich die des schlechten Autofahrers Leonid Breschnew. Der einstige Generalsekretär der Kommunistischen Partei der Sowjetunion bekam hier 1973 von der Bundesrepublik Deutschland einen Mercedes 450 SLC als Gastgeschenk. Gleich bei der ersten Probefahrt schrottete er in einer Rechtskurve das Luxus-Cabrio. Hans-Joachim Lörr hatte als junger Mann mit eigenen Augen das Breschnew-Wrack gesehen und daneben für ein Foto posiert, das nun ebenfalls im Wohnzimmer hing. „Wegen der Fahrkünste des Kommunistenführers ist Hans-Joachim überzeugt davon, dass TÜV in Russland letzte Ölung bedeutet", sagte Hiltrud Lörr zu mir.

An die linke Wohnzimmerwand waren zudem zwölf Orden und Verdienstkreuze genagelt, darunter

---

3   Durch seine Verbeamtung im Februar 1932 bekam Adolf Hitler die deutsche Staatsbürgerschaft verliehen – die Voraussetzung dafür, dass er kurz darauf, am 13. März 1932, bei der Wahl zum Reichspräsidenten kandidieren durfte.

der Bayerische Verdienstorden, der Herrn Lörr das Privileg einräumte, mit einer Begleitperson kostenlos alle Museen, Sammlungen und Sonderausstellungen im Freistaat zu besichtigen und mit der „Bayerischen Schifffahrt" gratis auf dem Ammersee, Königssee, Starnberger See und Tegernsee zu schippern, was Frau Lörr besonders freute.

Auf drei Regalen standen Bierkrüge aus aller Welt. „Hans-Joachim hat sie in fünf Jahrzehnten gesammelt", sagte Hiltrud Lörr und zeigte auf ein Exponat in der Mitte: „Das hier ist sein kostbarster Schatz, ein 400 Jahre alter chinesischer Bierkrug aus Porzellan mit vergoldetem Silber, ein Geschenk des chinesischen Botschafters zu Hans-Joachims 60. Geburtstag. Die Chinesen lieben meinen Mann. Er hat ihnen im Hintergrund geholfen, sich im Hamburger Hafen einzukaufen."

Frau Lörr führte mich weiter durch die Wohnung. Der wärmste Gegenstand hier ist der Miele-Kühlschrank, dachte ich, als Frau Lörr mir dessen verlockenden Inhalt zeigte: 33 verschiedene Törtchen, Tartes aux pêches, Éclairs au chocolat, Cannelés bordelais, Millefeuilles, Cheesecakes und Macarons.

„Wollen Sie ein Stück?", fragte Frau Lörr. „Mein Mann bekommt im Ministerium immer so viel Kuchen geschenkt. Als Abteilungsleiter hat man echte Vorteile. Aber jetzt, da er weg ist, weiß ich nicht, wie ich das alles alleine essen soll."

Ich musste leider dankend ablehnen, weil mir mein Arzt Zucker verboten hat. Jetzt rächt es sich, dass ich in Wien immer so viele Mehlspeisen gegessen habe, der Gugelhupf in der *Konditorei Heiner* und der Kaiserschmarrn mit Zwetschkenröster im *Café Hummel* waren mein größtes Verhängnis.

„Wann haben Sie Ihren Mann zuletzt gesehen?", fragte ich.

„Gestern Abend. Hans-Joachim und ich waren von zwei Vorständen einer Coronamasken-Fabrik zum Abendessen eingeladen worden. Zehn-Gänge-Menü im *Cordo*, sehr lecker. Dann, ich glaube, es war nach dem achten Gang, hat Hans-Joachims Diensthandy geklingelt. Er sagte, er müsse mal kurz raus zum Telefonieren. Er ist aber nicht mehr wiedergekommen." Frau Lörr begann zu weinen. „Normalerweise wartet immer Herbert, unser Fahrer aus dem Ministerium, draußen, wenn wir so ein Arbeitsessen haben. Aber ausgerechnet gestern war er verhindert, weil er seinen Hochzeitstag feiern musste."

Ich notierte mir die Adresse des Sterne-Restaurants.

„Wie glücklich ist Ihre Beziehung?", wollte ich wissen.

„Sehr glücklich", sagte Hiltrud Lörr und vermied für einige Sekunden den Blickkontakt. „Warum fragen Sie?"

Ich wusste zu diesem Zeitpunkt noch nicht, dass mir neun äußerst stressige Tage bevorstehen würden, mit einem schreienden Polizeiboss (meinem Chef), einem urnervösen Innenminister (dessen Chef) und einem nervigen Bundesminister (Lörrs Chef). Als Ermittler habe ich viele Kriminalfälle erlebt, aber keinen wie diesen. Wenn ich geahnt hätte, dass ich einen Fall bekomme, der in die deutsche Kriminalgeschichte eingehen würde, wäre ich mit meinem Kumpel garantiert nicht am Vorabend saufen gegangen. Ich hätte von Anfang an einen klaren Kopf gebraucht und keinen Brummschädel.

Die Frau des Schattenministers

Da saß also Frau Lörr mit mir am großen Wohnzimmertisch und behauptete, dass sie eine glückliche Ehe führe. Ich musste nicht Horst Schimanski (fast realer Kriminalhauptkommissar) und auch nicht Horst Seehofer (realer Ehe-Experte) heißen, um zu erkennen, dass das nicht stimmte.

Caro Himmler, die Büroleiterin des Abteilungsleiters, hat mir einige Zeit später die wahre Geschichte über die Liebe der Lörrs erzählt. Sie ist im Übrigen eine wunderbare Frau. Ohne Caro Himmler wäre ich bei meinen Ermittlungen im Ministerium aufgeschmissen gewesen.

Vor 41 Jahren heiratete Hiltrud Lörr (geborene Wolzenburg) den ersten Mann, der ihr einen Antrag gemacht hatte. Hans-Joachim Lörr war weder romantisch noch charmant noch gutaussehend (sie störten seine schiefen Schneidezähne), aber Bundesbeamter – und nichts war für die Tochter eines Aquarienreinigers attraktiver als eine finanziell sichere Partie.

Nach kurzem Zögern hatte sie Ja gesagt. Ihre Eltern konnten Hans-Joachim wegen seines Geizes nie leiden. Dem Schwiegersohn bereitete es sichtbare Schmerzen, wenn er in der Dorfkonditorei eine Bananenmilch oder eine hausgemachte Holunderblütenlimonade für die Schwiegereltern ausgeben sollte, die Speisekarte hatte die Kellnerin sofort wieder mitzunehmen, damit ja niemand auf die Idee kam, etwas zum Essen zu bestellen. „Ich bin nur ein kleiner Beamter und habe keinen Geldscheißer", pflegte er zu sagen.

Während andere Paare zur Hochzeitsreise nach Italien, Mallorca oder sogar in die Karibik jetteten, fuhren Hiltrud und Hans-Joachim Lörr mit dem Zug, zweite Klasse, für fünf Tage nach Cochem an der Mosel in Rheinland-Pfalz. Hans-Joachim kannte den Betreiber der dortigen Jugendherberge, sie bekamen ein kostenloses Zimmer mit zwei Stockbetten.

Auch mit Gefühlen war Hans-Joachim sparsam: kein liebes Wort, keine Zärtlichkeiten, nie Blumen. Beim Sex – inzwischen längst eingestellt – war Hans-Joachim immer zu schnell am Ziel, die Kondome vom Discounter kamen meist zweimal zum Einsatz. „Geiz macht geil", hatte Hans-Joachim einmal nach vollzogenem Akt zu Hiltrud gesagt, und sie wusste nicht, ob er das ernst oder lustig meinte. Wie gesagt: Mir hat das Caro Himmler berichtet, die dieses pikante Detail von Hiltrud Lörr erfahren hatte, als diese mal in weinseliger Stimmung war und jemanden zum Ausheulen brauchte. Dass die Büroleiterin solche Dinge über ihren Chef wissen wollte, halte ich für ausgeschlossen.

Bereits am Anfang ihrer Ehe zerschlug Hans-Joachim ihren Kinderwunsch, was Hiltrud, die mit drei jüngeren Geschwistern aufgewachsen war, im Innersten traf. „Kinder sind mir zu laut und – noch schlimmer – zu teuer", hatte er gesagt. „Windeln, Babysachen, Kinderwagen, Bücher, Schultaschen, Kleidung, Bustickets, Klassenfahrten, Urlaube, Kindergeburtstage, Taschengeld – jetzt hätte ich fast die Essenskosten vergessen! Kinder fressen einem die Haare vom Kopf. Wenn man Pech hat, wollen sie mit 18 nicht ausziehen, sondern auch noch studieren. Und wenn man doppeltes Pech hat, fallen sie bei jeder zweiten Prüfung durch und die Eltern müssen ewige Studenten durchfüttern."

Ich persönlich hätte gerne einen Sohn oder eine Tochter, lieber eine Tochter als einen Sohn, weil Väter zu Töchtern fast immer die engere Beziehung haben, wurde mir gesagt, aber bei meiner ersten Frau hat es trotz vieler Bastelversuche nicht funktioniert und meine zweite wollte keine Kinder. Schade eigentlich.

Hiltrud Lörr litt während der ersten Ehejahre still, bis sie entschied, sich ihrem dominanten Mann in allem zu unterwerfen und ihn im Sparen sogar noch zu übertreffen (denn Scheidung kam nicht in Frage). Je weniger sie vom Haushaltsgeld anfasste, desto harmonischer gestaltete sich ihre Beziehung. Es war Hiltruds Idee, dass die vielen Lobbyisten, die ihren Mann beruflich um Hilfe baten, dafür mit Essen bezahlen sollten. Entweder mit Kuchen und Torten, die die Verbandsfritzen kartonweise im Ministerium vorbeibrachten (und die die Lörrs am Wochenende den wenigen Besuchern auftischen konnten, denen sie eine Gegeneinladung schuldeten), noch viel lieber allerdings mit Abendessen in den schicksten Restaurants der Hauptstadt.

Die deutsche Politprominenz lässt sich gerne im *Borchardt* sehen, dem Wohnzimmer der Wichtigen und Wichtigtuer, ebenso im *Grill Royal*, dem Lokal mit der vielleicht höchsten VIP- und Angeber-Dichte, oder bei den Edel-Italienern *Bocca di Bacco* und *Il Punto*.

Ich war einmal mit meiner zweiten Frau Hanna im *Il Punto*, als sie noch nicht meine Ex war. Dort hatte sie mich vorwurfsvoll gefragt, warum ich sie zu einem Seniorentreff schleppe. Ich weiß nicht, ob sie damit die konservativen Revolutionäre Friedrich Merz und Alexander Dobrindt gemeint hat, die schräg gegenüber von uns speisten und die ganze Zeit über das Gendersternchen in den Nachrichten wetterten. Aber zumindest die Schwarz-Weiß-Bilder an den Wänden fand Hanna richtig gut. Sie stammen vom großen Konrad Rufus Müller, der als einziger Fotograf sämtliche Regierungschefs der Bundesrepublik porträtiert hat, beginnend mit dem Beamtensohn Konrad Adenauer. Ich bin mir sicher: Niemand würde sich in Müllers Kanzlergalerie lieber hängen sehen als Friedrich Merz, in CDU-Kreisen wegen seines reifen Jahrgangs der „Alte Fritz"[4] genannt.

Pro Jahr haben die Bundestagsabgeordneten 20 bis 25 parlamentarische Sitzungswochen zu absolvieren, sehr zur Freude der Nobelgastronomen, die in dieser Zeit ihren Umsatz bisweilen verdoppeln. Ministerialdirektor Hans-Joachim Lörr und seine Frau hatten sogar 52 Sitzungswochen, kulinarische, um genau zu sein. An fünf bis sechs Abenden pro Woche aß sich das Ehepaar voll, getrüffeltes Tatar vom Holsteiner Weiderind, Crème brûlée von französischer Gänseleber, kanadischer Hummersalat mit Limetten-Mayonnaise, Wiener Schnitzel aus der Butterschmalzpfanne, Berliner Blutwurst, Brandenburger Landente, Mecklenburger Milchlamm, Mangalitza-Wollschwein, Seezunge aus der westlichen Ostsee, Erdbeerlasagne mit weißer belgischer Schokolade, italienischer Affogato al caffè und affinierter Schweizer Käse, alles auf Kosten diverser Verbände und Unternehmen. Bodenständig

---

4   Vor dem politischen Riesen Friedrich Merz (1,98 Meter) wurde bereits der Preußenkönig Friedrich der Große (1712–1786) volkstümlich der „Alte Fritz" genannt. Zwischen 1740 und 1763 führte er drei Kriege gegen Österreich („Schlesische Kriege"). Möglicherweise liegt es daran, dass viele Österreicher noch heute allergisch auf Preußen reagieren, aber wissenschaftlich erwiesen ist das nicht.

und fleischlastig musste die Küche sein, „Exotisches wie Sushi kommt mir nicht auf den Tisch", pflegte der Ministerialdirektor zu sagen.

Ich persönlich habe da eine komplett andere kulinarische Philosophie als Hans-Joachim Lörr. Ich bin weniger Typ Chi Chi als Typ *Konnopke*, wo es die beste Currywurst der Stadt gibt, natürlich mit Darm, aber hin und wieder darf es ruhig Sushi sein. Sushi macht Lust auf Sex, hat meine zweite Ex-Frau Hanna immer gesagt, und recht hat sie gehabt.

Aber zurück zu den Lörrs, diesen Sparefrohs: Selbst die Taxikosten nach Hause mussten sie nicht zahlen. Abend für Abend wartete der treue Herbert, langjähriger Fahrer des Ministeriums, vor dem jeweiligen Lokal im Dienstwagen. Wenn im Restaurant etwas auf den Tellern übrig blieb, holte Hiltrud Lörr zwei hellblaue Tupperware-Boxen aus ihrer türkisen Tragetasche und ließ sämtliche Speisereste einpacken, um daraus das kommende Mittagessen für sich und ihren Ehemann anzurichten („Wieder eine Mahlzeit gespart"). Auf die Idee, Herbert etwas von den Köstlichkeiten abzugeben, kam sie nie.

Da Hiltrud Lörr meist mit offenem Mund sprach und die Gastgeber den Kauvorgang in ihrer Kehle live mitverfolgen konnten, trug sie im politischen Berlin den Spitznamen „Häcksler". Ihrem Mann hatte die im Spott versierte Hauptstadt ebenfalls ein Attribut aus dem Wortfeld „essen" verpasst: „Menschenfresser" – wegen Lörrs Umgang mit Untergebenen. Wenn Hiltrud und Hans-Joachim Lörr gemeinsam auftauchten, sagten langjährige Beobachter des politischen Geschehens: „Jetzt kommen H & M." Häcksler & Menschenfresser.

Hiltrud Lörr erzählte mir, dass sie in der Nacht, in der ihr Ehemann verschwand, nicht schlafen konnte, sie habe sich im Bett hin und her gewälzt und an die Zeit denken müssen, als es Hans-Joachim noch nicht in ihrem Leben gab und sie Wolzenburg hieß. Sie war eine junge Sekretärin im Bundespostministerium der damaligen Bundeshauptstadt Bonn gewesen. Unter den täglichen Einläufen ihres cholerischen Vorgesetzten hatte sie schwer zu leiden, fast traumatisch die Angst, wenn der Chef, ein Kettenraucher, neben ihr stand und diktierte, unvergessen sein Gebrüll, wenn sie sich auf ihrer Olympia-Schreibmaschine vertippte, schmerzhaft die Erinnerung an ihre geröteten Augen, die wegen des Zigarettenqualms und der Demütigungen gleichermaßen tränten. In einer Tageszeitung las sie damals:

„Über 12.000-mal klingelte es 1980 beim Bonner Seelsorgetelefon. Unter der steigenden Zahl der Einsamen, Alleingelassenen und Unverstandenen befinden sich zwei Berufsgruppen an der Spitze: Sekretärinnen und Lehrer!"

Hiltrud Lörr hatte damals gelegentlich selbst die Kummernummer gewählt, was sie mir aber nicht selbst erzählte, sondern ich von Caro Himmler erfuhr – natürlich streng vertraulich.

Frau Lörr fuhlte sich einsam, alleingelassen und unverstanden – bis sie eines Tages in einem Bonner Biergarten Hans-Joachim Lörr traf. Keineswegs zufällig. Hiltrud und Hans-Joachim hatten sich über die christliche Partnerbörse „Himmlisch Plaudern" kennengelernt. Auch das weiß ich von Caro Himmler.

Neulich habe ich in der Umfrage einer großen Partnervermittlung gelesen, wie unterschiedlich die Mitglieder der verschiedenen politischen Parteien in Sachen Liebe ticken:

„Beim Flirten zeigen sich die Unionswähler etwas konservativer als andere. Frauen erwarten besonders oft, dass der Mann beim Flirten die Initiative ergreift (66 Prozent), und Männer mögen umgekehrt auch vergleichsweise häufig Frauen, die sich beim Flirten lieb und zurückhaltend zeigen (48 Prozent). Passend dazu sind CDU/CSU-Anhänger beim Kennenlernen etwas entschleunigter unterwegs: 32 Prozent warten mit dem Sex lieber, bis sie sicher sind, es ist etwas Ernstes. Auch innerhalb ihrer Beziehungen leben sie eher ein konservatives Beziehungsmodell: 73 Prozent der Wählerinnen kümmern sich laut eigener Aussage allein oder überwiegend um Ordnung, Putzen und Co."

Darum möchte ich keine CDU- oder CSU-Partnerin. Ich mache lieber selbst Ordnung, das haben sogar meine beiden Ex-Frauen anerkennend festgestellt, wobei ich es jetzt, in meiner Single-Phase, mit dem Aufräumen nicht mehr ganz so genau nehme. Aber ich sollte nicht so viel über mich reden, die Geschichte der Lörrs ist eindeutig interessanter.

Den ersten Abend mit dem spröden jungen Beamten fand Hiltrud alles andere als romantisch, eher wie ein Kreuzverhör. Hans-Joachim löcherte sie mit Fragen, die sie an ein Vorstellungsgespräch beim Bundesnachrichtendienst denken ließen, unter anderem ob ihre Mutter die Christdemokraten wähle oder eine linke Sozi-Braut sei – und wie ihr Vater als Gewerkschaftsmitglied zu Nordkorea stehe.

Beim zweiten Date trafen sie sich am Rhein. „Da sparen wir uns die Getränke", hatte Hans-Joachim gemeint. Er holte sein Lieblingsbuch aus seiner abgewetzten Aktentasche und las Hiltrud euphorisch vor: *Il Principe (Der Fürst)*, ein Klassiker der politischen Philosophie.

Ich würde jetzt gerne bei Ihnen Eindruck schinden als der philosophierende Polizeioberkommissar, aber ehrlicherweise kannte ich den Autor Niccolò Machiavelli vor dem Fall Lörr nur vom Hörensagen. Im *Spiegel* habe ich gelernt, dass er – nicht Lörr, sondern Machiavelli – Brutalität, Lüge, Verrat und Mord als Mittel der Politik legitimierte. In den Augen des erbarmungslosen italienischen Diplomaten sind wir Menschen „ingrati, volubili, simulatori e dissimulatori, fuggitori de' pericoli, cupidi di guadagno", zitierte Hans-Joachim Lörr. Er, Hans-Joachim, wolle ihr Fürst sein, ihr „uomo virtuoso", der sie führe und lenke: „Liebe Hiltrud, eines Tages werde ich mit meinen außergewöhnlichen Charaktereigenschaften auch im Bundesministerium der ‚uomo virtuoso' sein, der starke Mann." So verkopft kann bei einem Rendezvous wirklich nur ein Unionsmann sein, finde ich.

Hiltrud, die laut eigenen Angaben in ihrem Leben ein einziges Buch zu Ende gelesen hatte (*Liebe ist nur ein Wort* von Johannes Mario Simmel, 559 Seiten), war beeindruckt von der Bildung ihres Verehrers und noch mehr von dessen Vision der Machtmaximierung. Würde sie diesen Beamten heiraten, dachte sie, wäre die staatliche Macht für immer mit ihr und – noch besser – eine mächtige Pension.

Im Lauf der folgenden Wochen erfuhr sie mehr über den verschlossenen jungen Mann, der ihr so kostengünstig wie möglich den Hof machte. Hans-Joachim war in einem Dorf in Norddeutschland aufgewachsen, als Sohn eines kleinen Finanzbeamten. Der Name Lörr war in der Heimat gefürchtet, weil der Vater zeit seines Lebens Handwerksmeister und Ladenbesitzer mit peniblen Betriebsprüfungen schikaniert hatte. Auch zuhause hatte Lörr senior gerne seinen Sadismus ausgelebt: Hans-Joachim bekam Schläge, mit dem Stock, mit dem Gürtel, manchmal mit der Faust. Die unterwürfige Mutter stand tatenlos daneben. Von ihr hatte Hans-Joachim gelernt, seine Gefühle zu unterdrücken. Es heißt, dass sich Männer Frauen suchen, die ihrer Mutter ähneln. Hiltrud hatte nicht nur die gleiche Haarfarbe und das gleiche Lächeln wie Regina Lörr, sondern war auch genauso devot.

In der Schule suchte Hans-Joachim die Anerkennung, die er daheim nie bekam. Er war ein kluges und fleißiges Kind, das seine Gerissenheit einsetzte, um die uneingeschränkte Liebe seiner Lehrer zu bekommen. Frau Lörr erzählte dies voller Stolz. Ich für meinen Teil konnte mir vorstellen, dass diese „Gerissenheit" stets auf Kosten der Mitschüler ging. Wirkliche Freunde hatte Hans-Joachim Lörr vermutlich nie, er war der Typ, der sich selbst genügte. Bereits im Gymnasium dachte er sich die spätere Erfolgsformel seines Beamtenlebens aus: den PSI-Faktor – „Petzen, Spitzeln, Intrigieren".

Getrieben von einer inneren Wut, wollte er seinen Übervater, der es nur zum Provinzbeamten gebracht hatte, übertrumpfen. Hans-Joachim Lörr schaffte es zum Bundesbeamten, mehr noch, er spielte in der Königsliga der Bundesbeamten: Ministerialdirektor. Abteilungsleiter. Schattenminister! Streng genommen bezeichnet man als „Schattenminister" – wie Sie vielleicht wissen – einen von der Opposition benannten

Kandidaten, der bei einem Wahlsieg seiner Partei ein bestimmtes Ministerium in der Regierung erhalten soll. Hans-Joachim Lörr allerdings bekam diesen inoffiziellen Titel von seinen Untergebenen verliehen, weil er als mindestens ebenso mächtig wie der Minister galt und dieser meist in seinem Schatten stand. Er war bekannt und gefürchtet als gewiefter Taktiker und skrupelloser Stratege, vor allem in eigener Sache. Ohne Studium – der Vater hatte ihm aus Kostengründen den Besuch einer Universität verboten – gelang ihm der Aufstieg zum Abteilungsleiter. Wegen der tief verwurzelten Titelgläubigkeit der Verwaltung, die Menschen weit mehr nach dem akademischen Grad beurteilt als nach Kompetenz, galt die Personalie Lörr als kleine Sensation. Jungen Beamten wurde eingebläut, Lörr nur ja nicht auf seine verhinderte universitäre Laufbahn anzusprechen. Ein schlechter Witz machte im Haus die Runde: „Die letzten Worte eines Lörr-Besuchers: ‚Herr Doktor, wie geht es Ihnen?‘"

Caro Himmler erzählte mir, dass in Lörrs gesamter Ministeriumskarriere nur einmal ein Beamter einen Witz auf seine Kosten gemacht habe. Der Scherzbold sei bald darauf in einer traurigen Besenkammer geendet. Lörr diente mehreren Ministern, erst in Bonn, später in Berlin, Glück brachte er keinem. Alle seine Hausherren mussten nach nur einer Legislaturperiode abtreten. Der anpassungsfähige Lörr, intern auch „Doktor Chamäleon" genannt, schaffte es jedes Mal, den jeweiligen Nachfolger von seiner – Lörrs – Unersetzbarkeit zu überzeugen. Er hatte den Laden im Griff, auf seine Weise. Tatsächlich machte Lörr seine eigene Hauspolitik, die einzig und allein ihm nutzte (nicht dem Chef), und sah sich selbst als den eigentlichen Minister. Hausregel Nummer eins: Minister kommen, gehen oder stürzen, Lörr überlebt sie alle.

Seine kometenhafte Karriere hatte auch strahlende Auswirkungen auf Hiltrud Lörr. Die Aquarienreinigertochter wurde von den früheren Nachbarn im Rheinland ehrfürchtig mit dem Titel ihres Mannes angesprochen, erst „Frau Regierungsdirektor", später „Frau Ministerialrat" und „Frau Ministerialdirigent", schließlich – die Krönung – „Frau Ministerialdirektor".

In eineinhalb Wochen wollte sich Hans-Joachim Lörr in die Pension verabschieden. 41 Jahre lang hatten die beiden darauf hingespart. Sie besaßen zwei Eigentumswohnungen, eine im Herzen des Regierungsviertels, wo sie auf 160 Quadratmetern wohnten, und ein Luxus-Loft in Hamburg (vermietet), zudem ein kleines Ferienhaus in Keitum auf Sylt. Darüber hinaus hatten sie 1.678.423,56 Euro auf dem Konto. Wenn er schlechte Laune hatte, warf er ihr vor, dass sie mit ihrem Bundesratssekretärinnengehalt gerade mal ein Fünftel des monatlichen Gesamteinkommens von 19.847,71 Euro brutto beisteuere.

Bei unserem ersten Gespräch im kalten Wohnzimmer war Hiltrud Lörr phasenweise wie weggetreten, ich musste sie bei ihren Gedanken unterbrechen: „Hat Ihr Mann Feinde?", fragte ich.

Hiltrud Lörr verstand nicht, was ich gesagt hatte, und zeigte auf ihr linkes Ohr: „Mein Hörgerät ist kaputt. Die Krankenkasse zahlt nur alle sechs Jahre eine neue Hörhilfe. Ich muss leider noch fünf Monate warten, bis es bei mir so weit ist. Hans-Joachim meint, dass wir nichts zu verschenken haben."

Laut wiederholte ich meine Frage: „Hat Ihr Mann Feinde?"

„Ja", antwortete sie. „Viele." Hiltrud Lörr begann, ohne dass ich sie dazu auffordern musste, eine Liste zu schreiben, was einige Minuten dauerte. Dann über- reichte sie mir drei Din-A-4-Seiten mit 23 Namen und der jeweiligen beruflichen Funktion: „Ich bin mir si- cher, dass jemand aus dem Ministerium etwas mit dem Verschwinden meines Mannes zu tun hat. Hans-Jo- achim hat nur in seinem beruflichen Umfeld Feinde, privat kann er gar keine haben, weil er kein Privatle- ben hat und immer nur arbeitet." Irgendwie kam mir das bekannt vor.

Das Erwachen

Ich erzähle Ihnen jetzt aber erst einmal die ganze Geschichte, was mit Hans-Joachim Lörr passiert ist. Den Ausgang werden Sie niemals erraten. Selbst ich als Polizeioberkommissar habe schwer danebengelegen, das muss ich leider zugeben.

Für Hans-Joachim Lörr gab es nach dem Luxus-Menü im Nobelrestaurant *Cordo* ein böses Erwachen, wie er seiner Büroleiterin später berichtete und sie dann mir.

Der Abteilungsleiter öffnete kurz die Augen, dämmerte aber gleich wieder weg. Nach einer halben Stunde wurde er wieder wach. Er fühlte sich zugedröhnt, wie beim Aufwachen nach einer Vollnarkose. Lörr wollte sich aufrichten, doch er konnte sich nicht bewegen. Er lag in einem Bett in einem dunklen Raum, gefesselt an Füßen und Beinen. „In welchem schlechten Film bin ich hier?", dachte er sich und bekam Herzrasen.

Er versuchte, die wenigen Erinnerungsfetzen von gestern Nacht zu ordnen: Zehn-Gänge-Menü im Sterne-Restaurant *Cordo* mit Coronamasken-Fabrikanten. Ein Anruf von einer unterdrückten Nummer. Eine Frauenstimme, die zweifellos zu Caro Himmler, seiner Büroleiterin, gehörte: „Wir müssen dringend vertraulich reden, so dass uns niemand hört, am besten sofort!"

Lörr war mit seinem Diensthandy aus dem Lokal gegangen. Auf dem Gehweg stand ein Rettungswagen mit offenen Türen. Von hinten drückte ihm jemand ein süßlich riechendes Tuch auf Mund und Nase. Das war das letzte Bild in seinem Kopf.

Das Haus der grauen Herren

Gleich nach dem Gespräch mit der Frau des Ministerialdirektors wollte ich meine Chefin, Dienstgruppenleiterin Emily Schippmann, informieren. Bei uns in der Polizeidirektion 2 sagen einige, dass Emily Haare auf den Zähnen hat, doch ich mag ihre Direktheit. Seit viereinhalb Jahren ist sie nun schon meine direkte Vorgesetzte. Am Anfang sind wir ein paar Mal aneinandergeraten, bis wir uns bei einem Gin Tonic ausgesprochen haben. Emily ist fünf Jahre jünger als ich, also 39, und Erste Polizeihauptkommissarin. Früher war sie Leistungssportlerin, als „Shooting Guard" spielte sie in der 1. Damen-Basketball-Bundesliga und demoralisierte mit präzisen Weitwürfen ihre Gegenspielerinnen. Sie ist einen Kopf größer als ich, stolze 1,91.

Wie im Basketball rechnet sich auch im Polizeidienst jeder Zentimeter. Großen Menschen wie Emily werden eher Durchsetzungsvermögen und Führungswille zugetraut als vergleichsweise kleinen wie mir. Emily ist nicht nur clever, sondern auch perfekt organisiert und immens belastbar – als Zwillingsmama mit Vollzeitjob bleibt ihr auch nichts anderes übrig. Wir beide wissen es zu schätzen, dass wir einander bedingungslos vertrauen können.

Zu meinem Pech hob nicht Emily ab, sondern unser Ober-Boss Ploß, der Leiter des Abschnitts 28. Ich halte Polizeidirektor Ploß für einen ausgewiesenen Stocktrottel – ich befürchte, er mich auch. Mit seinen weit aufgeknöpften Stretchhemden findet er sich so unwiderstehlich wie Roger Moore in dessen besten James-

Bond-Jahren, fachlich ist er leider eine Doppel-Null. Und trotzdem glaubt Ploß, die Kriminalistik erfunden zu haben. Widerwillig erzählte ich ihm von meiner Begegnung mit der Frau des Ministerialdirektors.

Null-Null-Ploß behauptete, die Lörrs zu kennen, und ich hätte mich schwer gewundert, wenn es in dieser Stadt wichtige Menschen gäbe, denen er noch nicht die Hand geschüttelt hat: „Die Lörrs habe ich schon öfter auf Sommerfesten im Regierungsviertel gesehen. Der alte Knabe ist kein Kostverächter. Vielleicht hat er gestern Nacht heimlich jemanden getroffen und wollte seine Frau nicht dabeihaben. Gut möglich, dass er heute Nachmittag wieder auftaucht. Was haben wir für eine Spurenlage?"

„Bisher gibt es nichts, das auf ein Verbrechen hindeutet. Aber ich gehe jetzt zur Sachverhaltsklärung ins Ministerium."

„Halten Sie mich auf dem Laufenden", bat Ploß und legte auf.

Ich spazierte knapp 20 Minuten zum Bundesministerium in die Versehrtenstraße, Frau Lörr hatte den Leiter des Ministerbüros über mein Kommen informiert. Die kühle Luft half gegen den Kater, unterwegs holte ich mir in einem Frühstückscafé einen Ingwertee „to go" und eine Packung Menthol-Kaugummi für frischen Atem. Das Ministerium lag im äußersten Norden des Regierungsviertels, dem hässlicheren Teil des politischen Berlins. „Das Schönste an der Versehrtenstraße ist der Hauptbahnhof mit den vielen Zügen, die einen von hier wegbringen", sagte mein bester Kumpel einmal zu mir.

Die laute Durchgangsstraße litt an chronischer Verstopfung, oft kamen die Rettungswagen an den vielen

Autos nicht vorbei und mussten auf die erhöhten Straßenbahnschienen ausweichen. Selbst innerhalb der Gebäude war es nur schwer möglich, vor dem Lärm zu fliehen. Das Ministerbüro bot einen bedrückenden Blick auf das älteste städtische Krankenhaus, das eine Dauerbaustelle war. Eine Krankenschwester hat mir einmal erzählt, dass die Intensivbetten nicht verschoben werden dürften, weil die Patienten ansonsten im wahrsten Wortsinn durch die Decke gingen. Die Statiker der Charité hatten bei der Berechnung der Wand- und Deckenstärken wahrscheinlich so viel Rotwein getrunken wie ich gestern Abend, vermutete ich.

Seit einem Jahr war der Haupteingang des Ministeriums in der Versehrtenstraße aus Sicherheitsgründen gesperrt. Umweltaktivisten hatten einmal das Haus gestürmt und dem Minister eine ganze Tüte Asche aufs Haupt gestreut (als Ur-Wiener fällt es mir auch nach Jahren in Berlin immer noch schwer, Tüte statt Sackerl zu sagen). Nun fanden Mitarbeiter und Besucher ebenso wie ich an diesem Tag nur noch über eine Nebenstraße, den Finsterweg, Einlass. Dirk Lindemann, der Büroleiter des Ministers, gab dem Pförtner ein Zeichen, die schwere Glasschiebetür für „den geschätzten Herrn Polizeioberkommissar" zu öffnen, und begrüßte mich herzlich: „Schön, Sie wiederzusehen!" Ich spürte noch immer seine Dankbarkeit, weil ich den eifersüchtigen Ex seiner Freundin als Autoreifen-Schlitzer überführt hatte.

„Wie geht es Ihrer Verlobten?", fragte ich.

„Danke, gut", sagte er. „Lillys Ex, der Fahrschullehrer, hat uns dank Ihrer Hilfe nie wieder belästigt. Im kommenden Sommer werden Lilly und ich heiraten."

Ich gratulierte und betrat das Ministerium. Im gesamten Gebäude dominierten düstere Farben: Schwarz,

Grau, Dunkelbraun. Jedes Mal, wenn ich hierherkam, hatte ich denselben Gedanken: Der Innenarchitekt muss schwer depressiv gewesen sein und hätte dringend eine Lichttherapie gebraucht. Auf den Fluren sah ich graue Herren in grauen Anzügen mit schwarzen Durchlaufmappen, viele wirkten so gehetzt wie die glatzköpfigen Agenten der Zeitsparkasse in Michael Endes Roman *Momo*. Hier wird so viel gelacht wie in einem Mausoleum, war mein Eindruck, dagegen ist ja selbst mein neunmalgescheiter Polizeidirektor Ploß eine Stimmungskanone.

Auf einem schwarzen Schild las ich im Vorbeigehen „Schlüsselverwaltung". Die Tür stand offen, in dem sehr dunklen Raum dahinter blickte ein Beamter mit hellblauem Kurzarmhemd ernst auf eine Pinnwand, auf der mehrere hundert Schlüssel nach Nummern sortiert waren. Der Schlüssel-Beauftragte – so lautete seine Funktion offiziell – bewachte alle Schlüssel im Haus: Büroschlüssel, Spindschlüssel, Rollcontainerschlüssel, Konferenzraumschlüssel, Festsaalschlüssel, Kantinenschlüssel, Küchenschlüssel, Bibliotheksschlüssel, Dachterrassenschlüssel, WC-Schlüssel. Und das 41 Stunden Vollzeit! Ich würde bei so einem Job vor Langeweile durchdrehen und spätestens nach ein paar Monaten in der Geschlossenen landen.

Wenig später kamen wir im Büro von Dirk Lindemann an. Neben dem wuchtigen schwarzen Einbauregal hing eine knallrote Sachsen-Landkarte. „Das erste Bunt, das ich hier sehe", meinte ich.

Lindemann lachte: „Die *Süddeutsche Zeitung* hat einmal über uns geschrieben, dass wir ein Ort der Finsternis sind."

Fast im selben Moment hörten wir draußen jemanden brüllen: „Lindemann, verdammt noch mal, ich brauche sofort Lörr. Lörr! Lörr! Lörr! Was soll die Scheiße?"

„Der Minister", sagte Lindemann zu mir, „verzeihen Sie, ich bin gleich wieder bei Ihnen." Der gut genährte Büroleiter legte einen Sprint hin, den ich ihm nicht zugetraut hätte.

In der Zwischenzeit bat ich telefonisch einen Kollegen, Lörrs Handy zu orten (01520935781x). Für den Abend nahm ich mir vor, die Angestellten des Restaurants *Cordo* zum Verschwinden des Ministerialdirektors zu befragen.

Nach fünf Minuten kam Lindemann mit einem Kopf zurück, der farblich nicht mehr von der roten Sachsen-Karte zu unterscheiden war. Ich hörte, wie jemand gegen eine Tür trat und „Fuck! Fuck! Fuck!" brüllte. Lindemann ging nicht auf den Showdown draußen ein: „Darf ich Ihnen einen Kaffee oder ein Glas Wasser anbieten?"

Ich bat um einen doppelten Espresso, in der Hoffnung, dass der unangenehme Rioja-Geschmack in meinem Mund endgültig verschwinden würde, und sagte: „Ich müsste mit allen Mitarbeitern auf dieser Liste sprechen." Ich reichte ihm die drei Seiten, die Frau Lörr geschrieben hatte. „Können Sie das bitte organisieren?" Dirk Lindemann sah sich die Liste neugierig an.

Ich fragte: „Wer, glauben Sie, hätte hier in diesem Haus einen ernsten Grund, auf Lörr böse zu sein?"

„Das muss jetzt bitte unter uns bleiben", antwortete Lindemann und beugte sich vor, während er leise sagte: „Alle. Wirklich alle."

Haifisch-Fütterung mit Sushi

Wenn im Ministerium jemand gegen Hans-Joachim Lörr aufbegehrte, was höchstens alle zwei Jahre vorkam, sahen die Beobachter einen ungleichen Kampf mit immer demselben Sieger. „Hai frisst Nemo", hieß es dann. Jetzt lag der weißhaarige Hai gefesselt in einem Bett an einem unbekannten Ort und war mörderisch hungrig.

„Hey, ist hier jemand?", rief Lörr. Eine weiße Gestalt betrat den Raum, es war nicht zu erkennen, ob Mann oder Frau. Sie trug einen Ganzkörper-Schutzanzug mit Kapuze, Schutzbrille und Atemschutzmaske. „Wissen Sie nicht, wer ich bin?", donnerte Lörr los. „Ich werde Sie bis an Ihr Lebensende ins Gefängnis bringen, Sie mieser Entführer! Darauf können Sie sich verlassen."

Keine Antwort. Die Entführerin oder der Entführer stellte ein Tablett auf Lörrs Bauch und schob ein Lachs-Nigiri in seinen Mund. Der Abteilungsleiter bekam per Handfütterung jenes Essen verabreicht, das er am meisten verabscheute: Sushi.

Lörrs engste Vertraute

Dirk Lindemann hatte für mich einen ruhigen Besprechungsraum organisiert. Ich startete meine Befragung mit Caro Himmler, 35, die schon fast die Hälfte ihres Lebens, exakt 17 Jahre lang, für Hans-Joachim Lörr arbeitete: erst als Sekretärin, dann als Sachbearbeiterin, schließlich als Referentin und Büroleiterin. Sie hatte es vom „mittleren Dienst" über den „gehobenen Dienst" zum „höheren Dienst" gebracht – eine märchenhafte Beamtenkarriere.

Wenn Sie nicht Beamtin oder Beamter sind, müssen Sie sich diese Leistung so vorstellen: Der Aufstieg vom „mittleren" zum „höheren Dienst" ist wie der Sprung eines Landrats zum Bundesminister oder das Engagement eines Mitglieds der Ortsmusik Unterstinkenbrunn, Niederösterreich, bei den weltberühmten Wiener Philharmonikern, erste Geige sozusagen.

Mit einem Uni-Abschluss wäre ich wie Caro Himmler in der Beamten-Upper-Class gelandet. Doch ich bin schon froh, dass ich die Reifeprüfung am Ottakringer Bundesgymnasium Maroltingergasse erfolgreich abgelegt habe. Aber was heißt erfolgreich! Eine einzige Zitterpartie war das damals, Notendurchschnitt 4,0. Beim Lernen war ich schon immer äußerst effizient: möglichst minimaler Aufwand und maximales Massel. Darum bin ich nie sitzengeblieben, im Gegensatz zu den langjährigen Ministerpräsidenten Edmund Stoiber und Winfried Kretschmann, die eine Klasse wiederholen mussten, oder zum SPD-Kanzlerverlierer Peer Steinbrück, der sogar zwei Ehrenrunden drehte und später trotz seiner Fünfer in Mathe Bundesfinanzminister wurde. Der deutsche Staat hat so viele Schulden wie noch nie, da ist es auch schon egal, wenn der zuständige Politiker wegen seiner Rechenschwäche eine Null vergisst oder einfach mal ein paar Nullen dranhängt, habe ich mir gedacht.

Als Polizeioberkommissar rangiere ich eine Stufe unter dem „höheren Dienst" im „gehobenen Dienst", der Beamten-Middle-Class sozusagen. Der „mittlere Dienst" wiederum hat rein gar nichts mit Mitte zu tun, sondern gilt als die Beamten-Working-Class. Ich habe lange gebraucht, um dieses komplizierte Klassensystem zu begreifen. Heute sage ich mir: lieber ein erstklassiger Middle-Class-Cop als ein zweitklassiger Upper-Class-Schreibtischheini wie mein Ober-Boss Dr. Ploß. Aber meine persönlichen Befindlichkeiten und Animositäten tun hier nichts zur Sache.

Bevor Caro Himmler im Ministerium begann, hatte Hans-Joachim Lörr ein „Sekretärinnenproblem", wie er es formulierte – oder, wie die betroffenen Mitarbeiterinnen meinten, ein „Tyrannenproblem". Länger als ein Jahr hielt es niemand bei Lörr aus.

Caro Himmler war im 32-Einwohner-Dorf Kleinbockedra in Thüringen aufgewachsen, wie sie mir erzählt hat. Ihre Eltern – die Mutter Leiterin eines Kindergartens, der Vater Gerüstbauer und Hundetrainer – hatten sie mit Liebe erzogen, vor allem mit Liebe zu Autoritäten. Als größter Wert wurde ihr Unterordnung vermittelt, das A (wie „apportieren") und O (wie „Ohren hündisch nach hinten richten") einer erfolgreichen Beamtenlaufbahn.

Und so wurde Caro Himmler die perfekte Untertanin. Lörr schliff sich die junge Frau zurecht, bis sie alles über sich ergehen ließ, seine Sticheleien, seine Kalt-Warm-Psychospiele, seine Altherrenwitze. Mir leuchtet nicht ein, wie jemand freiwillig die besten Jahre seines Lebens in diesem Ministerium der Finsternis verbringen kann, noch dazu bei einem verbeamteten Darth

Vader. Ich persönlich fühle mich als alter Star-Wars-Fan seit jeher zur hellen Seite der Macht hingezogen.

„Mögen Sie Ihren Chef?", fragte ich Caro Himmler.

„Ich mag ihn, weil er mich sechsmal befördert hat", sagte sie. „Und ich hasse ihn zugleich." Und ich, der zuständige Ermittler, mochte ab dem ersten Augenblick ihre Offenheit, ehrlicherweise auch ihr Aussehen, vor allem ihre großen dunkelbraunen Augen. Männer sagen immer, dass sie die Augen von Frauen schön finden, sie müssen das sagen. Würde ich zugeben, dass mich auch ihr knackiger Po von Anfang an froh gemacht hat, wäre ich mit meinen 44 Jahren in Ihren Augen mit ziemlicher Sicherheit ein alter Sexist – oder Mitglied der deutschen Linken. Das ist die Partei, die in einem großen #MeToo-Skandal steckt (nur für den Fall, dass Sie nicht zu den 10 Millionen Zusehern der *Tagesschau* gehören).

Ich fragte mich, warum Caro Himmler trotz ihrer Autoritätshörigkeit so schonungslos offen über ihren Chef sprach. Entweder ist sie ehrlich, weil ich eine vertrauenswürdige Ausstrahlung habe, dachte ich. Oder sie glaubt, zu jedem ehrlich sein zu müssen, der eine Autoritätsperson ist – Polizeioberkommissar beispielsweise. Sie selbst gestand mir sehr viel später, dass sie meine Befragung wie eine wohlige Gesprächstherapie empfunden habe. Das hatte noch nie jemand zu mir als Ermittler gesagt.

„Ich bin froh, wenn Hans-Joachim kommende Woche in Pension geht", fuhr sie fort. „Dann gehört mein Leben wieder mir. Wissen Sie: Wenn Hans-Joachim anruft und etwas braucht, muss ich springen, egal ob spätabends oder am Wochenende. An einem Samstagabend habe ich einmal das Handy nicht gehört, weil ich mit Freundinnen im *Berghain* tanzen war." Ich sah sie bewundernd an: Caro Himmler war wirklich attraktiv genug, Einlass im berühmtesten Techno-Club der Welt zu finden! Die Türpolitik im *Berghain* ist nämlich strenger als in jedem Bundesministerium, müssen Sie wissen.

Sie erzählte weiter: „Hans-Joachim sprach drei Tage lang kein Wort mehr mit mir, so wütend war er, dass er mich nicht erreicht hatte. Ein andermal musste ich meinen Urlaub auf Mallorca abbrechen, weil im Ministerium wieder mal eine Notlage war. Mein damaliger Freund war so sauer, dass er mit mir Schluss gemacht hat. Als mich Hans-Joachim weinen sah, meinte er nur: ‚Stell dich nicht so an, wir Beamte müssen eben Opfer bringen für unser Land.‘ Im Grunde hat er sich über das Ende meiner Beziehung gefreut. Er ist auf jeden Mann in meinem Leben eifersüchtig."

Trotz ihres Rund-um-die-Uhr-Einsatzes bekam sie in all den Jahren nie ein Präsent, nur hin und wieder ein paar nette Worte, nämlich dann, wenn sie sich seinetwegen in eine andere Abteilung versetzen lassen wollte: „Hans-Joachim lebt im Glauben, dass er selbst das schönste Geschenk für seine Umgebung ist. Jeden ersten Sonntag im Monat muss ich zum Mittagessen zuhause bei den Lörrs aufkreuzen, zum einen, um längerfristige Ministeriumsprojekte zu besprechen, zum anderen, um die beiden zu unterhalten. Am Anfang hat es Pizza gegeben. Als *Domino's* dann auf einmal 1 Euro 50 Liefergebühr verlangte, hat Hans-Joachim dort angerufen und gebrüllt, dass er sich nicht bescheißen lasse und das seine letzte Bestellung gewesen sei. Seitdem werden nur noch Kohlrouladen von *Bofrost* aufgetischt." Trotz der Beschreibung ihrer tristen Besuche bei den Lörrs wirkte Caro Himmler keineswegs betrübt (ich wäre an ihrer Stelle garantiert depressiv geworden, weil ich Kohlrouladen noch mehr hasse als Ploß-Termine).

„Bei einem seiner Geburtstage waren Hans-Joachim, Hiltrud und ich in einem Biergarten, dem *Zollpackhof* ...“ Immer wenn ich das Wort *Zollpackhof* höre, beginne ich vom Sommer zu träumen. Ich mag dieses „Ausflugsrestaurant“, wie es altmodisch auf der Webseite heißt, und kehre dort oft mit meinem besten Kumpel Mario ein. Vom *Zollpackhof* hat man einen traumhaften Blick auf das Bundeskanzleramt, das sich direkt gegenüber am anderen Ufer der Spree befindet und wegen der runden Fensterfassade an der Seite auch „Bundeswaschmaschine“ genannt wird. Wenn wir an unserem Lieblingsplatz unter der 150 Jahre alten Rosskastanie im Biergarten sitzen, schauen wir entweder auf die vorbeifahrenden Touristenschiffe oder die zahlreichen Polit-Promis, die sich hier auf ein, zwei, drei oder mehr Augustiner hell, dunkel und Hefeweizen treffen. CDU, SPD und FDP werden hier zu Party-Parteien und feiern Sommerfeste bis in die frühen Morgenstunden. Parlamentarier singen: „Hoch die Hände, Sitzungsende!“

Einmal hat mein Kumpel sogar der Regierungschefin zugeprostet: „Auf Sie, liebe Frau Kanzlerin!“ Sie hat freundlich genickt und mit ihren Begleitern ein „Brotzeitbrettl“ (Schwarzwälder Schinken, Schweinebraten, Landjäger, Leberwurst, Bergkäse, Obazda, Gewürzgurke, Radi, Schnittlauchbrot und frischer Kren) verdrückt. Ich habe danach mit meinem Freund geschimpft, weil ich finde, dass Politiker auch einmal ihre Ruhe und Privatheit brauchen, aber er war total uneinsichtig: „Ich habe sie ja gewählt, da werde ich doch wohl noch ‚Prost‘ zu ihr sagen dürfen!“

Caro Himmler bemerkte, dass ich nicht ganz bei der Sache war, und fragte etwas streng: „Hören Sie mir zu, Herr Polizeioberkommissar?“

Was die kann, kann ich auch, dachte ich und sprach sie mit ihrem korrekten Titel an: „Aber sicher, Frau Regierungsdirektorin!" Ich registrierte den Ansatz eines Lächelns. Schöne weiße Zähne hat sie, dachte ich.

Sie fuhr fort: „Wir saßen also im Biergarten und Hans-Joachim meinte: ‚Ich zahle, aber nur, wenn du alles aufisst!' Den Kampf gegen das Riesenschnitzel habe ich mit letzter Kraft gewonnen. Aber bei der Bowle waren die Erdbeeren gegoren. Hans-Joachim war das egal: ‚Du musst alle Früchte essen', hat er befohlen, ‚bei mir wird nix übrig gelassen!' Ich war verzweifelt: ‚Willst du denn wirklich, dass mir übel wird, Hans-Joachim', habe ich gefragt, ‚willst du das wirklich?' Er gab erst Frieden, als ich meine Geldbörse hervorholte und ihm 6 Euro 50 für die Erdbeer-Bowle in die Hand drückte."

Caro Himmlers Loyalität basierte auf einer Mischung aus Angst, Respekt und Gefallen-Wollen. „Ohne mich bist du nichts", hatte ihr Hans-Joachim Lörr so lange eingetrichtert, bis sie es glaubte. Die Mitarbeiter im Ministerium begegneten ihr mit Vorsicht, weil sie als Lörrs Flurfunkerin galt. Wer Himmler ein Geheimnis anvertraue, könne es gleich dem Schattenminister direkt sagen, hieß es. Die Büroleiterin hatte gut hundertmal miterlebt, wie Lörr im Ministerium Menschen kaltstellte. „Operation Gulag" lautete das Codewort für Staatsdiener, die in Ungnade gefallen waren und in einer Abstellkammer sinnbefreit Akten bearbeiten mussten. Lörrs Beamten-Sibirien war im Regierungsviertel berüchtigt.

Hoffentlich verbannt mein Ober-Boss Ploß mich nie nach Polizisten-Sibirien, dachte ich, also zur Polizeiwache am Kottbusser Tor in Kreuzberg. Oder noch schlimmer zur Bereitschaftspolizei, wo ich bei jeder Straßenschlacht und jeder Randale einem wütenden Mob gegenüberstehen müsste, beschimpft, bespuckt, geschubst, getreten, am 1. Mai mit Pflastersteinen beworfen und in der Silvesternacht mit Pyro-Raketen beschossen – „Freundschaft" und „Happy New Year" auf Berlinerisch! Da sind mir die gelallten Freundschafts-Rufe am Tag des Besäufnisses – ich meine natürlich den „Tag der Arbeit" – im roten Wien doch um einiges lieber.

Berlin ist die Hauptstadt des Protests. Im Schnitt finden hier täglich 15 angemeldete Demonstrationen statt, die meisten glücklicherweise eskalationsfrei. Unser größtes Problem sind dagegen die illegalen Krawalldemos, bei denen von Mal zu Mal mehr Flitzpiepen mitlaufen.

In Wien ist die Atmosphäre friedlicher, obwohl es auch in meiner Heimat ein Polizisten-Sibirien gibt, nämlich den Praterstern im 2. Bezirk, das will ich nicht verschweigen. Zu meiner Wiener Zeit ist der gefährlichste Ort für Beamte aber die edle Herrengasse in der City gewesen, konkret das österreichische Innenministerium in der Herrengasse 7, weil der jähzornige Minister regelmäßig mit Laptops nach seinen Mitarbeitern geworfen hat. „Achtung, der Minister spielt wieder Völkerball", haben die leidgeprüften Kollegen gesagt, wenn es dem Politiker die Sicherungen raushaute und er sein engstes Umfeld mit Notebooks attackiert hat. Nach der Gefahrenlage im Ministerbüro haben die Beamten jedes Mal den Schaden feststellen müssen: „Schon wieder ein Rechner kaputt oder ein Kollege."

Aber vom Wiener Laptop-Friedhof in der Herrengasse zurück ins Berliner Ministerium mit der Mausoleums-Stimmung. „Trauen Sie jemandem im Haus eine Entführung zu?", fragte ich Caro Himmler zum Schluss.

„Ja", sagte sie, „allen drei Unterabteilungsleitern, die Hans-Joachim demontiert hat."

Die Faust des Komplizen

Nach dem kulinarischen Sushi-Trauma – am gräulichsten fand Hans-Joachim Lörr Nigiri Tako, „die so zäh wie Schuhsohlen schmecken" – quälte ihn nun eine volle Harnblase. Seit seiner Fütterung ging er davon aus, dass hier eine Entführerin am Werk war. Die gepflegten Finger hatten sie verraten. Der Gang zum Klo sei seine Chance, die Peinigerin k. o. zu schlagen, glaubte er.

„Hallo", schrie er. „Können Sie mich kurz ins Bad bringen?"

Niemand schien ihn zu hören. Er war anscheinend allein in seinem Gefängnis. Was wollte die Entführerin von ihm – Geld? Geheime Informationen? Einen staatlichen Millionenauftrag? War die Entführung eine One-Woman-Show – oder gab es Komplizen?

Hans-Joachim Lörr begann mit aller Kraft zu schreien: „Hilfe! Ich wurde entführt. Rufen Sie die Polizei! Hilfe! Ich wurde entführt! Rufen Sie die Polizei!"

Er hörte, wie sich ein Schlüssel im Schloss drehte, und Schritte, die auf ihn zukamen. Eine Faust traf sein Gesicht. Es war eindeutig eine männliche Faust, was die dazugehörige Stimme bestätigte: „Halten Sie sofort die Fresse, Sie Schweinegesicht, oder ich mach' Sie kalt!"

Okay, eine Frage war beantwortet: Es gab Komplizen, zumindest einen. Der unbekannte Typ, auch er trug einen Ganzkörper-Schutzanzug, eine Schutzbrille und eine Corona-Maske, löste Lörrs Kabelbinder und brachte ihn ins Badezimmer. Kurz darauf lag Hans-Joachim Lörr wieder im Bett, gefesselt an Händen und Füßen.

„Was wollen Sie von mir?", fragte er ängstlich.

Keine Antwort.

„Kann ich kurz mit meiner Frau telefonieren? Ich möchte nicht, dass sie sich Sorgen macht."

Wieder keine Antwort.

Hase und Jäger

Inzwischen hatte mich die Nachricht erreicht, dass man Lörrs Diensthandy in einem Müllcontainer nahe dem *Cordo* gefunden hatte, besser gesagt das, was von seinem Mobiltelefon übrig geblieben war. Ein Teil der SIM-Karte fehlte, das Gehäuse und sein Innenleben waren zertrümmert. Jetzt musste ich davon ausgehen: Ministerialdirektor Hans-Joachim Lörr war Opfer eines Verbrechens geworden! Ich wählte die Nummer meiner Dienststellenleiterin Emily Schippmann und war froh, dass diesmal sie und nicht Ploß abhob: „Vollalarm!" Sie wusste bereits über alles Bescheid, Ploß hatte sie hektisch zugetextet.

Was ich an meiner Chefin schätze: Sie bleibt in stressigen Situationen stets ruhig, anders als Ploß hyperventiliert sie nie.

„Ich informiere sofort die Vermisstenstelle im Landeskriminalamt", sagte Emily. „Weil es sich um eine hochrangige politische Persönlichkeit handelt, gehe ich davon aus, dass das Bundeskriminalamt den Fall übernehmen wird."

„Soll ich zurück in die Dienststelle kommen?"

„Nein. Vielleicht kannst du ja im Ministerium etwas rausfinden. Ich melde mich, sobald ich von oben neue Anweisungen für dich habe."

Als ich gerade aufgelegt hatte, klopfte es an der Tür des Besprechungsraums. Zu mir kam der erste Unterabteilungsleiter, den Abteilungsleiter Hans-Joachim Lörr auf dem Gewissen hatte: Ministerialdirigent Steffen C. Jäger trug einen Zweireiher mit Weste, ein mit seinen Initialen besticktes Hemd („SCJ"), dazu eine

Krawatte mit dem Logo der Universität Cambridge (vor 31 Jahren hatte er ein Semester in England studiert, seine akademische Würde offenbarte er den Ministeriumskollegen nicht nur täglich in Schlips-Form, sondern auch in seiner E-Mail-Signatur, die – fett gedruckt und unterstrichen – Jägers weltmännische sechsmonatige Bildung hervorhob: „Graduate of the University of Cambridge"), ein gestreiftes oxfordblaues und silberfarbenes Seiden-Einstecktuch und goldene Manschettenknöpfe. Am Ringfinger der rechten Hand steckte ein Ehering, am kleinen Finger ein Siegelring mit Familienwappen. Ursprünglich waren Siegelringe dem Adel und reichen Kaufleuten vorbehalten, dachte ich mir, heute versuchen damit wohl auch hohe Beamte Eindruck zu schinden. Bei Hans-Joachim Lörr war Steffen C. Jäger das offensichtlich nicht gelungen.

Ich habe mich erkundigt, wie die Rangordnung in einem Bundesministerium aussieht, alles sehr kompliziert. Hans-Joachim Lörr dirigierte zwei Unterabteilungen (143 Beschäftigte), die gemeinsam die Hausleitung unterstützten und aus jeweils sieben Referaten bestanden: Unterabteilung Leitung 1 (Strategische Planung, Koordinierung, Ministerbüro), wo Steffen C. Jäger bis zu seinem Abschuss gewirkt hatte, und Unterabteilung Leitung 2 (Presse und Kommunikation). Lörr war einer von neun gleichwertigen Abteilungsleitern, trat aber stets als Alleinungsleiter auf und beanspruchte bei jedem Meeting einen Stuhl direkt neben dem Minister. Niemand wagte es, ihm den Platz an der Sonne streitig zu machen. Die meisten Abteilungsleiter waren nur dank Lörr in die B9-Besoldungsgruppe (12.425,82 Euro Grundgehalt) aufgestiegen. Der Schattenminister beförderte ausnahmslos Beamte, die ihm nicht gefährlich werden konnten, bevorzugt solche, deren Beamtenlaufbahn nichts mit Laufen zu tun hatte. Eine Lörr-Erfindung reagierte auf PowerPoint-Präsentationen mit Power Nap und lieferte in den Leitungsrunden als einzigen Debattenbeitrag laute Schnarchgeräusche. Solange der ruhebedürftige Spitzenbeamte das erste Ministeriumsgebot befolgte, konnte er tiefenentspannt weiterschlafen: „Ich bin Lörr, dein Gott. Du sollst keine anderen Götter haben neben mir!"

Auch die beamteten Staatssekretäre wählte der Minister auf Vorschlag Lörrs aus. An die Spitze kamen ausschließlich Männer. „Frauen fehlt das Führer-Gen", glaubte der Schattenminister. „Die heulen mir zu viel."

Sämtliche Unterabteilungsleiter hielt der Abteilungsleiter für unterbelichtet, nur nicht Unterabteilungsleiter Steffen C. Jäger, der jetzt vor mir saß: Den hielt Lörr für unterunterbelichtet. Fast täglich spielte er mit ihm „Hase und Jäger". Nur dass Jäger nie Jäger sein durfte, sondern als Hase herhalten musste.

„Lörr hat jeden, der nur einen Hauch von des Ministers Gunst abbekam, gnadenlos wegintrigiert. Ich war als Unterabteilungsleiter Leitung 1 für das Ministerbüro und den Terminkalender des Ministers zuständig. Da müssen Sie ständig im Kontakt mit dem Minister sein. Normalerweise ist Ihr Büro in so einer Funktion direkt neben dem des Chefs. Und wissen Sie, wohin mich Hans-Joachim Lörr gesetzt hat? 400 Meter weit weg! 400 Meter, ans Ende der Welt sozusagen! Ich habe nie mitbekommen, wenn der Chef von einem Termin gekommen ist und ich dringend etwas von ihm gebraucht hätte. Das Vorzimmer, in dem drei Sekretärinnen sitzen, wurde von Lörr angewiesen, mich auf gar keinen Fall zu informieren. Und so bin ich jede halbe

Stunde selbst nachschauen gegangen, ob der Minister im Büro ist. Am Ende des Tages hat meine Bewegungs-App mindestens 17.000 Schritte angezeigt."

Wenn der Minister endlich für Jäger zu sprechen war, bat dieser ihn, manche Termine im Kalender zu priorisieren, andere wiederum zu streichen.

„Sie müssen wissen", sagte der Ministerialdirigent zu mir, „so ein Ministerkalender ist randvoll. Politiker haben nicht selten 18-Stunden-Tage. Ich konnte gut verstehen, dass der Minister nicht an jeder Hühnerzüchterveranstaltung teilnehmen wollte. Als wir mit der Kalender-Besprechung fertig waren, habe ich dem Vorzimmer über alle Änderungswünsche Bescheid gegeben. Die Sekretärinnen haben gleich bei Hans-Joachim Lörr Alarm geschlagen, wenn auch nur ein einziger Termin aus dem Kalender gestrichen war, der Lörrs Freunde betraf."

Lörrs Freunde waren die Lobbyisten, die ihn und seine Frau am großzügigsten mit Kuchen und Essenseinladungen versorgten.

„Und wissen Sie, Herr Polizeioberkommissar, was dann passiert ist? Lörr hat gestrichene Termine einfach wieder im Ministerkalender eintragen lassen! Schließlich hat der Minister mir einen Einlauf verpasst: ‚Ich habe Ihnen doch gesagt, dass ich auf diesen und jenen Termin keinen Bock habe!' Dann hat er tobend aus Asterix zitiert: ‚Sie sind alle so dumm, und ich bin ihr Chef!'"

Nach fünf Monaten war Jäger in der Hausleitung Geschichte. Sein Büro war jetzt 735 Meter weit vom Minister entfernt. Das ist genau wie bei uns in der Polizeidirektion 2: Je weiter weg man vom Polizeidirektor sitzt, desto unwichtiger ist man. Leider hat Ploß sein Büro direkt neben mir. Ich wünschte mir, es wäre 735 Meter von meinem entfernt oder noch besser: 735 Kilometer.

„Haben Sie Rachegefühle Herrn Lörr gegenüber?", fragte ich Jäger direkt.

„Aber Herr Polizeioberkommissar, ich bin gläubiger Katholik", sagte er. „Im Grunde ist Lörr ein armer Teufel. Niemand mag ihn hier im Ministerium außer Caro Himmler."

Am Tatabend hatte Ministerialdirigent Jäger als Gastsänger beim „Polizeichor Berlin" geprobt – in der Polizeidirektion 5, Friesenstraße/Eingang Golßener Straße 6, in Kreuzberg. Ein besseres Alibi hätte er kaum vorweisen können, fand ich. Natürlich haben meine Kolleginnen und Kollegen das später geprüft. „Ministerialdirigent Jäger lässt keine Probe ausfallen und übt auch in seiner Freizeit fleißig", sagte der Chorleiter.

Unser wunderbarer Chor sucht übrigens verzweifelt Sängerinnen und Sänger, für den Fall, dass Sie Volkslieder, Berliner Schlager und klassische Werke mögen. Eine Polizeizugehörigkeit ist kein Muss, nur vorbestraft sollten Sie nicht sein. Ich selbst habe leider die schlechteste Stimme von Scheibbs bis Nebraska, wie mein schrecklicher Musiklehrer am Bundesgymnasium Maroltingergasse immer gesagt hat: „Heidergott, dich würde nicht einmal der Gefangenenchor in Sing Sing haben wollen." Seit diesem dummen Spruch singe ich nur noch unter der Dusche.

Das Beamtenleben ist gerecht, hin und wieder

Mein Diensthandy klingelte: Ploß. Der Ober-Boss versuchte erst gar nicht, seine Schadenfreude zu verbergen: „Das BKA hat die Vermisstenfahndung übernommen. Somit sind Sie raus. Der Fall Lörr ist – bei aller Liebe – eine Nummer zu groß für Sie. Nehmen Sie's nicht zu schwer, lieber Heidergott! Ich habe etwas Spannendes für Sie: Dem Abgeordneten Cem Özdemir wurde sein Elektrofahrrad geklaut. Ab sofort kümmern Sie sich darum."

Was für ein Sackgesicht, dachte ich. Statt einer Großlage im Regierungsviertel bekomme ich einen läppischen Fahrraddiebstahl! Das Leben als Ermittler kann so unfair sein. Ich verließ den Besprechungsraum und ging zum Leiter des Ministerbüros, um mich zu verabschieden. Da Dirk Lindemann gerade beim Minister war, wartete ich bei den drei Sekretärinnen im Vorzimmer.

Meine Dienststellenleiterin Emily Schippmann hatte inzwischen die Vermisstenstelle des Landeskriminalamtes kontaktiert, Null-Null-Ploß machte auf Mister Wichtig und informierte höchstpersönlich seine Chefin, die Berliner Polizeipräsidentin. Die wiederum schaltete den Generalbundesanwalt ein. In der Folge wurde Josef Rawalski, Polizeioberrat beim Bundeskriminalamt, offiziell beauftragt, eine BAO zu gründen. Wenn Sie wissen sollten, was eine „BAO" ist, sind Sie der perfekte Kandidat für unsere Polizeiakademie. Die meisten Menschen kennen „Bao" als chinesischen Vornamen, einige verbinden damit die fachchinesische „Bundesabgabenordnung" oder die knochentrockene „Bundesarbeitsgemeinschaft Osteopathie". Was „BAO" in der Polizeisprache bedeutet, können allerdings nur die wenigsten beantworten: nämlich „Besondere Aufbauorganisation".

Die gewissenhaften Preußen-Polizisten unterscheiden zwischen AAO (Allgemeine Aufbauorganisation), BAO und Soko (Sonderkommission). Wir Österreicher sind da nicht so kompliziert. Bei uns ist im Ernstfall alles „Soko", denken Sie nur an die weltbekannte „Soko Ibiza" alias „Soko Tape", die eigentlich „Amigos Ibiza" hätte heißen müssen, weil ein treuherziger Wiener Ermittler eine Fan-SMS an die zentrale Figur der „Ibiza-Affäre" – FPÖ-Vizekanzler Heinz-Christian Strache – geschickt hat. Ja, Sie haben richtig gelesen: eine Fan-SMS! Wenn dieser Kriminalbeamte Staatsanwalt oder Richter wäre, würde er jeden prominenten Angeklagten im Gerichtssaal um ein Autogramm bitten – und spätestens nach einem gemeinsamen Selfie ungeschoren davonkommen lassen.

Immer wenn ich meinen Kollegen in der Polizeidirektion 2 die Geschichte von der österreichischen Groupie-Soko erzähle, schauen sie mich ungläubig an. Der hormongesteuerte Komatrinker – und blaue – Spitzenpolitiker Heinz-Christian Strache tappt auf Ibiza in eine Videofalle und zeigt sich als offenbar käuflich. Im Gespräch mit einer vermeintlichen russischen Milliardärsnichte wirkt er offen für fragwürdige Geschäfte und stellt Staatsaufträge als Gegenleistung für Wahlkampfhilfen in Aussicht. Als das heimlich aufgenommene Video an die Öffentlichkeit kommt, muss Strache als stellvertretender Regierungschef zurücktreten. Und was macht der zuständige Ermittler im Wiener Regierungsviertel? Er schreibt direkt nach dem unrühmlichen Abgang des Rechtspopulisten eine aufmunternde Durchhalte-Nachricht:

„Lieber HC, ich hoffe auf einen Rücktritt vom Rücktritt ... die Politik braucht dich! Alles Gute für alles Weitere! LG Niko."

Die Schleimspur, die Soko-Niko bei Politikern hinterlassen hat, ist so lang wie die Luftlinie zwischen Wien und Ibiza, habe ich von meinen alten Kollegen gehört – 1.582 Kilometer, mindestens!

Ich war als Abteilungsinspektor in Wien niemals so ein klebriger Fanboy wie dieser Soko-Nikolaus, bei mir hat es weder Nikolausgrüße noch Geschenke für Mächtige gegeben, schon gar nicht für einen Bösi-Ösi, der als junger Mann mit Kampfmontur in der Neonazi-Szene unterwegs war und als Anführer der Freiheitlichen Partei Österreichs „ein Mediensystem wie der Orbán" aufbauen wollte – mit dem Ziel, kritische Journalisten zu feuern! Leider sind manche Soko-Beamte in Österreich gegenüber Rechtsaußen besonders mitfühlend, das ist mir schon immer gegen den Strich gegangen.

Als ich bei der Berliner Polizei begann, musste ich die Definition von „BAO" auswendig lernen: *„Eine Besondere Aufbauorganisation wird errichtet, wenn eine Lage durch die Allgemeine Aufbauorganisation der Polizei entweder wegen erhöhten Kräftebedarfs, wegen der erforderlichen Einsatzdauer oder wegen der notwendigen einheitlichen Führung (etwa bei verschiedenen Zuständigkeiten) nicht bewältigt werden kann."*

Für die „BAO Finsterweg" stellte Polizeioberrat Rawalski nun mehrere Teams mit insgesamt 36 Leuten zusammen. Dazu gehörten Tatortspezialisten, Hundeführer, Techniker des Landeskriminalamtes (ihr Job war es, Handydaten und elektronische Spuren auszuwerten) und Ermittler, die die umliegenden Häuser des *Cordo* nach möglichen Zeugen abklapperten.

Und gerade als mein Frust wegen Cem Özdemirs E-Bike volle Fahrt aufnahm, kam wie aus heiterem Himmel der Anruf, der mich wieder an die Gerechtigkeit in der Beamtenwelt glauben ließ: „Herr Heidergott", sagte ein BKA-Mitarbeiter am Telefon, „wir haben gehört, dass niemand so gute Kontakte ins Ministerium hat wie Sie. Deshalb sind Sie ab sofort Mitglied der ‚BAO Finsterweg'. Ihr Job ist es, einerseits die Verbindung zur Frau des Vermissten und zum Minister zu halten und anderseits die Vernehmungen im Ministerium zu führen. Gibt es einen Kollegen, der Sie dabei unterstützen könnte?"

„Eine Kollegin", sagte ich euphorisch, „Erste Polizeihauptkommissarin Emily Schippmann!" Emily und ich durften nun gemeinsam im größten Kriminalfall des Jahres ermitteln. Sofort gab ich ihr Bescheid. Sie versprach, so schnell wie möglich zu mir ins Ministerium zu kommen.

Danach informierte ich Null-Null-Ploß und konnte den Spott in meiner Telefonstimme nur schwer verbergen: „Emily Schippmann und ich sind für die ‚BAO Finsterweg' abkommandiert. Schade, dass ich jetzt nicht mehr Cem Özdemirs gestohlenes Fahrrad suchen kann. Nehmen Sie's nicht zu schwer, lieber Ploß!"

Ich glaubte zu hören, wie Ploß am Ende der Leitung nach Luft schnappte.

Beamten-Intriganten-Domino

Nach Steffen C. Jäger kam Astrid Eberl zu mir in den Besprechungsraum, Jägers Nachfolgerin als Unterabteilungsleiterin L1 (Leitung 1). Sie hatte bei Hans-Joachim Lörr insgesamt 15 Monate überlebt, drei Mal so lange wie der Chorsänger mit der Cambridge-Krawatte.

Astrid Eberl, Mitte 40, trug einen dunkelblauen Jacquardblazer mit einem riesigen goldfarbenen Ralph-Lauren-Aufnäher, Tiffany-Ohrstecker aus Akoya-Zuchtperlen und eine Gucci-Halskette mit Löwenkopf und Kristallsteinen (Modeschmuck). Warum ich die Labels erkenne? Meine zweite Frau Hanna war eine echte Modetussi. Jedes Jahr zur Weihnachtszeit musste ich eineinhalb Monatsbezüge für ihre Geschenke ausgeben. Jetzt trägt sie meinen Schmuck und meine Designer-Klamotten für jemand anderen, meinen Nachfolger, der nur einen Stock unter mir arbeitet – im Betrugsdezernat! Echt deppat, wie wir Wiener sagen.

Astrid Eberl sprach mit leiser Stimme, stets darauf bedacht, die entscheidenden Substantive in ihren mit Fremdwörtern gespickten Sätzen würdevoll zu betonen. Dazu zog sie eine gravitätische, nachdenkliche Miene, die ihrem Auftritt eine staatstragende Note verleihen sollte. Mit allen Mitteln wollte sie, ein Kind aus dem Plattenbau, ihre Herkunft aufpolieren oder noch lieber verschleiern. Diesen Sommer würde sie einen Landadeligen heiraten und statt Astrid Eberl fortan den duften Namen Astrid von Douglas tragen.

In Österreich könnte sich die künftige Frau von Douglas das „von" und „zu" abschminken, dachte ich, bei uns sind Adelstitel nämlich seit hundert Jahren verboten. In meiner Heimat darf sich niemand „von" nennen, nicht einmal unser Bundespräsident, der nur ein bürgerliches „Van" und kein blaublütiges „von" im Namen trägt, er heißt Alexander Van der Bellen und ist von den Grünen. Unser Staatsoberhaupt residiert dafür so nobel wie einst Kaiser Franz Joseph, und zwar in der Wiener Hofburg, dem Amtssitz des Präsidenten. Fast alle Gegenstände im Präsidentenbüro stammen noch aus der Habsburger Zeit, müssen Sie wissen. Nur an einem kleinen Detail ist Alexander Van der Bellens Liebe zum Bildungsbürgertum erkennbar: Auf seinem Schreibtisch thront eine Donald-Duck-Figur. Unser Präsident ist nämlich Entenhausen-Fan. Aber ich schweife schon wieder ab.

Der Ministeriumsraum, in dem ich nun mit Astrid Eberl saß, war so düster, dass ihn Kaiser Franz Joseph nicht einmal als Dienerschaftszimmer hätte durchgehen lassen. Die von Lörr geknechtete Unterabteilungsleiterin unterdrückte vornehm ein Gähnen und erzählte dann: „Mein Vorgesetzter und ich waren das Gegenteil einer geistig-seelischen Symbiose. Herr Lörr war pathologisch eifersüchtig wie Othello. Er allein wollte die Liebe des Ministers. Das war purer Wahnsinn. Wenn ich allein mit dem Minister im Büro saß, um etwas zu besprechen, schloss er daraus, ich würde ihn hintergehen und etwas gegen ihn im Schilde führen. Meist dauerte es keine zwei Minuten, bis Lörr mit einem fadenscheinigen Vorwand ins Büro stürmte. Er begann einen hinterlistigen Krieg gegen mich."

Hans-Joachim Lörr holte für seine neueste „Operation Gulag" den etwas trotteligen Sachbearbeiter Bernhard Mantel zu sich ins Büro, einen direkten Mitarbeiter Astrid Eberls. Caro Himmler hat mir sehr viel später von Lörrs Intrigenspiel erzählt, das jedes Mal in etwa so ablief:

„Sie kennen sicher das Berlin/Bonn-Gesetz, oder?", fragte der Abteilungsleiter.

„Nein", antwortete Mantel kleinlaut.

„Das Berlin/Bonn-Gesetz legt fest, dass ich Sie jederzeit von Berlin nach Bonn abschieben kann, wenn Sie nicht spuren. Also: Sie gehen jetzt zu unseren Hausmitgliedern des CDU-Freundeskreises und erzählen beiläufig, wie bösartig die Eberl über unseren geschätzten Minister herzieht. Hinter seinem Rücken hat sie ihn einen ‚inkompetenten Schwachmaten' genannt!"

„Das habe ich aber nie gehört", bemerkte Bernhard Mantel naiv.

Hans-Joachim Lörr musterte den Sachbearbeiter scharf mit seinen stahlgrauen Augen: „Hiermit haben Sie das Schwachmaten-Zitat gehört, verstanden? Auf mich darf nichts zurückzuführen sein. Niemand soll annehmen, dass ich Sie geschickt habe. Wenn Sie nur einmal meinen Namen in diesem Zusammenhang nennen, steht Ihr Schreibtisch ab morgen in Bonn."

„Sie können sich auf mich verlassen, Herr Abteilungsleiter", versicherte Mantel ängstlich und zog ab.

In einem Ministerium wollen viele Beamte mit ihrem Insider-Wissen glänzen, in erster Linie beim Chef. Deshalb war es nicht verwunderlich, dass interne Parteifreunde den Minister nach kurzer Zeit bereits vor Astrid Eberl gewarnt hatten.

Er lud die Unterabteilungsleiterin vor, wie sie mir berichtete: „Frau Eberl, kann ich Ihnen noch vertrauen? Ich höre, Sie sprechen schlecht über mich."

„Aber ich war und bin immer loyal, loyal, loyal", sagte sie erschrocken.

Der Politiker dachte sich: Wer so oft das Wort „loyal" kräht, ist so ehrlich wie Barschel, Nixon, Ulbricht oder Trump.

Zeitgleich spielte Hans-Joachim Lörr die zwei Unterabteilungsleiter Leitung 1 und Leitung 2 gekonnt gegeneinander aus, was ich wiederum von Caro

Himmler weiß. Erst rief er Unterabteilungsleiter L2 zu sich, den Minister-Sprecher: „Frau Eberl hat mich gebeten, beruflich ein bisschen kürzerzutreten. Sie hat jetzt nämlich zu Hause im Garten drei süße Alpakas, die ihre volle Kraft und Liebe brauchen. Deshalb bitte ich Sie, die Aufgabenfelder X und Y von Frau Eberl zu übernehmen."

Und zu Unterabteilungsleiterin L1 sagte er eine Stunde später: „Unterabteilungsleiter L2 findet wie ich, dass Sie fachlich total überfordert sind. Darum kümmert er sich ab sofort um X und Y."

Lörr, der seit vielen Jahren obrigkeitsgläubige Beamte als Versuchspersonen für seine psychologischen Experimente nutzte, kannte die menschliche Temperamentenlehre in- und auswendig. Er sah voraus, dass sich der Unterabteilungsleiter L2 kochend beim Minister beschweren würde: „Ich bekomme jetzt noch mehr Arbeit aufgehalst, nur weil Frau Eberl zuhause ihre doofen Alpakas scheren muss."

So kriegten sich alle in die Wolle, der Minister mit seiner Unterabteilungsleiterin L1, die Unterabteilungsleiterin L1 mit dem Unterabteilungsleiter L2. Und in seinem Büro freute sich Hans-Joachim Lörr tierisch über sein Beamten-Intriganten-Domino. Für ihn waren die wichtigsten Mitarbeiter des Ministers wie Dominosteine, die es galt, möglichst schnell abzulegen, um zu gewinnen. Hans-Joachim Lörr gewann immer.

Nach nicht einmal eineinhalb Jahren wurde Astrid Eberl strafversetzt. Hans-Joachim Lörr, der Hai, hatte wieder einen unterbelichteten Nemo weggebissen.

Ich dachte mir: Bei uns in der Polizeidirektion 2 geht es weit friedfertiger zu als im Hai-Ministerium, gegen diesen bösartigen Intrigantenstadl sind wir

Polizisten die singende Gemeinschaft von Taizé („Bleibet hier und wachet mit mir"), obwohl hin und wieder auch bei uns – so ehrlich muss man sein – Hauen und Stechen vorkommt.

Ich sah Astrid Eberl prüfend an: Hatte eine Alpaka-Freundin etwas mit dem Verschwinden Hans-Joachim Lörrs zu tun? Ausgeschlossen, sagte ich mir. Routinehalber fragte ich sie nach ihrem Alibi.

„Mein Verlobter und ich haben unseren Wedding Planner getroffen", sagte sie. Vor dem Wort „Wedding Planner" machte Astrid Eberl eine kurze dramatische Pause. Damit schied auch sie fürs Erste als Verdächtige aus.

Weit interessanter erschien mir aus kriminalistischer Sicht Astrid Eberls Kollege Simon Streif, der ehemalige Ministersprecher und Unterabteilungsleiter L2. Der Ministerialdirigent habe die Leitungsebene wegen eines Witzes über Lörr verlassen müssen, erzählte man sich auf den endlosen Gängen. Streif galt im Haus als unberechenbarer Beamten-Revoluzzer.

„Zurzeit macht Streif gerade Urlaub in den Tiroler Bergen", teilte mir Dirk Lindemann auf Nachfrage hin mit. „Ich habe mehrmals versucht, ihn auf dem Handy zu erreichen. Doch es springt immer nur die Mobilbox an. Vielleicht hat Streif auf der Berghütte ja keinen Empfang."

Vielleicht, dachte ich. Vielleicht.

Einsam unter Möwen

Seine Arme kribbelten, in den Beinen spürte Hans-Joachim Lörr ein Taubheitsgefühl. Wie viele Stunden er bereits gefesselt im Bett lag, wusste er nicht. Er hatte jegliches Zeitgefühl verloren. In seinem Gefängnis hörte er von draußen Möwen. Er bildete sich ein, dass sie vor Einsamkeit kreischten. Die Vögel sagten ihm, dass er irgendwo am Meer sein müsse. Ostsee? Nordsee? Oder vielleicht Mittelmeer?

Die Jalousien im Raum waren heruntergelassen, an den Fenstern, so viel konnte er sehen, waren keine Gitter angebracht. Die Frau im Ganzkörper-Schutzanzug kam mit dem Abendessen. Wieder fütterte sie ihn mit der Hand. Diesmal steckte sie ihm Sake Maki, Ebi Maki und Tekka Maki in den Mund. Wussten seine Kidnapper, dass er nichts mehr hasste als Sushi und Maki, er nichts widerlicher fand als rohen Fisch? Wenn ja, woher?

„Wie lange wollen Sie mich hier gefangen halten?", fragte er die Unbekannte. „Was wollen Sie von mir?"

Sie schwieg erneut.

Menü „Hafenrundfahrt"

„Ein kleiner Brauner[5] aus Braunau wird Beamter in Braunschweig und liebt eine Braun – Geschichte kann so zynisch sein." (mein Kumpel Mario, Geschichtslehrer in Berlin-Mitte)

Mein Handy vibrierte. SMS von Emily Schippmann: „Hi, bin jetzt im Ministerium." Ich holte meine Chefin beim Pförtner ab und zeigte ihr den Besprechungsraum, den die Hausleitung für uns reserviert hatte. Danach machte ich Emily mit Caro Himmler und Dirk Lindemann bekannt. Nun mussten wir aber dringend los, denn ich hatte mit den Betreibern des *Cordo*[6] einen Termin vereinbart, kurz bevor das Bundeskriminalamt die Ermittlungen übernahm. Ich bat Emily, mich zum mutmaßlichen Tatort zu begleiten.

„Klaro", sagte sie.

Die Große Hamburger Straße in Berlin-Mitte ist nur 400 Meter lang und hat eine bedrückende Vergangenheit, an die ich jedes Mal denken muss, wenn ich, wie jetzt, dort vorbeikomme: In der Zeit des Nationalsozialismus besetzte die Geheime Staatspolizei das Altersheim der Jüdischen Gemeinde (Hausnummer 26) und richtete ein Sammellager ein. Tausende Berliner Juden

---

5 Adolf Hitler maß 1,74 Meter. Ich, André Heidergott, bin einen Zentimeter größer.

6 Das Sternerestaurant war ursprünglich eine österreichische Weinbar und hieß „Cordobar". Der Name erinnert an das legendäre Spiel Österreich gegen Deutschland bei der Fußballweltmeisterschaft 1978 im argentinischen Córdoba. Über den 3:2-Sieg jubelt man in Österreich bis heute. Der Kommentar des ORF-Sportreporters Edi Finger senior bekam Kultstatus: „Tooor, Tooor, Tooor, Tooor! I wear narrisch!"

warteten hier auf die Deportation in das KZ Theresi-
enstadt oder das KZ Auschwitz. Die Bewohner des Al-
tersheims gehörten zu den ersten Opfern – von ihnen
kam nur eine Frau zurück, schwerkrank.

Für mich ist es unbegreiflich, dass Politiker wie der
AfD-Abgeordnete Alexander Gauland die monströsen
Verbrechen der Schoah kleinreden wollen: „Hitler und
die Nazis sind nur ein Vogelschiss in über 1.000 Jahren erfolgreicher deutscher Geschichte", behauptete dieser braune Vogel. Zuerst dachte ich, dass eine
solch geistige Umnachtung nur mit Dauerschlaf im
Geschichtsunterricht zu erklären ist, im Bundestag
habe ich einmal mit eigenen Augen gesehen, wie Gauland bei einer Auschwitz-Gedenkrede eingenickt ist.
Doch dann habe ich gelesen, dass dieser Mann Geschichte studiert hat! Ein ganzes Studium kann man ja
kaum verschlafen, oder doch? Die Historiker sind heute auch nicht mehr das, was sie einmal waren, finde ich.
Der weit über 80-jährige Parlamentarier Gauland liebt
übrigens meine Heimat Österreich, ich vermute, weil
bei uns – verzeihen Sie die miese Pointe – die Kran-
kengymnastik noch Heilgymnastik heißt. Oder vielleicht weil in der Mozartstadt Salzburg mehr Straßen
nach Nationalsozialisten (66) benannt sind als nach
Frauen (37).

Vor dem *Cordo* sicherten sechs Kollegen in weißen
Schutzanzügen Spuren, ein großer Teil des Bürger-
steigs war mit einem rot-weißen Flatterband gesperrt.
Ich weiß nicht, ob Sie jemals an einem echten Tatort
waren. Wir von der Polizei haben für jeden menschlichen Sinn ausgebildete Spezialisten, für Sehen, Hören,
Riechen, Schmecken und Tasten. Dazu kommen unsere – wie ich immer sage – fast übersinnlichen Dienst-
hunde. Je nach Rasse können Hunde bis zu 100.000

Mal besser riechen als wir Menschen! Für die „BAO Finsterweg" waren zwei belgische Malinois im Einsatz. Seit dem Welpenalter leben sie mit ihren Hundeführern zusammen. Wenn sie irgendwann in den Ruhestand geschickt werden, frühestens mit sechs Jahren, gibt es sogar eine kleine Rente für sie. Der deutsche Staat sorgt für seine Hunde.

Später werde ich Ihnen noch von elektronischen Spuren und der Funkzellenabfrage berichten, aber ich will hier nicht weiter dozieren, sonst fühlen Sie sich noch als Erstsemester an der „Hochschule für Wirtschaft und Recht Berlin – Fachbereich 5 – Polizei und Sicherheitsmanagement" in Lichtenberg.

Emily und ich zeigten unsere Dienstausweise und betraten das *Cordo*. Hier ging der Betrieb ganz normal weiter. Der Ministerialdirektor war schließlich nicht *im* Sternerestaurant, sondern draußen auf dem Bürgersteig verschwunden.

Privat gehe ich fast nie in edle Lokale, weil mir die Leute dort zu etepetete sind, deshalb bin ich auch nach Moabit gezogen und nicht nach Prenzlauer Berg oder Dahlem, wobei die Menschen in Dahlem dazu stehen, dass sie Schnösel sind, die im Prenzlauer Berg machen einen auf cool und tolerant und sind in Wirklichkeit die spießigsten Snobs überhaupt. Aber ich muss sagen, dass die jungen Betreiber des *Cordo* in Berlin-Mitte angenehm bodenständig waren. Die Kellnerin, die Dienst hatte, als Hans-Joachim Lörr spurlos verschwand, nahm sich viel Zeit für unsere Fragen.

Am Montag gegen 19 Uhr waren das Ehepaar Lörr und die einladenden Coronamasken-Fabrikanten gekommen. Alle vier hatten sich für das Menü „Hafenrundfahrt" (in der Luxusvariante mit Wintertrüffel und Kaviar) samt Weinbegleitung entschieden.

Die zehn Gänge bestanden aus:

1. Blutwurst-Brot/Schmorzwiebel – Butter
2. Auster/Lauch/Sauerteig
3. Algen/Leinsamen/Eigelb
4. Garnele/Buttermilch/Limone
5. Skrei/Mole/Haselnuss (auf Wunsch mit Winter-trüffel plus 30 Euro)
6. gebrannter Spitzkohl/karamellisierte Schokolade/Dill
7. Wagyu/Jungzwiebel/schwarzer Knoblauch
8. Kalbsbries/Schnittlauch/Spinat (auf Wunsch mit N25-Kaviar 30 Gramm, plus 60 Euro)
9. Apfel/Staudensellerie/LaitCru/Nussbutter
10. Kerbelwurzel/Chicorée/Himbeere

Ich habe nachgerechnet: Das Menü kostete pro Person 180 Euro in der Standardversion, plus Wintertrüffel und Kaviar also 270 Euro. Die Weinbegleitung machte für jeden 90 Euro aus.

„Die Lörrs müssen den Schutzmasken-Vorständen ganz schön was wert sein", meinte Emily.

Ming Li, 27, die seit zwei Jahren im *Cordo* servierte, sagte uns: „Es waren schwierige Gäste – und wir sind schwierige Gäste gewohnt, glauben Sie mir. Aber der Herr aus dem Ministerium hat die ganze Zeit herum-gemäkelt, dass ihm unsere Speisen zu exotisch sind: ‚Sehe ich aus wie ein Algenfresser?' Gleich darauf hat er wegen meiner asiatischen Wurzeln die Bemerkung fallen lassen: ‚Ich mag aber exotische schöne Frauen wie Sie.' Alle haben laut gelacht, am lautesten die Ehe-frau. Absolut widerlich."

Ming Li ließ sich trotz der Demütigung nichts an-merken: „Je mehr Wein geflossen ist, desto besser hat es auch dem Herrn aus dem Ministerium geschmeckt.

Gegen 22 Uhr, der achte Gang war gerade abgeschlossen, hat das Handy des Beamten geklingelt. Er ist aus dem Lokal gegangen. Ich war kurz vor ihm draußen gewesen, um eine zu rauchen, da ist mir ein Rettungswagen aufgefallen, der ganz in der Nähe unseres Restaurants auf dem Bürgersteig stand. Hier in Berlin-Mitte ist aber Dauereinsatz, habe ich mir gedacht.

Als der Herr aus dem Ministerium nach einer Viertelstunde noch immer nicht zurück war, ging seine Frau raus, um nachzusehen. Nach etwa einer Minute kam sie wieder und sagte: ,Hans-Joachim wird wohl gleich wieder bei uns sein. Ich würde vorschlagen, dass wir mit dem neunten Gang fortsetzen.' Um 23.30 Uhr waren die Herrschaften mit dem Menü durch, aber Herr Lörr war noch immer nicht da. Da hat mich Frau Lörr gefragt, ob ich ihr die beiden übrig gebliebenen Gänge ihres Mannes zum Mitnehmen einpacken könne. Sie gab mir aus ihrer Tasche zwei Tupperware-Dosen. ,Wenn Sie nett sind, bekomme ich eine extra große Portion von Ihnen', meinte sie. ,Ich gebe mein Bestes', sagte ich. Danach habe ich drei Taxis gerufen. Das war so gegen 24 Uhr."

Wir bedankten uns und fragten, ob vielleicht anderen Gästen etwas aufgefallen sein könnte. Ming Li zeigte auf ein Paar an einem der Fenstertische: „Dieser Herr war gestern Abend auch hier." Sie führte uns zu ihm.

„Guten Abend, Erste Polizeihauptkommissarin Schippmann mein Name, das ist mein Kollege Heidergott, verzeihen Sie bitte, wir stören nur ungern beim Essen."

Der Mann im Nadelstreifenanzug erhob sich lächelnd zur klassischen Corona-Begrüßung, Schlagabtausch mit dem Ellenbogen: „Ich glaube, ich weiß, warum Sie hier sind. Ich habe vorhin vom *Cordo-*

Personal aufgeschnappt, dass Hans-Joachim Lörr spurlos verschwunden ist."

Emily nickte: „Kennen Sie ihn?"

„Ja, leider", sagte Christoph Schütz, nachdem er sich namentlich vorgestellt hatte. „Ich arbeite für einen großen Ticket-Anbieter. Wir hatten mit dem Ministerium einmal einen jahrelangen Rechtsstreit wegen eines geplatzten digitalen Millionenprojekts. Und inmitten der Gerichtsverfahren hat mich Abteilungsleiter Lörr allen Ernstes gefragt, ob er ihm zwei Gratis-VIP-Karten für ein Roland-Kaiser-Konzert – inklusive Backstage-Büfett – besorgen könne, für ihn und seine Frau! Ich habe diesem Schnorrer direkt ins Gesicht gesagt, ob er sich denn nicht schäme, mich in so einer Situation um einen solchen Gefallen zu bitten. Er hat sich dann rausgeredet und gemeint, dass das doch nur ein Witz zur Gesprächsauflockerung gewesen sei. Seither hasst er mich – das beruht übrigens auf Gegenseitigkeit. Als wir uns gestern im *Cordo* begegnet sind, hat jeder von uns gleich in die andere Richtung geguckt."

Seine Antipathie schien mir so nachvollziehbar und offen vorgetragen, dass ich den Gedanken, er könne etwas mit Lörrs Verschwinden zu tun haben, gleich wieder verwarf.

„Ist Ihnen etwas Außergewöhnliches aufgefallen?", fragte ich.

„Nur ein Rettungswagen, als ich gegen 22 Uhr nach Hause aufbrach. Hoffentlich ist nichts Schlimmes passiert, habe ich mir gedacht."

Schon wieder der Rettungswagen! Hatte sich Lörrs Entführer als Sanitäter verkleidet? Oder war sogar ein falsches Rettungsteam im Einsatz, um den Ministerialdirektor zu kidnappen? Niemand, dachte ich mir, wirkt unverdächtiger als Rettungskräfte und

Notfallmediziner. Erst recht zu Corona-Zeiten. Leider hatten weder die Kellnerin noch der Konzertmanager den oder die Rot-Kreuz-Mitarbeiter gesehen.

Auch die Überwachungskamera im Eingangsbereich des *Cordo* lieferte keine neuen Erkenntnisse. Die Bilder zeigten lediglich, wie der Ministerialdirektor am Montag um 22.05 Uhr das Lokal verließ. Die Kamera hatte weder Bürgersteig noch Straße erfasst – in Deutschland ist private Videoüberwachung auf öffentlichen Wegen nämlich verboten. Das „allgemeine Persönlichkeitsrecht" der Passanten ist den Datenschützern hierzulande heilig.

Ein BAO-Kollege von der Spurensicherung meinte deshalb zu uns genervt: „Wenn wir in London wären, wüssten wir schon längst, was mit dem Ministerialbeamten passiert ist. Dort wird man an jeder Ecke völlig legal gefilmt, auf öffentlichen Plätzen und Straßen genauso wie in der U-Bahn. Nur wir Deutschen haben das Böse nie im Blick."

Dafür hat Hollywood immer die Deutschen im Blick, wenn Film-Bösewichte gesucht werden, wollte ich schon sagen. Die Nazis, die Mörder, die Irren – deutsche Paraderollen! Aber ich schwieg lieber, weil ich mich für eine Diskussion zu müde fühlte. Es war mittlerweile Viertel vor acht und schon dunkel. Emily und ich verabschiedeten uns vom Spurensicherungsteam. Die Kollegen taten mir leid, weil sie voraussichtlich die ganze Nacht durcharbeiten mussten.

Wir machten uns auf den Heimweg und gingen zur U-Bahn-Station am Rosenthaler Platz. Einen großen Teil der Strecke konnten wir gemeinsam fahren, erst fünf Stationen mit der U8 bis zur Osloer Straße, dann mit der U9 Richtung Steglitz. Ich stieg an der Haltestelle Birkenstraße aus, Emily musste weiter zur

Schloßstraße. Ich beneidete sie, weil zuhause jemand auf sie wartete.

Auf mich wartete daheim nur eine Thunfischdose von Edeka. Ich schaltete den Herd an, um Spaghetti Tonno zu kochen – mein Gericht der Wahl, wenn es schnell und deppensicher sein muss, was mindestens dreimal pro Woche der Fall ist. Im Radio las eine Moderatorin die schlimmsten Boris-Johnson-Sprüche vor. Über Hillary Clinton hatte der britische Skandalpremier einmal gesagt: „Sie hat blond gefärbte Haare, einen Schmollmund und starrende blaue Augen wie eine sadistische Krankenschwester in einer Nervenklinik." Ob Gauland, Johnson oder Trump – die Clowns kapern die Politik, dachte ich mir. Und damit meine ich die Clowns aus Horrorfilmen.

Der Schreibtisch der Macht

Am nächsten Morgen war ich bereits kurz vor 7 Uhr im Ministerium. Ich hatte tief und fest geschlafen, meine Kater-Kopfschmerzen waren weg, und mein Mund roch nicht mehr nach Rioja, sondern nach Bircher-Müsli. Emily wollte später nachkommen. Im Gegensatz zu mir hat sie in der Früh alle Hände voll zu tun: die neunjährigen Zwillinge auf den Schultag vorbereiten, Frühstück machen, Pausenbrote schmieren und ihren Mann zur Mithilfe überreden, was nur mit sanfter Gewalt gelingt. Tom ist Online-Nachrichtenjournalist und der festen Überzeugung, dass Medienleute die härtesten Jobs der Welt ausüben und er selbst die stressigste Arbeitsstelle im Universum hat. Deshalb drückt er sich so lange vor Hausarbeit und Kindererziehung, bis Emily ihren gefürchteten bösen Blick auf ihn richtet. Dann spurt er zwar sofort, feiert sich aber bei jeder Arbeitsteilung wortreich als Held, während Emily als „Working Mum" einfach macht. An sich ist Tom allerdings ein netter Kerl, der immer gute Geschichten zu erzählen weiß, wobei ich mir nie ganz sicher bin, wie viele davon stimmen.

Im Ministertrakt traf ich direkt auf Caro Himmler, die trotz der Abwesenheit ihres Chefs frühmorgens an ihrem Arbeitsplatz war. Besser kann ein Tag nicht beginnen, dachte ich mir. Ich fand die brünette Büroleiterin von Tag zu Tag anziehender, so ehrlich muss ich sein. Im Slang meiner Heimat Ottakring würde man „a fesche Katz" sagen, in Ottakring ist es eben noch ein langer Weg zur politischen Korrektheit, genau wie im Deutschen Bundestag. Die Sexismus- und Macho-Fraktion ist dort bekanntermaßen besonders groß. Ein Abgeordneter, den ich gut kenne, wird von Parteikolleginnen intern „Bagger-Wolfi" oder „#MeToo-bicki" genannt.

„Kaffee?", fragte Caro Himmler lächelnd.

„Oh ja, bitte", strahlte ich zurück.

Caro Himmler führte mich auf meine Bitte hin in Lörrs verlassenes Büro. Hier sah es aus wie in einer Papierfabrik. Auf dem drei Meter langen Schreibtisch türmten sich meterhohe Aktenberge. Die amtlichen Vorgänge, die Lörr auf dem Arbeitsplatz nicht mehr unterbrachte, verteilte er stapelweise auf dem Boden quer durch den Raum. In den Regalen zählte ich 139 schwarze Aktenordner, in Worten: einhundertneun- unddreißig! Hinter Lörrs ergonomischem schwarzen Bürostuhl hingen eine Deutschlandkarte und ein Wand- kalender. Ein Faxgerät und ein Tintenstrahldrucker teilten sich einen großen Beistelltisch.

Als Ermittler bin ich es gewohnt, auch auf die klei- nen Dinge zu achten. Auf den Visitenkarten der Mi- nisterialbeamten etwa war stets eine Faxnummer angegeben, was im digitalen Zeitalter schon an sich außergewöhnlich war, aber noch erstaunlicher fand ich: Die Faxnummer stand vor der Handynummer und vor der Mailadresse! Und am meisten wunderte ich mich darüber, dass dieses Ministerium für die Digitalisie- rung im Land zuständig war. Aber als Ösi-Kommissar in Berlin sollte ich nicht über das langsame Internet in Deutschland lästern, sonst werfen Sie mir womög- lich noch Cyber-Mobbing vor.

Wenn Ministerialdirektor Lörr zwischen den tau- senden Aktenseiten ein bestimmtes Dokument suchte, lief für Caro Himmler der finale Countdown:

„Caro, wo ist das Gemeindeverkehrsfinanzierungs- gesetz?"

„Hallo, was ist jetzt mit dem Maßnahmengesetzvorbereitungsgesetz?"

„Ich brauche das Planungsbeschleunigungsgesetz, dalli dalli!"

„Bring mir die Kurzfristenergieversorgungssicherungsmaßnahmenverordnung, aber sofort! Die müsste schon längst auf meinem Tisch sein!"

„Verdammt noch mal, wann bekomme ich endlich die Grundstücksverkehrsgenehmigungszuständigkeitsübertragungsverordnung?"

Caro Himmler wuselte dann hektisch zwischen den Akten herum. Wenn sie das gewünschte Schriftstück nicht innerhalb einer Minute gefunden hatte, brüllte der Boss los. Die Büroleiterin hat mir die drei häufigsten Abfälligkeiten genannt, die sie sich anhören musste:

„Du bist wirklich für nix zu gebrauchen!"

„Wofür wirst du hier eigentlich bezahlt? Garantiert nicht fürs Blöd-Rumstehen!"

„Wie lange soll ich noch warten – bis die Legislaturperiode vorüber ist, oder was?"

Schattenminister Hans-Joachim Lörr war stolz darauf, in seiner letzten Amtszeit 92 Gesetze und Verordnungen durch Bundestag und Bundesrat gebracht zu haben.

„Wissen Sie, warum dieses Büro aussieht wie eine einzige Papiertonne?", sagte Caro Himmler zu mir. „Weil Hans-Joachim ein Kontrollfreak ist und niemand dem vertraut. Jeder noch so kleine Vorgang muss von ihm abgesegnet werden. Wenn ihn jemand im Haus selbst über eine Winzigkeit nicht informiert, ist das dessen Todesurteil."

Aus Angst, illoyal zu erscheinen, fügte sie schnell hinzu: „Aber Hans-Joachim ist in diesem Ministerium leider der Einzige, der den Überblick und den

Durchblick hat. Der Minister verzettelt sich andauernd. Und die Staatssekretäre haben eine Papierallergie, wenn es um unangenehme parlamentarische Anfragen geht, die unser Haus beantworten muss."

Ich blickte auf den Schreibtisch der Macht: Lag irgendwo inmitten dieser Papierberge die Lösung des Kriminalfalls Lörr, versteckt zwischen Tausenden Aktenzeichen? Ich bat Caro Himmler, mit einem Polizistenkollegen in Lörrs Büro nach Hinweisen oder auffälligen Details zu suchen. Das Bundeskriminalamt hatte uns personelle Unterstützung versprochen. Somit konnten Emily und ich uns darauf konzentrieren, weitere Ministeriumsmitarbeiter und mögliche Verdächtige zu befragen.

Spitzel-Jasper

Um 9.15 Uhr hatten Emily und ich einen Termin mit Referatsleiter Jasper Herbst, 37, aus der Unterabteilung Presse und Kommunikation. Auch er stand auf der Liste von Frau Lörr. Als Herbst sein braunes Fischgrat-Sakko ablegte und im hellblauen Slim-Fit-Hemd Platz nahm, wurde seine Premium-Mitgliedschaft in einem Fitnesscenter sichtbar, wie ich etwas neidisch feststellte. Meine zweite Frau Hanna hat immer gesagt, dass mir ein bisschen Mucki-Training guttun würde. Und trotzdem bin ich lieber ich, dachte ich mir, denn dieser Mensch gewordene Ministeriumsschrank hier vor mir wirkte wie ein Mensch ohne Ecken und Kanten. Wenn Jasper Herbst sprach, war er tunlichst darauf bedacht, sein Gegenüber einzuwickeln und zu umgarnen (aber nur, wenn das Gegenüber ein Vorgesetzter oder eine andere einflussreiche Person war, Erste Polizeihauptkommissarin wie Emily oder Polizeioberkommissar wie ich beispielsweise).

Hohe Stellungen erreicht man als Staatsdiener am leichtesten in gebückter Haltung. Das ist eine Weisheit, die mir mein Ober-Boss Ploß jeden Tag aufs Neue vorlebt. Referatsleiter Jasper Herbst definierte das sogenannte „Treueverhältnis" der Beamten zu ihrem Dienstherrn neu: „Ich liebe meinen Minister – solange er Minister ist. Ich liebe meinen Abteilungsleiter – solange ihn mein Minister liebt. Ich liebe meinen Unterabteilungsleiter – solange ihn mein Abteilungsleiter liebt. Ich hasse alle unter mir – solange sie unter mir und nicht über mir sind."

„Was halten Sie von Herrn Lörr?", fragte Emily.

„Ich habe von ihm sehr viel gelernt", sagte der Regierungsdirektor. „Vor allem in Sachen Menschenführung."

Herbst war ein angstgesteuerter Mensch, das sahen wir sofort. Er hatte sich nie gefragt, welcher Beruf zu ihm passe, sondern: Welcher Job ermöglicht mir eine maximal sichere Lebensplanung? Wegen der Arbeitsplatzgarantie hatte er sich für das Beamtentum entschieden. Wie Sie vielleicht wissen, können Beamte nicht wegen Faulheit oder Unvermögen gefeuert werden. Der Staat kann seine Problembären nur dann entlassen, wenn sie schwer kriminell geworden sind. Jetzt denken Sie vielleicht, dass das sicher so gut wie nie vorkommt, aber als junger Polizist habe ich meinen Wiener Landespolizeikommandanten tief fallen sehen: rechtskräftige Verurteilung wegen Amtsmissbrauchs – und als direkte Folge Aberkennung des Beamtenstatus und Verlust der kompletten Pensionsansprüche! „Für meine Rehabilitierung werde ich bis zur letzten Patronenkugel kämpfen", hatte der Polizeigeneral damals in einer SMS geschrieben und gegen unsere Behörde geschossen, zu unser aller Erleichterung nur sprichwörtlich. Den guten Ruf konnte mein Ex-Chef – Träger des Goldenen Wiener Ehrenzeichens – nie wieder ganz herstellen, er ist bei den Einarmigen Banditen gelandet und kämpft nun als Casino-Berater gegen manipulierte Roulette-Kugeln. Wenn ich im Berliner Regierungsviertel sehe, wie Politiker um Macht und Spitzenpositionen pokern, muss ich manchmal an ihn denken.

Zurück zu Jasper Herbst, der alles andere als ein Pokerface hatte. Dafür fehlte ihm die Coolness, wie ich ihm schnell anmerkte. Trotz seiner Führungsposition wagte Herbst es nie, alleine Verantwortung zu übernehmen. Bei jeder Entscheidung, die er beruflich treffen musste, sicherte er sich dreimal ab, erst bei einem Referenten, dann bei seinem direkten Vorgesetzten, dem Unterabteilungsleiter, zuletzt beim Abteilungsleiter. Wegen dieser langen Meldekette warteten Journalisten oft bis weit nach Redaktionsschluss auf eine Antwort, was sie erwartungsgemäß wenig erfreute. Vor einigen Jahren hatte Jasper Herbst einen Preis gewonnen, zu seiner Enttäuschung nicht die Trophäe zum „Kommunikator des Jahres", sondern den Amtsgeheimnis-Award „Mauer des Schweigens" – „für besondere Verdienste um die Verweigerung amtlicher Antworten". Der einzige Gratulant war damals Hans-Joachim Lörr gewesen: „Die Journaille soll ruhig wissen, dass wir im Mauern die Besten sind."

Um seine Stresshormone zu neutralisieren, trat Jasper Herbst gerne nach unten. In seinem Referat fiel alle zwei Monate jemand bei ihm in Ungnade, vor allem Frauen fürchteten seine Schikanen. Herbst lebte in ständiger Furcht, jemand wolle ihm den Referatsleiterjob streitig machen. Wenn er eine Kollegin im Verdacht hatte, an seinem Drehstuhl (gepolsterte Sitzfläche, höhenverstellbar, Wippmechanik, harte Rollen für weichen Boden) zu sägen, schnitt er sie mit wochenlangem Schweigen, ohne jede Erklärung.

Wenn seine Untergebenen ihn als Führungsperson bewerteten, fiel das Ergebnis für ihn miserabel aus – das erfuhren wir, als wir später mit einigen seiner Mitarbeiter sprachen. Aber all das konnte ihm nichts anhaben. Er hatte den mächtigsten Fürsprecher im Haus: Hans-Joachim Lörr.

Der Schattenminister nützte Herbsts größte Schwachstelle allerdings gnadenlos aus: Unter Herbsts

Namen standen im Organigramm sechs Buchstaben, die der furchtsame Beamte als lebensbedrohlich empfand: „m. d. W. d. G. b." – mit der Wahrung der Geschäfte betraut. Der ehrgeizige Jasper Herbst hatte es bislang nur zum kommissarischen Referatsleiter geschafft.

Hans-Joachim Lörr genoss es, mit den Ängsten seines Untertanen zu spielen: „Warum weiß ich das nicht?", herrschte er Jasper Herbst an, wenn er irgendeinen Vorgang zu spät erfuhr. „Ich brauche nur meinen Daumen nach unten zu zeigen, und Sie sind wieder ganz normaler Referent. Wenn Sie bedingungslos kooperieren, mache ich Sie bei der nächsten Beförderungswelle zum ordentlichen Referatsleiter." Dann gab er ihm ein Zitat aus seinem Lieblingsfilm *Für eine Handvoll Dollar* mit auf den Weg: „Gut informiert zu sein ist eine Existenzfrage." Nachsatz: „Vor allem für Sie, lieber Herr Herbst!" Herbst selbst erzählte uns davon, als handle es sich um das größte Geschenk, das man ihm je gemacht hatte.

Und so kam es, dass Jasper Herbst mindestens siebenmal pro Tag in das „Big Brother"-Büro in der Leitungsebene huschte, um Lörr mit jeder noch so kleinen Info zu versorgen: über bösartige Journalisten, die die Dreistigkeit besaßen, schlecht über das Haus zu berichten, Tratsch und Klatsch im Ministerium, Kantinen- und Latrinen-News aus dem Regierungsviertel und kritische Kollegen, die nicht auf Linie waren.

Als größtes Widerstandsnest machten die beiden das Social-Media-Team aus, junge und hippe Kommunikatoren. Lörr hasste soziale Medien, weil dort sein absolutistisches Kontrollsystem nicht funktionierte. Twitter (das heute, wer weiß wie lange, X heißt), Facebook, Instagram, TikTok, YouTube, Snapchat und

LinkedIn waren aus seiner Sicht anarchistische, unkontrollierbare Kanäle. Den Abteilungsleiter machte es nahezu rasend, dass ihm die Social-Media-Manager als einzige im Ministerium grenzenlose Bewunderung verwehrten.

Wenn Hans-Joachim Lörr in einer Sitzung mit seinen Referatsleitern das Wort erhob, übertrafen sich die Chefzäpfchen im Nicken, Zustimmen, Staunend-Lächeln und Künstlich-Lachen (selbst bei sexistischen Zoten war Nicht-Lachen verboten). Jeder Lörr-Gag wurde gefeiert, als habe der Abteilungsleiter eben den Witz des Jahrhunderts gerissen.

Leider holen sich auch in der Polizeidirektion 2 viele Chefzäpfchen einen braunen Hals bei Ploß, meinem Ober-Boss. Ich könnte das auch gut, wenn ich nur wollte, denn immerhin sind wir Wiener mit unserem naturgegebenen Charme Schleimweltmeister („Küss die Hand!"), nur: Ich will nicht nach oben buckeln, weil ich Ploß für einen kleinen Wappler halte und das schlecht verbergen kann. Sie wissen nicht, was Wappler bedeutet? Das ist Idiot auf Wienerisch – oder etwas freundlicher formuliert: Ahnungsloser. In Berlin heißt ein bekannter Grünen-Politiker Wapler, Christoph Wapler. In Wien würde er mit diesem Namen nicht einmal die Wahl zum Elternsprecher gewinnen.

Die Social-Media-Profis im Bundesministerium waren niemals Teil der Schleimfraktion. Und so lud Lörr sie eines Tages alle vor: „Ich habe hier für jeden von Ihnen eine Prämie von 3.000 Euro. Dafür erwarte ich mir Ihre bedingungslose Loyalität! Mir ist zu Ohren gekommen, dass manche von Ihnen dem Minister direkt eine SMS schicken, um sich ein Zitat von ihm freigeben zu lassen. Jede SMS, die hinter meinem Rücken an den Minister geht, ist ein illoyaler Akt gegen meine

Person! Ich gebe alle Zitate frei, ich, Ihr Abteilungsleiter, und nicht der Minister! Wenn noch ein einziges Ministerzitat ohne mein Wissen auf Social Media erscheint, drehe ich Ihnen alle Kanäle ab. Haben wir uns verstanden?"

Social-Media-Chefin Mirna Stajić versuchte, mit einem Spruch die explosive Stimmung aufzulockern: „Das tut mir like." Spitzel-Jasper berichtete uns davon mit einem spöttischen Lächeln. Er selbst sagte vor Lörr zu seinem Team laut eigenen Angaben: „Hey Leute, 3.000 Euro für jeden! Haben wir nicht den besten Chef der Welt?"

Meine Frage, wer hinter dem Verschwinden seines Abteilungsleiters stecken könnte, beantwortete Jasper Herbst, ohne zu zögern: „Für mich gibt es da nur einen, dem ich das zutraue – Simon Streif! Er war früher Boulevardjournalist. Ich habe gegoogelt: Der kennt sich mit Kidnapping aus! Streif hat einmal die makabre Story geschrieben, wie osteuropäische Sargräuber die Leiche des Milliardärs Friedrich Karl Flick entführten und von der Familie Lösegeld erpressten. Mir ist beim Lesen übel geworden. Typen wie Streif dürfte man niemals ins Ministerium holen."

„Wissen Sie, wo Simon Streif jetzt arbeitet?", wollte Emily wissen.

„In einer Besenkammer am Ende von Bauteil C. Dort leitet Streif eine Ein-Personen-Projektgruppe, die nur aus ihm selbst besteht: ‚Smartphones und Tablets bei Senioren im ländlichen Raum. Akzeptanz und Bedingungsfaktoren.' Das hat sich Herr Lörr als Strafe eigens für ihn ausgedacht."

„Was hat Simon Streif denn verbrochen?", hakte Emily nach.

„Er hat einen Witz über Hans-Joachim Lörr ge-macht. Ganz schön lebensmüde."

Nach dem Gespräch mit Jasper Herbst wählte ich die Nummer Streifs. Wieder sprang nur die Mailbox an. Emily und ich überlegten: Sollten wir Simon Streif zur Fahndung ausschreiben?

Die Büfett-Feindschaft
des Staatssekretärs

Während wir noch überlegten, wie wir mit Simon Streif verfahren sollten, kam Dirk Lindemann, der Leiter des Ministerbüros, in den Besprechungsraum: „Unser Parlamentarischer Staatssekretär Dr. Ole Weimer würde Sie beide gerne sprechen. Könnten Sie bitte kurz mit in sein Büro kommen?"

Ich kannte Ole Weimer nur namentlich. Im Regierungsviertel trauten Weimer einige zu, dass er – nach 19 Jahren als Staatssekretär – mit etwas Glück den Sprung in die erste Reihe schaffen könnte. Es sei denn, das nächste Bundeskabinett bestünde zu 50 Prozent aus Frauen. Die Parität macht ergraute Männer zu einer Rarität, dachte ich, gut für die Demokratie, bitter für Weimer. Immerhin hätte er dann beste Chancen, als längst dienender Staatssekretär seit 1949 in die Politikgeschichte einzugehen.

Auf Weimers Schreibtisch lagen ein Pflasteretui mit CDU-Logo („Wir heilen ROTE Wunden"), ein CDU-Brillentuch („Reden wir über saubere Politik! Erststimme Philipp Amthor"), sieben CDU-Streichholzschachteln („Wir brennen für Dich – die Grünen verbrennen Dein Geld!"), ein Zwölferpack CDU-Ketchup mit aufgedrucktem Olaf-Scholz-Tomatenkopf („ROTE passieren!"), ein CDU-Schokoladenaufstrich mit einem Konterfei des politischen Schwergewichts Helge Braun („Braun aufs Brötchen – statt braun im Kopf! #noAfD"), ein CDU-Unisex-Parfüm („Uns stinken die LINKEN!"), drei Flaschen „Adenauer-Wein" („Deutschland ist FLÜSSIG dank UNION!") und ein CDU-Stoffbeutel mit der Aufschrift „Weil der Inhalt zählt" (der Beutel war leer, wie mir auffiel, genauso inhaltsleer wie das Wahlprogramm, aber das habe ich nicht gesagt, weil ich ein höflicher Mensch bin).

In der Politik sind Wortspiele meist so zwangsoriginell wie Friseurnamen, habe ich mir gedacht. In meinem bisherigen Leben war ich Stammkunde in drei Frisiersalons, im *Hair Gott* in Ottakring, im *Kamm in* am Wiener Ring und im *Fortschnitt* in Moabit. Selbst die kreativen Köpfe der Abfallwirtschaft machen einen besseren Job als die Spin-Doktoren der Parteien. Den Claim der Berliner Müllabfuhr beispielsweise finde ich gelungen: „Immer mitten in die Presse rein!"

Geglückt ist meiner Meinung nach auch der makabre Witz der Wiener Magistratsabteilung 48, die am berühmten Zentralfriedhof (hier ruhen drei Millionen Wiener und die ein oder andere österreichische Prominenz) eine mobile WC-Anlage folgendermaßen beschriftet hat: „Ein *piss*chen Spaß muss sein!" Und wie die meisten meiner Landsleute mag ich den schwarzen Humor der *Bestattung Wien*, die – neben Erd-, Feuer-, Gruft-, Natur-, Diamant- und Donau-Bestattungen – auch nützliche Dinge für das Leben im Angebot hat, etwa himmelblaue Autoscheiben-Eiskratzer inklusive dem Garantieversprechen: „Mit uns kratzen Sie besser ab!"

In Wien hat immer alles mit dem Tod zu tun, wie schon meine Großmutter Fini sagte, die einmal als Neunzigjährige in der 71er-Straßenbahn – der direkten Linie zum Zentralfriedhof – einen Einundachtzigjährigen angeschnauzt hat: „Rempeln Sie mich nicht, Sie humpelnde Mumie!" Selbst wenn Oma Fini einen ganz normalen Husten hatte, sagte sie dazu „Friedhofsjodler", und ein Sarg war für sie ein „Holzpyjama". Mit 96 ist sie tragischerweise an einem Stück Wiener Schnitzel erstickt, das ist mittlerweile auch schon wieder zwölf Jahre her. Ich habe seit Omas Ableben nie wieder so köstliche Kalbsschnitzel mit Preiselbeeren gegessen, auch Omas Erdäpfelsalat war in meiner Verwandtschaft legendär.

Wegen der Erinnerung an meine Oma wurde ich melancholisch und änderte meinen Gedankengang zurück zu seinem Ursprung. Wenn die Parteizentralen Müll- oder Sterbetexter beschäftigen würden, sinnierte ich nun, gäbe es für die Wähler endlich mehr zu lachen.

Ole Weimer, der ein weißes Maßhemd mit goldener CDU-Krawattennadel („Wähler binden") – es hörte einfach nicht auf – trug, kam gleich zur Sache: „Danke, dass Sie für mich Zeit haben, Frau Erste Polizeihauptkommissarin und Herr Polizeioberkommissar. Eben hat mich der *Spiegel*-Chefkorrespondent Gernot Trauner angerufen und gefragt, was mit Hans-Joachim Lörr passiert sei. Leider geht in unserem Haus alles nach außen. Was soll ich Trauner sagen?"

Wir dachten nach. 36 Stunden waren seit dem Verschwinden Lörrs vergangen. Die „BAO Finsterweg" war inzwischen auf 47 Polizisten angewachsen. Ein eigenes Team versuchte gerade, etwas über den Rettungswagen herauszubekommen, der an besagtem Montagabend vor dem *Cordo* geparkt war. Die Berliner Rettungsdienste hatten für diesen Zeitraum in der Großen Hamburger Straße weder einen Krankentransport noch einen Notfalleinsatz protokolliert, wie uns ein Kollege per Mail mitgeteilt hatte.

„Sie können dem *Spiegel* sagen, dass Hans-Joachim Lörr vermisst wird, aber bitte ohne Details", meinte Emily.

„Was wäre, wenn Frau Lörr in einem Video nach Zeugen sucht und die Bevölkerung bittet, der Polizei bei der Suche nach ihrem Mann zu helfen?", meinte der medienerfahrene Politiker. „Wir könnten das über die sozialen Kanäle unseres Ministeriums spielen. Ich habe eben mit dem Minister gesprochen. Er ist von der Idee begeistert."

Ich bremste die Euphorie des Staatssekretärs: „Diese Entscheidung obliegt nicht uns, sondern unserem BAO-Leiter." Emily wählte die Handynummer des Polizeioberrats. Josef Rawalski ging sofort ran, Emily aktivierte die Lautsprecher-Funktion, sodass wir mithören konnten.

„Ein Social-Media-Aufruf wäre zum jetzigen Zeitpunkt viel zu früh", sagte Rawalski. „Die Öffentlichkeitsfahndung kommt für uns erst in Betracht, wenn alle anderen Ermittlungsansätze nichts gebracht haben. Davor müssen alle Zeugen vernommen und alle Spuren ausgewertet sein." Abschließend musste sich der Staatssekretär vom BAO-Chef eine spitze Bemerkung gefallen lassen: „Eine Öffentlichkeitsfahndung macht noch immer die Polizei und kein Ministerium."

Ole Weimer entschuldigte sich kurz, um sich mit dem Minister, Dr. Felix Rohr, zu beraten. Nach knapp zehn Minuten kam er zurück in sein Büro: „Minister Rohr meint, dass wir in der Ministeriumskommunikation endlich aus der Defensive kommen müssen. Wir reagieren immer nur auf die Vorwürfe der Opposition, wir müssen endlich agieren und attackieren! Gerade in einer Krise oder einem Notfall ist offensive Kommunikation überlebenswichtig. Der Minister hat wörtlich gesagt: ‚Wenn wir im Fall Lörr nicht aktiv kommunizieren und uns wegducken, glauben unsere Feinde, wir hätten etwas zu vertuschen.' Deshalb besteht er darauf, dass wir auf unseren Social-Media-Kanälen ein Herz-Schmerz-Video mit Frau Lörr bringen." Er wirkte nun etwas verlegen: „Der Herr Minister lässt Ihnen ausrichten, dass auch sein Parteifreund, der Bundes-innenminister, den Social-Media-Aufruf mit Frau Lörr ausdrücklich unterstützt. Wir brauchen mehr Mensch-lichkeit in der Politik."

Emily und ich blickten uns fassungslos an: Uns sub-til mit dem Innenminister zu drohen, waren fast schon österreichische Verhältnisse!

Ole Weimer ließ sich vom Vorzimmer mit Hiltrud Lörr verbinden. Sie erklärte sich bereit, bei einem Vi-deo mitzuwirken – unter zwei Bedingungen: „Können mir die Redenschreiber des Ministers einen netten Text aufschreiben, damit ich weiß, was ich sagen soll? Und würde mir das Ministerium den Friseur zahlen? Ich will ja im Fernsehen schick aussehen."

Der Staatssekretär sagte ihr beides zu. Treffpunkt: vor dem *Cordo* um 16 Uhr.

Emily nutzte die Gelegenheit, um Weimers Ver-hältnis zu Lörr zu durchleuchten: „Wie lange kennen Sie Hans-Joachim Lörr eigentlich schon?", fragte sie.

„16 Jahre." Er zögerte kurz und schien zu überlegen, ob er die nächsten Worte wirklich sagen sollte. „Also 16 Jahre zu viel. Er ist einer der brillantesten Köpfe, die ich in meinem Leben kennengelernt habe – aber auch einer der intrigantesten. Er sieht mich seit acht Jahren als persönlichen Feind. Und wissen Sie, war-um?" Weimer lachte. „Weil ich ihn damals nicht zur Feier meines Fünfzigsten eingeladen habe. Er hat mir nie verziehen, dass er und seine Frau nicht in den Ge-nuss meines Riesen-Büfetts gekommen sind."

Nach gut einem Tag Ermittlungen war ich so weit, nicht mehr jeden sofort als Verdächtigen ins Auge zu fassen, der sich negativ über Lörr äußerte oder seine Abneigung ihm gegenüber offen zeigte. Denn es gab offenbar niemanden, der ihn mochte.

Sushi, nicht schon wieder

In der Gefangenschaft, dachte Hans-Joachim Lörr, gibt es viele Foltermethoden: Schlafentzug, Scheinhinrichtungen, Temperatur- oder Lärmfolter, Elektroschocks, Waterboarding. Und Sushi!

Seit dem Frühstück waren mindestens vier Stunden vergangen. Es musste jetzt um die Mittagszeit sein. Seine Kidnapperin kam mit einem Tablett in den Raum, wieder trug sie Ganzkörperschutzanzug, Schutzbrille und weiße FFP2-Maske.

„Menschenhai-Fütterung", sagte sie.

Das erste Wort, das er von dieser Frau in der Gefangenschaft hörte! Woher kannte er diese Stimme?

Die Unbekannte, die ihm so bekannt vorkam, stopfte ihm insgesamt sieben Nigiri in den Mund. Wie ekelhaft, dachte er. Als Getränk verabreichte sie ihm – der perfide Höhepunkt – Hafermilch.

„Wenn Sie mich schon gefangen halten, möchte ich wenigstens ordentliche deutsche Küche", maulte er.

„Fresse", erwiderte sie, nahm das leere Tablett und ließ ihn zurück.

Hans-Joachim Lörr ging so vieles durch den Kopf, am meisten beschäftigte ihn sein großes Abschiedsfest, das in wenigen Tagen stattfinden würde: 100 geladene Gäste! Drei Minister und mindestens zwölf Bundestagsabgeordnete hatten ihr Kommen zugesagt. Was für eine Zelebrierung seines Lebenswerkes! Beim Gedanken an eine Feier ohne ihn wurden seine Augen feucht – die ersten Tränen seit 50 Jahren. Ob seine Frau schon die Polizei alarmiert hatte? Ein Satz seines Lieblingsphilosophen Machiavelli fiel ihm ein: „Ein Mann darf nicht weinen."

Coronamasken-Fabrikanten haben viel zu tun

Wegen meines Katers hatte ich tags zuvor vergessen, Frau Lörr nach den Kontaktdaten der spendablen Coronamasken-Fabrikanten aus dem *Cordo* zu fragen. Am Telefon sagte sie mir, dass sie und ihr Mann mit Gero Nüsser und Fred Suter diniert hätten, den Eigentümern der Berliner „N & S Mask Production". Wie kann man seine Firma nur so nennen, dachte ich und rief in der Zentrale des Unternehmens an.

Zu meinem Pech landete ich bei einem echten Vorzimmerdrachen: „Herr Nüsser und Herr Suter haben erst im übernächsten Monat wieder einen Termin frei. Sie sind jeden Tag mit hochrangigen Personen verabredet, heute mit dem Herrn Gesundheitsminister. Schreiben Sie uns eine Mail und Sie hören von uns, sobald wir ein Zeitfenster finden."

Wenn ich eines hasse, dann sind es arrogante Zwiderwuazn, wie wir Wiener zu einer grantigen, unangenehmen Person sagen.

„Jetzt hören Sie mir gut zu, gnäd'ge Frau: Entweder können Erste Polizeihauptkommissarin Schippmann und ich Ihre Chefs in den nächsten zwei Stunden sprechen oder wir lassen die beiden vorladen. Dann steht in allen Medien, dass Herr Nüsser und Herr Suter im Vermisstenfall Lörr nicht mit der Polizei kooperieren wollen." Ich legte auf.

Emily hatte zugehört und grinste: „Ich wette mit dir, dass sie sich in spätestens einer halben Stunde meldet."

Es dauerte exakt neun Minuten, bis die Chefsekretärin bei mir anrief, diesmal so freundlich, als würde sie mit Jens Spahn sprechen: „Guten Tag, Herr Polizeioberkommissar, Herr Nüsser und Herr Suter würden Frau Schippmann und Sie gerne um 13 Uhr zum Mittagessen einladen. Wäre Ihnen das *Borchardt* recht?"

„Wir Beamten dürfen grundsätzlich keine Einladungen, Geschenke oder sonstigen Vorteile annehmen", belehrte ich sie. „Ich schlage vor, wir treffen uns bei *Mangiarbene da Giancarlo* am Platz vor dem Neuen Tor in Berlin-Mitte."

Giancarlo ist mein italienischer Lieblingskoch in der Hauptstadt. Sein Selbstbedienungsrestaurant, das nur mittags geöffnet hat, befindet sich in unmittelbarer Nähe des Bundesministeriums in der Versehrtenstraße. Obwohl Giancarlo meiner Meinung nach die beste Pasta im Regierungsviertel macht, verirrt sich nur selten ein Politiker in sein Lokal (einmal saß Cem Özdemir an meinem Nebentisch, als Grüner hat er sich standesgemäß für vegetarische Spaghetti Carbonara entschieden). Ich habe oft darüber nachgedacht und kann es mir nur so erklären: Entweder schreckt das Graffiti an den Wänden die feinen Abgeordneten ab – oder Giancarlos Hardrock-Playlist. Ich mag beides.

Gero Nüsser, 55, und Fred Suter, 66, kamen pünktlich in einem schwarzen Mercedes SLS AMG (571 PS, 320 km/h) an. Dieser protzige Flügeltürer kostet neu 225.000 Euro aufwärts – etwa der 35-fache Wert meines alten Mazda 3, rechnete ich schnell im Kopf. Für einen kurzen Moment flammte der Neid des Besitzlosen in mir auf.

Über Jahrzehnte hatten Nüsser und Suter ein einflussreiches Netzwerk in Politik und Behörden aufgebaut. Irgendwo habe ich gelesen, dass sogar ein ehemaliger Geheimagent auf ihrer Payroll stehen soll. Emily und ich bestellten bei Giancarlo Spaghetti alla puttanesca, die Coronamasken-Fabrikanten wählten Tagliatelle al salmone und Orecchiette con salsiccia. Ich übernahm die Rechnung (selbstverständlich auf meine Kosten, als Steuerzahler wären Sie nämlich zu Recht ganz schön sauer, wenn der klamme deutsche Staat seine Millionäre verköstigen würde).

„Heute sind Sie mal eingeladen", sagte ich und genoss den Anblick ihrer verdutzten Gesichter.

„Was können wir für Sie tun, Frau Erste Polizeihauptkommissarin und Herr Polizeioberkommissar?", fragte Gero Nüsser.

„Hans-Joachim Lörr wird seit Ihrem gemeinsamen Abendessen vermisst. Wir sind mit seinem Fall betraut." Emily pausierte kurz, um ihre Reaktion abzuwarten. Beide schienen tatsächlich überrascht. Dann fuhr sie fort: „Ist Ihnen vorgestern Abend etwas Verdächtiges aufgefallen?"

„Wir kennen Hans-Joachim schon seit mehr als 25 Jahren und arbeiten gerne mit ihm zusammen, er ist einer unserer besten Türöffner in der Bundesregierung, egal um welche Geschäfte es geht", sagte Fred Suter. „Im *Cordo* hat Hans-Joachim nur einmal wegen des dritten Gangs gemeckert, weil ihm die Algen zu exotisch waren. Aber nach vier oder fünf Gläsern Latour 1er Cru 2003 war er wieder bestens gelaunt. Als sein Handy klingelte, entschuldigte er sich und versprach, in spätestens fünf Minuten wieder bei uns zu sein. Uns hat später überrascht, dass sich Frau Lörr offensichtlich weniger Sorgen um ihren verschwundenen Mann als um das übrig gebliebene Essen machte. Sie hat sich von der Kellnerin den Käse-Gang und das Dessert einpacken lassen. Extreme Futterfixierung, haben wir uns gedacht."

„Glauben Sie, dass Frau Lörr etwas mit dem Verschwinden ihres Mannes zu tun haben könnte?", fragte ich.

„Das kann ich mir nur schwer vorstellen", antwortete Suter. „Hiltrud hat zwar Tischmanieren wie die Panzerknacker, aber ansonsten ist sie völlig harmlos."

„Worüber haben Sie mit Herrn Lörr geredet?", wollte Emily wissen.

„Wir haben lange über renitente Mitarbeiter gesprochen und wie man sie am besten abserviert", berichtete Gero Nüsser. „Hans-Joachim hat Machiavelli zitiert: ‚Es ist viel sicherer, gefürchtet als geliebt zu sein.'"

„Spätestens jetzt wissen wir, dass gefürchtete Menschen nicht immer sicherer leben", meinte ich. Wir verabschiedeten uns und gingen zurück ins Ministerium.

Die Personalakten der Verdächtigen

In der Personalabteilung des Ministeriums herrschte Hochbetrieb: Sachbearbeiter rollten einen Aktenwagen nach dem anderen zum Abteilungsleiter Personal. Mit zwei Vertrauten ging er die Personalakten aller Lörr-Opfer der vergangenen zehn Jahre durch – Mitarbeiter, die das Haus im Groll verlassen hatten. Beamte, die bei Beförderungen übergangen worden waren. Tarifbeschäftigte, denen eine Aufnahme ins Beamtenverhältnis dank Lörr verwehrt blieb. Am Ende zählten die Personaler 217 Verdächtige, die allen Grund dazu hatten, Lörr Böses zu wollen. Wir glichen die Namen mit jenen 23 ab, die Hiltrud Lörr genannt hatte.

„Was für eine gigantische Zahl!", sagte Klaus Fabian, Abteilungsleiter Personal, zu uns. „Zweihundertundsiebzehn! Sie müssen bedenken: In unserem Ministerium arbeiten rund 1.300 Beschäftigte, darunter etwa 700 in Bonn und 600 in Berlin. Ehrlicherweise müsste auch ich auf der Liste der Verdächtigen stehen. Vor vier Jahren hat Hans-Joachim Lörr dem Minister eingeredet, dass er mich als Abteilungsleiter eliminieren soll. Und das, obwohl wir beide uns seit mehr als 30 Jahren kennen und ich ihm nie etwas getan habe! Zu meinem Glück hat der Ex-Abgeordnete, den Lörr statt mir an der Spitze sehen wollte, im letzten Moment abgesagt. Nur so habe ich überlebt."

„Was ist mit Ministerialdirigent Simon Streif?", fragte ich.

Der 64-jährige Klaus Fabian, der im ganzen Haus geachtet war, dachte lange nach: „Ich traue so eine Tat wirklich niemandem zu. Meine Beamte sind Ehrenleute."

Trotz der edlen Worte des Abteilungsleiters hatte die Personalabteilung aus den 217 Namen am Ende die Top-11-Verdächtigen gefiltert, sieben Männer und vier Frauen. Ganz oben stand: „MDg Simon Streif, geboren am 31. Oktober 1972."

Vielleicht werden Sie sich jetzt fragen, was Simon Streif verdächtiger als alle anderen machte. Ich kann es Ihnen genau sagen: der ungünstige Zeitpunkt seiner Abwesenheit und sein mangelnder Rückrufservice! Unsere polizeilichen Anrufe nahm nämlich einzig und allein Streifs Mailbox entgegen.

„Urlaub schön und gut", meinte Emily zu mir. „Aber wenn du zeitgleich mit einem mutmaßlichen Entführungsopfer verschwindest und dein Handy die ganze Zeit ausgeschaltet ist, liegst du entweder im Koma – oder du bist der Täter."

„Oder du machst gerade eine digitale Entziehungskur", fügte ich hinzu.

Um unser Gehirn durchzulüften, wollten Emily und ich ein paar Schritte im großen Garten des Ministeriums machen. Als ich die schwere Eisentür ins Grüne öffnete, ging eine laute Alarmanlage los, mindestens 100 Dezibel, schätzte ich.

Der Pförtner eilte herbei: „Was haben Sie hier verloren?" Erst nach ein paar Sekunden erkannte er uns und erklärte: „Unser Garten ist nur beim ,Tag der offenen Tür' für alle zugänglich. Früher hatten wir hier noch einige Ministerveranstaltungen, aber darauf verzichten wir jetzt. Demonstranten haben nämlich mehrmals draußen vor dem Eisenzaun den Minister bei seiner Rede gestört und ihn ausgepfiffen."

„Was ist, wenn Mitarbeiter in den Garten möchten?", fragte Emily.

„Dann müssen sie zur Pförtnerloge kommen, und ich lasse sie mit einer eigenen Tür-Öffnungskarte ins Freie. Vor Ihnen wollte das letzte Mal jemand vor drei Monaten in den Garten."

Mir fiel dazu ein Kinderbuch-Klassiker ein, den mir einst meine Oma Fini vorgelesen hatte: *Der geheime Garten*. Schlecht gelaunt ging ich mit Emily durch den stickigen Gang zurück in den Besprechungsraum.

Frau Lörr geht viral

Um 15.50 Uhr kam ein Kamerateam des Ministeriums in die Große Hamburger Straße. Hiltrud Lörr wartete bereits mit neuer roter Kurzhaarfrisur vor dem *Cordo*. Wir waren ebenfalls vor Ort, weil wir uns mit einem BAO-Kollegen verabredet hatten.

Frau Lörrs erste Handlung überraschte uns erst einmal nicht: „Hallo, hier ist meine Friseurrechnung, können Sie mir die 70 Euro geben und im Ministerium abrechnen?", sagte sie zum jungen Kameramann. Der Videoprofi holte – etwas perplex – aus seinem Portemonnaie einen 50- und einen 20-Euro-Schein hervor. In drei bis sechs Monaten würde er sein Geld wiederbekommen. So lange brauchte das Ministerium für Spesenabrechnungen.

Über die Teleprompter-App auf dem Bildschirm las Hiltrud Lörr folgende Botschaft, die die Redenschreiber für sie aufgeschrieben hatten:

„Mein Name ist Hiltrud Lörr. Ich habe eine große Bitte an Sie: Ich stehe vor dem Restaurant Cordo *in der Großen Hamburger Straße 32. Hier, in Berlin-Mitte, verschwand vor zwei Tagen mein geliebter Mann Hans-Joachim Lörr* (Bild des Vermissten wird eingeblendet, Anmerkung). *Er ist ein überaus fleißiger Abteilungsleiter im Bundesministerium.*

Wir aßen im Cordo *zu Abend, als kurz nach zehn sein Diensthandy klingelte. Er wollte nur einen Augenblick hinausgehen, um zu telefonieren. Aber er kam nicht mehr zurück.*

Ich bitte Sie von Herzen: Wenn Sie einen Hinweis haben, wo mein Mann sein könnte, wählen Sie bitte die Vermissten-Hotline des Landeskriminalamts Berlin (Nummer wird eingeblendet, Anmerkung). *Helfen Sie mir, meinen Mann zu finden. Wir sind seit 41 Jahren verheiratet. Ich liebe ihn sehr."*

Solche Redenschreiber wären für meinen Ober-Chef Ploß ein Segen, dachte ich. Wenn der eine Rede hält, schlafen bereits beim dritten Satz alle weg, vielleicht, weil er in jeden Satz zehnmal sein Lieblingswort stopft, „Ich, ich, ich, ich, ich, ich, ich, ich, ich, ich".

Der Clip dauerte knapp eine Minute und wurde dank Hiltrud Lörrs bewegendem Auftritt zum erfolgreichsten Beitrag, den das Ministerium jemals auf den sozialen Kanälen gespielt hatte. Mehr als elf Millionen Menschen sahen das Video, alle großen Nachrichtensendungen brachten den Fall Lörr als Spitzenmeldung.

„Irgendwie komisch", sagte ich zu Emily, „ein vermisster Mann, der Social Media verachtet, ist jetzt auf den ersten drei Plätzen der Twitter-Trends in Deutschland zu finden." #FindetLoerr, #BeamterVermisst und #Loerr waren die meistverwendeten Hashtags.

Der eingeschneite Ministerialdirigent

Auch am dritten Tag blieb Ministerialdirektor Hans-Joachim Lörr verschollen. Und noch immer hatten wir Ministerialdirigent Simon Streif nicht erreicht. Sein 83-jähriger Vater – ein pensionierter Polizist – hatte Emily und mir gesagt, dass sein Sohn im Osttiroler Dorf Innervillgraten in einer einsamen Almhütte urlaube. Abseits von jedem Handy-Empfang mache er lange Bergtouren.

Ein BAO-Kollege aus dem Bundeskriminalamt bat die nächstgelegene Polizeiinspektion Sillian um Amtshilfe. Wegen des starken Tiroler Dialekts konnte er am Telefon nur einen Teil der Antwort verstehen: „Hey, du Großstadt-Piefke, da kemma nit hin, es hat bei uns heftig g'schniebn. Die Straße nach Innervillgraten isch g'schperrt."

Erst Ende Oktober und schon Wintereinbruch in Teilen Österreichs, dachte ich. Irgendwie war an diesem Fall alles festgefroren.

Um 10.30 Uhr hatten wir eine Einsatzbesprechung mit Josef Rawalski.

Unser BAO-Leiter stellte zu Beginn die zentrale Frage: „Wer hat Ministerialdirektor Hans-Joachim Lörr am Montag um 22.04 Uhr angerufen und aus dem *Cordo* gelockt? Simon Streif – oder jemand, den wir noch nicht auf dem Schirm haben?"

Polizeioberrat Rawalski hatte gehofft, mit Hilfe einer Funkzellenabfrage Lörrs mutmaßliche Entführer oder Komplizen zu identifizieren. Bei einer Funkzellenabfrage fordert die Polizei von den Handy-Anbietern alle Telefonnummern an, die zu einem bestimmten Zeitraum in einer bestimmten Funkzelle – in diesem Fall in der Großen Hamburger Straße – registriert waren.

Das Ergebnis war für uns niederschmetternd: Wir waren nach der Funkzellenabfrage so klug als wie zuvor. Die Anruferin oder der Anrufer hatte höchstwahrscheinlich ein Kryptohandy verwendet, das über ein eigenes Betriebssystem auf Android-Basis verfügt und Schutz vor Standortermittlung und Lauschangriffen bietet. Viele Kriminelle nutzen diese präparierten Smartphones, um verschlüsselt zu kommunizieren.

„Wie es aussieht, haben wir es mit Profis zu tun", sagte der BAO-Chef.

„Der Täter wächst mit der Technik", meinte ein Techniker des Landeskriminalamts, der sich gerne selbst reden hörte. „Aber die gute Nachricht ist: Wir Ermittler wachsen mit! Irgendwann hinterlässt selbst der vorsichtigste Verbrecher elektronische Spuren. Die Digitalisierung sämtlicher Lebensbereiche führt dazu, dass es von fast allen Menschen auf dieser Welt digitale Fußabdrücke gibt. Sobald jemand auf Google, Facebook, Instagram, Amazon oder PayPal ist, analysieren Programme und Algorithmen die Informationen und geben Einblicke in Persönlichkeit oder Verhaltensmuster. Wenn Kriminelle kommunizieren, hören und lesen wir mit. Früher oder später werden wir den Fall Lörr lösen."

„Die Technik-Fuzzis sagen immer ‚früher oder später', um sich abzusichern", flüsterte mir Emily zu.

Wenn ich ein Verbrecher wäre, hätte ich nur eine Sorge: dass mich jemand auf Tinder ausspionieren könnte. Allein die Vorstellung, dass Polizeidirektor Ploß meine Nachrichten und Matches auf der Dating-App sehen würde, beschleunigte meinen Puls. Mein Herz raste angesichts dieser Horrorvision so schnell wie seinerzeit die Merkel-Pumpe im russischen Sotschi, als Diktator Putin die deutsche Regierungschefin mit seiner freilaufenden großen Labradorhündin „Koni" einschüchtern wollte (wohlwissend, dass Angela Merkel seit ihrer Kindheit an schwerer Kynophobie leidet).

Wenn meine schwülstigen Tinder-Zeilen an Hanna in die schwitzigen Hände von Ploß gerieten, wäre ich innerhalb von 24 Stunden die große Lachnummer in der Polizeidirektion 2. Ploß würde jedem im Haus erzählen, dass ich Hanna „meine Spreeperle" genannt habe und sie mich „meinen Rilke von der Polizei". Der geniale Rainer Maria hat sich den Vergleich mit mir übrigens nicht verdient, so ehrlich muss ich sein, Rilke hätte statt „meine Spreeperle" garantiert „meine Pantherin" gechattet. Gut, dass die Polizei nicht willkürlich das Surfverhalten und die Telekommunikation von Bürgern überwachen darf. Dazu braucht es nämlich immer noch eine richterliche Anordnung.

Mit einem leichten Stups holte mich Emily aus meiner Albtraumwelt zurück. Die Einsatzbesprechung war vorbei. Am Rande bekamen wir mit, wie der Generalbundesanwalt unseren BAO-Chef Rawalski unter Druck setzte: „Sie müssen endlich liefern!"

Überlebenstraining mit Ayurveda

Emily und ich starteten mit der Befragung der restlichen neun Verdächtigen. Wir beschlossen, die Nummer zwei auf der Liste zu besuchen: Nils Alber, 45, der wegen Hans-Joachim Lörr ins Auswärtige Amt hatte fliehen müssen. Mit drei Umzugskartons war der Beamte von der lauten Versehrtenstraße direkt an die Spree zum malerischen Werderschen Markt gezogen. Ihn hätte es durchaus schlimmer treffen können, finde ich, etwa mit dem Entwicklungsministerium, diesem Betonmonster in der Stresemannstraße, oder dem Bundesfinanzministerium, diesem Nazi-Stahlbetonskelettbau in der Wilhelmstraße. Mein bester Kumpel Mario, er ist Geschichtslehrer an einem Gymnasium und wie ich Single, hat mir einmal erzählt, dass in dem Gebäude, das jetzt unser Außenministerium beherbergt, zuerst die Reichsbank der Nationalsozialisten untergebracht war und später das Zentralkomitee der SED – ausnahmslos Vorbewohner mit schlechtem Karma.

Da wir zu früh dran waren, zeigte ich Emily meine einstige Lieblingsbrücke am nahen Spreekanal: Hier, auf der 336 Jahre alten Jungfernbrücke, habe ich zum ersten Mal Hanna geküsst. Wir haben uns, wie gesagt, über Tinder kennengelernt. Am Anfang war es ein Urlaubsflirt. Ich war solo für ein paar Tage nach Berlin geflogen, habe mich nach Zweisamkeit gesehnt, und die Tinder-App hat mir Hanna vorgestellt. Wir haben uns ein „Like" geschenkt, daraus ist ein „Match" mit großen Folgen geworden.

Bei unseren ersten Dates hatte ich sofort Flugzeuge im Bauch, in meinem Bauch ist wegen Hanna gleich die gesamte *Air-Berlin*-Flotte herumgeflogen (wie *Air*

Berlin sollte später auch unsere Liebe Insolvenz anmelden). Hanna war Verkäuferin im *KaDeWe*, dem edelsten Kaufhaus Berlins, nicht nur für mich hatte Hanna das schönste Gesicht im *Hermès*-Store. Ihretwegen habe ich schließlich vor gut sechs Jahren in Wien alles aufgegeben, und weil der Berliner Senat verzweifelt Polizisten gesucht hat (wer hält bei den vielen Verrückten in dieser Stadt schon gerne freiwillig seinen Kopf hin?), bin ich gleich eingestellt worden. Leider hat unsere Beziehung nur drei Jahre und zwei Monate gehalten, davon waren wir ein Jahr, elf Monate und eine Woche verheiratet (in meiner schlimmsten Liebeskummer-Phase habe ich die Länge unseres Glücks beziehungsweise Unglücks berechnet: 708 Tage Ehe – die Liebe zwischen Deutschen und Österreichern ist schon immer durchwachsen gewesen). Seit der Scheidung ist Hanna meine Ex und die Jungfernbrücke meine Ex-Lieblingsbrücke. Hin und wieder kann ich ein sentimentaler Trottel sein.

„Warum bist du auf einmal so still?", fragte Emily. Ich erklärte ihr meinen Sentimentalitätsanfall und wunderte mich selbst über meine Vertrauensseligkeit. Kluge Menschen geben bei der Arbeit nicht allzu viel über sich preis, habe ich einmal gelesen, zumindest in dieser Hinsicht bin ich grundgescheit, weil ich in der Polizeidirektion 2 normalerweise niemals mein Herz öffne. Wer mag schon Kollegen, die einen mit ihren Eheproblemen, Job-Depressionen oder Hämorrhoiden-Operationen zutexten?

„Hast du am Samstagabend Lust, zu uns zu kommen?", fragte Emily spontan. „Ich würde mich freuen und Tom und die Kinder sich bestimmt auch."

Eigentlich wollte ich mich zuhause einigeln, aber dann dachte ich, dass ich schon mehr als genug Zeit mit mir selbst verbringe. Und wenn ich „Keine Lust" sagen würde, könnte Emily das so interpretieren, als wollte ich privat keine Zeit mit ihr verbringen. Dabei ist genau das Gegenteil wahr. Also gab es nur eine richtige Antwort: „Ich komme sehr gerne zu euch."

„Prima", meinte sie.

Nils Alber holte uns am Eingang des Ministeriums ab und brachte uns in sein Büro. Die Chemie zwischen uns stimmte sofort: Er war ein Beamter mit überdurchschnittlicher Intelligenz und ebenso großem Charisma. Wir saßen einem Regierungsdirektor gegenüber, dessen Aura ein Gefühl der inneren Ruhe und Ausgeglichenheit vermittelte. An den Wänden hing jede Menge Fine-Art-Fotografie mit lebensfrohen Farben.

„Was halten Sie von Hans-Joachim Lörr?", wollte ich wissen.

„Er ist ein Mensch, der in seiner Boshaftigkeit gefangen ist und nicht anders kann", sagte Alber. „Aber ich habe ihm das Glück meines Lebens zu verdanken." Albers Verhängnis war, dass der damalige Minister ihn mochte und schätzte. Er wäre Leiter des Ministerbüros geworden, wenn ...

„Warum fragen Sie mich das eigentlich? Was ist passiert?"

„Haben Sie denn keine Nachrichten geguckt?", wunderte sich Emily.

„Nein, ich war zwei Tage mit einer unserer Staatsministerinnen auf Dienstreise in Brüssel."

Emily klärte Alber auf: „Hans-Joachim Lörr ist abgängig."

„Und da erhoffen Sie sich ausgerechnet von mir eine Antwort, wohin mein bester Freund verschwunden ist?" Alber lächelte. „Vielleicht ist er in China. Auf den Spuren von Sunzi."

Der chinesische General Sunzi schrieb vor 2500 Jahren das zeitlose und ewig gültige Buch *Die Kunst des Krieges*. In der Wiener Polizeischule hatte ich einen Lehrer, der ein großer Sunzi-Fan war – ich habe ihn gehasst; nicht Sunzi, sondern den Lehrer. In Lörr hätte Sunzi wohl seinen Meister gefunden, dachte ich. Der Abteilungsleiter war ein großer Stratege der psychologischen Kriegsführung, Spezialgebiet „Bore-out-Folter".

Im aufstrebenden Regierungsdirektor Alber hatte Hans-Joachim Lörr erst einen Konkurrenten und später einen Kriegsfeind gesehen. Am meisten Hass brachte Alber die Sympathie des Ministers ein.

„Als mich der Minister zum Leiter des Ministerbüros machen wollte, drehte Lörr durch. ‚Nur über meine Leiche', hat er gesagt. Auf einmal wurde ich mit Disziplinaranzeigen überhäuft, weil angeblich wichtige Akten aus meinem Verantwortungsbereich verloren gegangen waren. Der älteste Beamtentrick, um jemand Unliebsamen loszuwerden! Ich wurde von allen Aufgaben entbunden und fand mich im schlimmsten Drecksloch des Ministeriums wieder. Zwei Jahre bekam ich nichts zu tun. Ich sage Ihnen, das ist die Hölle. Ich war jeden Tag um Punkt 8 im Büro. Um 9 Uhr hatte ich bereits alle Nachrichtenportale durch. Um 10 Uhr hatte ich an alle möglichen Menschen irgendwelche Mails geschrieben. Das Essen in der Kantine war der einzige Moment des Tages, an dem ich unter Menschen kam. Lörr hat mich systematisch von allen Meetings und Konferenzen ausgeschlossen. Es war ein täglicher Kampf gegen die Zeit, dass sie möglichst schnell vergeht.

Deshalb bewarb ich mich in einem anderen Ministerium und wurde glücklicherweise genommen.

Doch Lörr verbot mir dorthin zu wechseln, um mich noch mehr zu demütigen. Ich musste in meiner Besenkammer bleiben. Mir ging es hundeelend. Der psychische Stress löste bei mir eine Gesichtslähmung aus, die zum Glück nach sechs Wochen wieder geheilt war. Aber auch danach konnte ich meine Depression nicht verbergen.

Eine Freundin hat mich gesehen und gesagt: ‚Du guckst ja so verzweifelt wie Peer Steinbrücks Wahlkampfmanager nach dem berühmten Stinkefinger-Foto[7] oder wie Joschka Fischer nach seiner zwanzigsten Hungerkur!‘ Sie schickte mich zu einer Bekannten, einer Ärztin für Ayurveda-Medizin. Ich war am Anfang sehr skeptisch, weil ich dachte, Ayurveda machen nur Menschen, die in Batik-Klamotten und mit Jesus-Latschen herumlaufen. Doch dann habe ich meinen Lebensstil komplett umgestellt. Meine Ärztin hat mir beigebracht, wie ich jeden Tag aufrecht ins Ministerium gehe. Sie hat mich mental stark gemacht. Ayurveda war mein Überlebenstraining.“

Bei den nächsten Worten begann Albers Gesicht zu strahlen: „Irgendwann ließ mich Lörr dann ins Auswärtige Amt ziehen. Aber wissen Sie, was das größte Glück meines Lebens ist? Ich habe meine Ärztin geheiratet. Ohne Hans-Joachim Lörr hätte ich meine Frau Manju nie kennengelernt.“

---

[7] Neun Tage vor der Bundestagswahl 2013 zeigte der SPD-Kanzlerkandidat auf dem Cover des SZ-Magazins den ausgestreckten Mittelfinger. Peer Steinbrücks ironisch gedachte Geste bei einem Interview ohne Worte war ein wahlentscheidender Fehler. Zahlreiche Medien stellten Steinbrücks Kanzlertauglichkeit in Frage.

„Liebe ist", reflektierte ich, „jemand, mit dem man meditieren kann." Ich dachte dabei an Caro Himmler und ärgerte mich über meine Gefühlsduselei – noch etwas mehr als darüber, dass auch Nils Alber als Verdächtiger ausschied.

Big Brother und Blondinenwitze

Emily und ich fuhren zurück ins Ministerium am Finsterweg. Wir waren mit Lisa Thaler, 29, verabredet. Auch ihr Name stand auf unserer Verdächtigenliste. Elf Monate hatte Lisa Thaler als Regierungsobersekretärin in Lörrs Vorzimmer ausgehalten, bis zu ihrem Zusammenbruch. Diagnose: Burnout. Von allen Bundesbehörden hatte das Ministerium die meisten und längsten Krankenstände.

Nach vier Monaten war Lisa Thaler wieder in den Finsterweg zurückgekommen, unter einer Bedingung: nie wieder für Hans-Joachim Lörr arbeiten zu müssen. Jeden Donnerstag saß sie nun zwei Stunden auf der Couch ihrer Therapeutin.

„Beamte gehen in Therapie wegen Beamten, die nicht in Therapie gegangen sind", philosophierte ich laut.

Lisa Thaler setzte es zu, dass an ihrer Arbeitsstätte ausnahmslos Männer an der Macht waren. Das Ministerium war ebenso divers wie der erzkonservative *Katholische Männerverein Tuntenhausen* in Oberbayern, wo bis heute niemand Mitglied ohne *CSU-Glied* werden darf. Falls Sie diesen Fachausdruck nicht kennen sollten: *CSU-Glied* ist ein Terminus aus der Politikwissenschaft und steht für die Anatomie einer konservativen Partei. Der Begriff entstand in Anlehnung an die straffe Haltung eines CSU-Ministerpräsidenten, der die Staatsgäste beim G7-Gipfel in Bayern mit einer weißen Hose empfing, die obenrum so eng war, dass ein markantes Detail hervorstach und die Weltöffentlichkeit erregte. Aber ich will Sie an dieser Stelle nicht mit Politikwissenschaft quälen, wir sind ja hier nicht an der Ludwig-Maximilians-Universität in München.

Am Finsterweg gab es jedenfalls statt einer Frauen- eine Männerquote – 100 Prozent männliche Abteilungsleiter, 100 Prozent männliche Staatssekretäre, 100 Prozent männliche Minister (Dr. Felix Rohr). Noch nie hatte eine Frau an der Spitze des Hauses gestanden.

Ich, André Heidergott, bin kein männlicher Feminist und auch kein Woke-Aktivist. Aber ich habe schon im Ottakringer Waldkindergarten der sozialdemokratischen Vorfeldorganisation „Kinderfreunde" meinen Kinderfreundinnen gezeigt, wie man sich gegen Typen wie den sadistischen Heinzi wehrt. Als Erwachsener ist Heinzi übrigens Wahlplakatierer für die Männerpartei FPÖ geworden. Und wie beim Vollkoffer Heinzi und seiner Vollkofferpartei kriege ich bei der Männerquote in diesem Bundesministerium „an Hois", wie wir Wiener zu sagen pflegen, wenn uns etwas wirklich sehr aufregt.

Wir bei der Berliner Polizei haben längst keinen Präsidenten mehr, sondern eine Präsidentin – obwohl mein Ober-Boss Ploß sich aufführt, als ob er der Polizeipräsident wäre. Und das nur, weil ihm der Bundesinnenminister seine private Handynummer gegeben hat, nachdem Ploß monatelang um ihn herumscharwenzelt war.

Die Männerdomäne wirkte sich auf die Führungskultur im Ministerium aus. Häufig bekam Lisa Thaler Sätze zu hören, die sie an den FDP-Politiker Rainer Brüderle erinnerten („Sie können ein Dirndl auch ausfüllen", hatte der einmal zu einer Journalistin an einer Hotelbar gesagt) oder an dessen Parteifreund Christian Lindner. (Der FDP-Chef beschämte seine Generalsekretärin Linda Teuteberg bei ihrem unfreiwilligen Abschied mit einem Altherrenwitz: „Ich denke gerne daran, Linda, dass wir in den vergangenen Monaten ungefähr 300 Mal den Tag zusammen begonnen haben." Nach einer Kunstpause samt theatralischem Augenrollen vollendete er seinen Schenkelklopfer: „Ich spreche über unser tägliches Telefonat zur politischen Lage, nicht, was ihr jetzt denkt!" Die gleiche Pointe hatte der FDP-Comedian schon einmal gesetzt: „Ich bin heute wach geworden mit Claudia Roth. *(Rhetorische Pause)* Also, entschuldigen Sie: Ich habe gesagt ‚mit‘, nicht ‚neben‘!" – Ein echter „Brüderle im Geiste", habe ich damals zu meinem Kumpel Mario gesagt. Aber Mario hat streng erwidert, dass man niemals Wortspiele mit Namen machen sollte. Vielleicht ist er da deshalb so sensibel, weil er Mario Deppendorf heißt. Marios Onkel war eine große Nummer im ARD-Hauptstadtstudio, ich glaube, sogar Chefredakteur.)

Auch beim zünftigen Dialog zwischen *TV-Total*-Moderator Sebastian Pufpaff und der Linken-Ikone Gregor Gysi hatte Lisa Thaler vor dem Fernsehgerät ein Déjà-vu.

„Wer ist die schärfste Biene im Bundestag?", fragte der Fernsehmann.

„Die kenn’ ich schon, das ist eine von der FDP", antwortete der Politiker. Um wen es sich handelte, wollte er nicht verraten: „Sag ich nicht. Selber finden!"

In der Folge begaben sich so viele Bienensucher – darunter auch Hans-Joachim Lörr – auf die FDP-Website, dass diese abstürzte und für mehrere Stunden lahmgelegt war. Am Tag danach hörte Lisa Thaler, wie Lörr zu einem gleichaltrigen Abteilungsleiterkollegen im Büro sagte: „Ich wette mit Ihnen, dass die scharfe FDP-Biene nicht auf Blümchen-Sex steht. Die Wissenschaft hat nämlich herausgefunden, dass Bienenköniginnen wilden Gruppensex schätzen." Manchmal reden Ü60-Männer schlimmer als U16-Jährige, dachte ich.

Lisa Thaler nahm einen großen Schluck Yogi-Tee Ingwer Zitrone mit Brandenburger Bienenhonig. „Mein alter Chef hat zwei Seiten", sagte sie dann zu uns. „Wenn er gut gelaunt war, machte er Blondinen-Witze über mich:

‚Warum stellen Sie als Blondine den Computer auf den Boden? – Damit er nicht abstürzt!'

‚Wie nennt man eine Blondine zwischen zwei Brünetten? – Bildungslücke!'

‚Woran stirbt die Gehirnzelle einer Blondine? – Vereinsamung, Frau Thaler, Vereinsamung!'

Wenn mein alter Chef schlecht drauf war, sagte er in scharfem Ton: ‚Sie sind wirklich für alles zu dumm, besonders zum Arbeiten!' Egal wie ich es drehte, ich konnte ihm nichts recht machen. Hinter meinem Schreibtisch standen drei Monitore, die Bilder aus den Überwachungskameras im Flur der Leitungsebene zeigten. Ich musste immer im Blick haben, wer zu uns kommt. Mein Job war es, unliebsame Besucher zu stoppen, bevor sie zu Abteilungsleiter Lörr ins Büro stürmten. Aber der Sprecher des Ministers, dieser Simon Streif, hat nie auf mich gehört. Er hat sich einfach vorbeigedrängt, wenn er etwas von Lörr gebraucht hat. Selbst wenn ich mich direkt vor ihn hinstellte, hat er mich mit einer Körpertäuschung ausgetrickst. Und Lörr hat mich danach zur Schnecke gemacht: ‚Wieso lassen Sie diesen Zeitdieb zu mir rein? Frau Thaler, Sie sind mein Sargnagel!'"

Schon wieder war der Name Streif gefallen. Der Ex-Ministersprecher polarisiert wie kein anderer Beamter, dachte ich.

„Wo waren Sie Montagabend?", fragte Emily.

„In der *Monkey Bar*. Meine beste Freundin hat dort ihren 30. Geburtstag gefeiert."

„Würden Sie hier im Haus jemandem zutrauen, Hans-Joachim Lörr etwas Böses anzutun?", wollte ich wissen.

Die junge Frau schwieg lange. „Simon Streif. Ja. Und ich würde ihn dafür lieben."

Ein guter Mensch

Hans-Joachim Lörr hatte Gliederschmerzen vom Liegen und ihm war übel von dem ganzen Sushi-Maki-Zeug. Er versuchte, seine Angstgefühle zu kontrollieren und rational zu denken: Wenn mich die Entführer töten wollten, hätten sie das schon längst gemacht. Sie brauchen etwas von mir, das ich ihnen geben könnte – nur was?

Erstmals kamen die Frau und der Mann gemeinsam in den Raum, beide wieder im Ganzkörper-Schutzanzug, mit Schutzbrille und FFP2-Maske.

„Hören Sie mir bitte zu", sagte Hans-Joachim Lörr. „Ich bin ein guter Mensch. Ich habe mein Leben lang diesem Land gedient. Ich bitte Sie: Lassen Sie mich frei. Ich werde Sie nicht anzeigen. Ich will heim zu meiner Frau. In wenigen Tagen beginnt ein neuer Lebensabschnitt für mich. Ich will mit meiner Frau die Pension genießen. Ich habe Ihnen doch nichts Böses getan."

„Doch", sagte die Frau. „Doch!" Sie packte ihn voller Wut am Hals. „Wissen Sie immer noch nicht, wer ich bin, Sie Scheißkerl?"

Hans-Joachim Lörr schüttelte den Kopf und bekam die erste Panikattacke seines Lebens. Sein Herz pochte ungewöhnlich schnell. In der Brust hatte er ein Engegefühl. Ihm fiel es schwer, Luft zu holen. Er glaubte, kurz vor einem Herzinfarkt zu stehen. Erst nach mehr als fünf Minuten konnte er wieder normal atmen.

Der Abteilungsleiter versuchte verzweifelt, alle Abteilungen in seinem Gedächtnis zu aktivieren. In der *Neuen Zürcher Zeitung* hatte er kürzlich am Frühstückstisch einen klugen Text gelesen:

*„Die Entstehung einer Erinnerung hängt von den Rohda-
ten ab, die unsere Wahrnehmung liefert. Das Gedächtnis arbeitet multisensorisch: hören, riechen, fühlen,
schmecken, sehen. Wir registrieren die Einordnung des
Körpers in den Raum, Schwerkraft, Temperatur, Feuch-
tigkeit und vieles mehr. Jede Sinneswahrnehmung kann
Fehlern unterliegen, und das kommt oft vor. Jede Farbe,
jeder Ton, jede Berührung, jeder Blick wird mithilfe von
Erinnerungen an früher Wahrgenommenes oder Gelern-
tes erkannt, bewertet, gespeichert ..."*

Er konnte sich zweifellos an die Stimme und das Par-
füm seiner Entführerin erinnern. Warum zum Teufel kam er nicht drauf, um wen es sich hier handelte?

Farbenlehre

Nach dem eingeschneiten Ministerialdirigenten Simon Streif, dem glückseligen Ayurveda-Regierungsdirektor Nils Alber und der erschöpften Regierungsobersekretärin Lisa Thaler war der leidenschaftliche Sozialdemokrat Erik Holstein, 55, der Vierte auf unserer Liste. Seine Schwester arbeitete als Chefredakteurin bei der SPD-Parteizeitung *Vorwärts*, was ihn mit Stolz erfüllte. Sein Urgroßonkel hatte für die SPD achteinhalb Legislaturperioden im Bundestag gesessen und wegen seiner verbalen Attacken („Strolch", „Übelkrähe", „Quatschkopf", „Lümmel", „Schleimer", „Dreckschleuder", „Waschen Sie sich erst einmal! Sie sehen ungewaschen aus." oder „Sie sind ein Schwein. Wissen Sie das?") 77 Ordnungsrufe kassiert – ein parlamentarischer Rekord für die Ewigkeit.

Erik Holstein trug Jeans, schwarzes Hemd und schwarzes Sakko. Mit seiner vollen Frisur und dem grauen Dreitagebart ähnelte er ein wenig George Clooney, ohne Eigenhaartransplantation wäre er wohl eher Typ Olaf Scholz gewesen. Er trank aus einer grünen Teetasse, auf der das Logo des ADFC prangte, des *Allgemeinen Deutschen Fahrrad-Clubs*.

Im Haus war allgemein bekannt, dass Unionsmann Lörr eine Farbe besonders verachtete: Rot! Vor einigen Jahren war Amtsrat Holstein in Lörrs Büro erschienen, mit der großen Bitte, zum Oberamtsrat befördert zu werden. Die Antwort des Ministerialdirektors: „Wir sind zwar hier im Haus auch für die Beförderung gefährlicher Güter verantwortlich. Nur Sozialdemokraten befördern wir nicht!"

Ich, André Heidergott, habe gleich zwei Mal lernen müssen, wie die Farbenlehre funktioniert: einmal als gebürtiger Österreicher und einmal als deutscher Beamter. In Wien werden bis heute Spitzenjobs und günstige Wohnungen nach Parteibuch vergeben. Und in deutschen Ämtern ist die Parteibuchwirtschaft eine echte Behördenkrankheit. Sie müssen sich das so vorstellen: Im normalen Leben gibt es die Primärfarben Gelb, Rot und Blau. In einem Ministerium existiert nur eine Grundfarbe: die Parteifarbe des regierenden Ministers. Kommt es zu einem Regierungswechsel, wechseln Karriere-Beamte die Farbe schneller als jedes Chamäleon: Aus Schwarz wird Rot, aus Rot wird Grün, aus Grün wird Gelb, nur nach Opposition will niemand leuchten.

„Wenn Sie das falsche Parteibuch haben", sagte Amtsrat Erik Holstein zu uns, „können Sie noch so schlau, fleißig und engagiert sein – Sie werden nichts. Mich hat Lörr ins Fuhrparkmanagement abgeschoben, wo ich mich um die Dienstautos kümmern muss. Reiner Sadismus! Lörr weiß genau, dass ich begeisterter Radfahrer bin und Autos hasse. Mehrmals habe ich ihm eine Mail geschrieben, wie unglücklich es mich macht, in der Garage täglich nach unseren Benzinern, Diesel, Hybriden und E-Autos zu sehen – jetzt hätte ich fast unser Wasserstoffauto vergessen, davon haben wir nur ein Modell."

Erik Holstein zeigte uns auf seinem Handy die Antwort des Abteilungsleiters:

Lieber Herr Amtsrat Holstein,

stellen Sie sich bitte nicht so an. Zu Ihrem Aufgabenbereich gehört ja auch der Fahrradkeller des Ministeriums

mit 30 Dienstfahrrädern. Dort können Sie das Aufstei-
gen üben und von Ihrer Beförderung träumen.

Sportliche Grüße

Ihr Hans-Joachim Lörr

„Was für ein Zyniker", sagte Emily leise zu mir.

Darauf meinte ich: „Im Vergleich zu Lörr ist ja selbst unser Chef Ploß mit sozialer Intelligenz gesegnet, und das will was heißen." Emily lachte.

„Wo sind Sie denn Montagabend gewesen?", fragte sie.

„Beim Stammtisch der Schwusos[8]", sagte er.

Von Lörrs Verschwinden habe ihm der Fahrer Herbert Brandner erzählt, berichtete Erik Holstein: „Der arme Kerl muss die Lörrs fast jeden Abend zu irgendeinem Luxusrestaurant bringen und stundenlang in der Hitze oder Kälte auf die feinen Herrschaften warten. Mit Herbert sollten Sie unbedingt sprechen." Genau das hatten Emily und ich vor.

---

8   SPDQueer ist die SPD-Arbeitsgemeinschaft für Akzeptanz und Gleichstellung.

Erste Hinweise

Nach Hiltrud Lörrs emotionalem Video meldeten sich 116 Personen bei der Vermisstenstelle des Landeskriminalamtes Berlin. 90 Prozent der Hinweise waren – wie in solchen Fällen leider üblich – unbrauchbar. „Wie immer jede Menge Anrufe von Verrückten und Wichtigtuern", sagte uns ein langjähriger Kollege, den ich sehr schätze.

Spannend fanden wir hingegen das Selfie eines jungen Paares. Die verliebten Studenten hatten in der Großen Hamburger Straße Freunde besucht und etwa 20 Meter vor dem verdächtigen Rettungswagen für einen Instagram-Beitrag posiert, von der Tat allerdings nichts mitbekommen. Auf dem ziemlich unscharfen Foto war am linken Rand von hinten ein Mann in einer roten Rettungsdienstjacke zu sehen. Er wirkte auf dem Bild riesenhaft, irgendwo zwischen Jürgen Trittin (1,96 Meter) und Robert Cornegy, dem mit 209,6 Zentimetern größten Politiker der Welt. Leider war es trotz Bildbearbeitung nicht möglich, etwas vom Gesichtsprofil des verdächtigen Sanitäters zu erkennen.

Ich fasste zusammen: Ein Sternerestaurant. Ein mächtiger Ministerialdirektor, der nach dem achten Gang verschwindet. Ein Krankenwagen. Ein großer junger Mann (echter oder falscher Rettungssanitäter?). Und keine einzige brauchbare Spur.

Zu allem Überdruss zitierte Ploß Emily und mich zu sich: „Mich haben jetzt schon der Innenminister und sieben Bundestagsabgeordnete angerufen, die wissen wollen, wann wir endlich ein Ermittlungsergebnis haben. BAO-Chef Rawalski wimmelt die Politiker immer so schnell ab, deshalb bitten sie mich um Auskunft. Und – gibt es was Neues?"

„Wir gehen mehreren Hinweisen nach und suchen einen Rettungswagen, der am Tatort gesehen wurde, aber wir haben leider noch nichts Konkretes", sagte Emily.

„Strengen Sie sich gefälligst mehr an!", kommandierte unser Ober-Boss, der Schreibtischheini.

Ein Tag wie eine Wurzelbehandlung. Meine Laune begann sich dem miesen Berliner Oktoberwetter anzupassen.

Fall und Wiederaufstieg
einer Degradierten

*Achtung: Die folgenden Zeilen sind für Leser
unter 18 Jahren nicht geeignet. Inhalte könnten
verstörend wirken: Parteibuchkonsum, Macht-
missbrauch und Karrieremord.*

Unterabteilungsleiterin Verena Omann, 51, kam zu uns
in den Besprechungsraum. Die schwarze Designer-
Brille in Katzenaugenform passt gut zu ihrem schma-
len Gesicht, fand ich. Die Ministerialdirigentin leitete
das Gespräch so ängstlich ein wie fast alle Befragten
vor ihr: „Ich möchte nichts sagen. Hans-Joachim Lörr
würde mich fertigmachen, wenn er davon erfährt."

„Erstens wird er von unserem Gespräch nichts erfahren", beruhigte Emily sie. „Zweitens sind Sie Unterabteilungsleiterin. Als Unterabteilungsleiterin kann
Ihnen doch nichts passieren."

„Das glauben Sie", sagte Verena Omann. „Das glauben Sie."

Weil ich ständig im Regierungsviertel unterwegs
bin, kenne ich mich mit Leben- und Sterbenlassen in
der Beamtenwelt ein bisschen aus: In einem Bundesministerium spielt man als Unterabteilungsleiter ganz
oben in der Bundesliga der Verwaltung mit. Wer es
zum Abteilungsleiter geschafft hat, ist in der Champi-
ons League angekommen, Ministerialdirektor Jamal
Musiala – Chef der Zentralabteilung (in Bundesministerien auch „Abteilung Z" genannt) des FC Bayern
München – quasi. Und trotzdem sind die gutbezahlten

Unterabteilungsleiter-Jobs in einer Bundesbehörde noch begehrter als die höher dotierten Abteilungsleiter-Posten. Und das nicht ganz grundlos. Denn ein Unterabteilungsleiter trägt den klingendsten Titel, den eine Bundesbehörde zu vergeben hat: „Ministerialdirigent". Aber noch weitaus attraktiver als diese opernhafte Wortschöpfung auf der Visitenkarte ist die Überlebensgarantie: Als höchster nichtpolitischer Beamter ist man unkündbar!

Ein Abteilungsleiter – Titel: Ministerialdirektor – hingegen ist ein politischer Beamter und kann ohne weiteres ausgetauscht beziehungsweise rausgeworfen werden (euphemistisch ausgedrückt: Versetzung in den einstweiligen Ruhestand). Bei jedem Regierungswechsel bringt die neue Hausleitung ihre Vertrauensleute mit und kann es kaum erwarten, die alten Abteilungsleiter wegen des falschen Parteibuchs zu feuern.

Eine martialische Bundesministerin wurde in Beamtenkreisen angsterfüllt „die Abteilungsleiter-Killerin" genannt. An den Bundeswehr-Stützpunkten *Sansibar* und *Gosch am Kliff* auf der Nordsee-Insel Sylt plante sie strategisch, aus verbeamteten Parteifeinden deftiges Labskaus zu machen. Bei Familienreisen im Regierungshubschrauber spielte sie mit ihrem Sohn stundenlang „Es fliegt, es fliegt" – wenn Mama den Namen eines Abteilungsleiters mit falscher Parteifarbe nannte, musste der kleine Bubi, Anfang 20, schnell die Hände heben. Die Ministerin begriff ihr Amt als Italo-Western: Abteilungsleiter pflastern ihren Weg. Fahrt zur Hölle, ihr Halunken. Denn sie kannte kein

Erbarmen. Rivalen unter roter Sonne. Zwölf Uhr mittags – High Noon in High Heels[9]. Ihr letzter Gruß *(eine Silvesterbotschaft mit explodierenden Raketen, Anmerkung)*. Spiel mir das Lied vom Bendlerblock.

Von den Abteilungsleitern kann sich die Ministeriumsspitze so schnell trennen wie die Stadt Hannover von ihrem russophilen Ehrenbürger Gerhard Schröder. Doch was macht sie mit den Unterabteilungsleitern, die nur in den seltensten Fällen freiwillig ihren Platz räumen?

Hans-Joachim Lörr liebte in so einem Fall die Dirty-Harry-Methode. Vor vier Jahren brauchte er augenblicklich einen lukrativen Posten für einen Günstling des Ministers – und degradierte kurzerhand eine Unterabteilungsleiterin zur Referatsleiterin. Womit Lörr nicht gerechnet hatte: Noch am selben Tag suchte Verena Omann, 51, einen Anwalt für Beamtenrecht auf. Nur sechs Wochen später hatte sie sich auf ihren alten Posten zurückgeklagt. Beamtenrecht schlägt Machtarithmetik.

Jetzt saß uns Ministerialdirigentin Verena Omann misstrauisch gegenüber: „Wenn Sie wissen wollen, ob ich mal in der Großen Hamburger Straße gewesen bin: Ja, zuletzt vor vier Monaten. Wenn Sie wissen wollen,

---

9   Bei einem Truppenbesuch im westafrikanischen Mali stöckelte Verteidigungsministerin Christine Lambrecht in rehbraunen Pumps mit Goldschnalle durch den Wüstensand, Absatzhöhe zehn Zentimeter. Todesmutig verzichtete sie auf festes Schuhwerk, obwohl in dieser Gegend der hochgiftige Gelbe Mittelmeerskorpion lebt und islamistische Terroristen ihr Unwesen treiben. Zu ihrem himmelblauen Hosenanzug trug sie eine olivfarbene Splitterschutzweste. Wegen der Niedertracht der feindlichen Medien schaffte sie es jedoch nicht aufs „Vogue"-Cover.

ob ich jemals das Restaurant *Cordo* besucht habe: Nein, kann ich mir nicht leisten. Wenn Sie wissen wollen, ob ich mit dem Verschwinden von Hans-Joachim Lörr etwas zu tun habe: Nein, allein die Vorstellung, mit diesem Typen länger als eine Minute verbringen zu müssen, löst bei mir Panik aus. Wenn Sie wissen wollen, wo ich Montagabend war: beim Training im Berliner Hockey-Club." Verena Omann hatte wohl genügend Krimis gelesen, um das polizeiliche Frage-Antwort-Spiel auf diese Weise abzukürzen.

Sie werde nie vergessen, wie Lörr sie damals ins Ministerbüro bestellt habe, „der Minister und der Abteilungsleiter gemeinsam gegen eine Frau! Zuerst machten beide auf freundlich: ‚Frau Omann, Sie machen einen tollen Job, aber wir brauchen Ihren Posten als Unterabteilungsleiterin. Das hat überhaupt nichts mit Ihnen persönlich zu tun. Wenn Sie verzichten, bekommen Sie eine Prämie und einen Verdienstorden der Bundesrepublik Deutschland.'

Als ich ablehnte, wurde der Ton schärfer: ‚Wenn Sie nicht kooperieren, schieben wir Sie zur *Autobahngesellschaft des Bundes* ab!' Ich sagte, dass ein Wechsel in ein Unternehmen nur dann möglich sei, wenn ein Beamter sich beurlauben lasse, und ich einen solchen Antrag garantiert nicht einreichen würde.

‚Sie wollen also nicht verstehen', sagte Lörr zuletzt. ‚Das werden Sie bereuen!'

Am nächsten Tag war mein Büro geräumt. Ich musste eine Etage höher ziehen. Auf meinem neuen Türschild stand jetzt nicht mehr ‚Unterabteilungsleiterin', sondern ‚Referatsleiterin'. Der Parkettboden hatte hässliche braune Flecken. Das Fenster schloss nicht richtig. Auf der klebrigen Tastatur des Computers trafen sich an die 400 verschiedene Bakterienstämme. Ich war fix und fertig und habe nur noch geheult. Wenn ich nicht so einen tollen Anwalt gefunden hätte, wäre ich in diesem Haus nie mehr glücklich geworden. Dr. Ganzger hat es geschafft, dass ich nach kurzer Zeit wieder an meinem alten Platz saß. Am meisten hat sich meine Sekretärin über die Rückkehr gefreut." Wir sahen Tränen in den Augen der Ministerialdirigentin. Im öffentlichen Dienst kann es manchmal so erbarmungslos zugehen wie in einem Clint-Eastwood-Film, mindestens.

Ich war so frustriert wie Film-Inspektor Harry Callahan, mindestens, weil meine BAO-Kollegen und ich auch nach diesem Gespräch nicht die geringste Spur vom vermissten Abteilungsleiter hatten. Mein Kopf war leer und ich wollte nur noch raus aus diesem Ministerium. Höchste Zeit, Feierabend zu machen, dachte ich und verabschiedete mich von Emily. „Feierabend" ist mein deutsches Lieblingswort, ein klangschöner Ausdruck, den ich erstmals in Berlin gehört habe. Wir Österreicher sagen niemals „Feierabend", obwohl wir im Feiern besser als unsere deutschen Freunde sind, darauf können Sie sich verlassen.

Früher bin ich Marathon gelaufen, um runterzukommen, 3 Stunden und 26 Sekunden (Sekunden, nicht Minuten!) war meine persönliche Bestzeit. Ich wäre damals unter drei Stunden geblieben, wenn ich nicht auf der Prater Hauptallee in Wien versucht hätte, einen Handtaschenräuber zu stoppen. Mindestens fünf Minuten hat mich das gekostet, entwischt ist mir der Pülcher leider trotzdem.

Heute ist Spazierengehen mein einziger Sport, die Runde durch das Berliner Regierungsviertel zählt zu meinen Lieblingsstrecken. Ich startete am Finsterweg, überquerte die Versehrtenstraße, dann immer die Luisenstraße geradeaus, vorbei an der Charité und meinem Lieblingsspanier *Volver*, wo mein bester Kumpel Mario und ich zu viel Rioja intus hatten, und schon war ich am Reichstagufer. Wegen der Kälte waren kaum Menschen unterwegs. Die gläsernen Regierungsneubauten spiegelten sich im Wasser der Spree, fast so glitzernd wie in Venedig, dachte ich. Die Farbspiele der Macht.

Wegen der fantastischen Aussicht betrat ich die doppelstöckige Fußgängerbrücke, die das Paul-Löbe-Haus (hier befinden sich 550 Büros für 275 Abgeordnete, von denen ich mindestens 49 persönlich kenne) und das Marie-Elisabeth-Lüders-Haus (es beherbergt unter anderem das Parlamentsarchiv) über die Spree verbindet. Oben dürfen nur die Politiker gehen, unten das Fußvolk wie ich, dachte ich. Mario hat mir einmal erzählt, dass der Marie-Elisabeth-Lüders-Steg auch eine symbolkräftige Brücke zwischen Ost und West ist, genau hier verlief während der deutschen Teilung die Grenze zwischen Ost- und Westberlin.

Der eisige Wind war schuld, dass ich nach einer kurzen Pause schnell weiterspazierte, bis hinter die Gärten des Bundeskanzleramts, das mit seiner riesigen Nutzungsfläche das Weiße Haus in Washington und die Downing Street 10 in London deutlich übertrifft. Mehr als 750 Beamte und Angestellte arbeiten in der größten Machtzentrale der Welt, darunter eine österreichische Freundin – sie ist dort Referatsleiterin und beim dritten Glas Veltliner mindestens ebenso sentimental wie ich. „Eines kannst du mir glauben", sagte sie einmal zu mir. „Ohne uns Ösis wäre Berlin rettungslos verloren."

Ob das mein Ober-Chef Ploß auch so sieht, wage ich zu bezweifeln. Neulich hat er wegen meines strengen Wiener Dialekts ein Schild an meine Bürotür gehängt: „Hier wird Hochdeutsch gesprochen." So ein Fetzenschädel.

Das Lied vom Henker

Abendessen, dritter Tag. Es gab Sashimi, rohen Fisch ohne Reis. Hans-Joachim Lörr sehnte da sogar die Nigiri und Maki zurück. Danach durfte er unter die Dusche. Der männliche Entführer stand in seinem Ganzkörper-Schutzanzug direkt vor der Kabine, um ihn zu bewachen. Mit seiner Körpergröße von mehr als zwei Metern sieht er aus wie ein Henker, dachte Lörr.

Beim Duschen hörte der Abteilungsleiter, wie sein Peiniger laut sang:

„Ich bin als Mann so gebor'n /
Sie griff an – mit den Waffen der Frau – /
Und ich war verlor'n. /
Schach Matt – durch die Dame im Spiel /
Schach Matt – weil sie mir so gefiel. /
Schach Matt – denn sie spielte sehr klug. /
Schach Matt – packte mich Zug um Zug. /
Sie siegt – dachte ich mir /
Sie spürt – dass ich verlier /
Die Frau bringt mich um den Verstand."

War es Zufall oder ahnte dieser Typ, dass Hans-Joachim Lörr und seine Frau Roland Kaiser liebten? Zugleich war Lörr beruhigt: Schlechte Menschen können keine Roland-Kaiser-Fans sein. Oder doch?

Was der Abteilungsleiter nicht wusste: Sein Idol Roland Kaiser hatte einmal eine Gastrolle im Fernseh-*Tatort* Münster, „Summ, Summ, Summ" hieß die etwas schräge Folge. Roland Kaiser spielte einen alternden, selbstverliebten, untreuen Schlagerstar namens Roman König, der erst von einer Stalkerin im Hotelzimmer durch den Stich einer Biene wehrlos gemacht und später von seiner Managerin mit einem Kissen erstickt wurde. Seinen Filmtod erlitt Roland Kaiser übrigens im Grandhotel Petersberg – bestimmt erinnern Sie sich an diesen staatstragenden Berghügel, der auch auf dem Hochzeitsfoto der Lörrs zu sehen ist.

Als Hans-Joachim Lörr aus der Dusche kam, befand er sich leider in keinem witzigen Münster-*Tatort*. Der wartende Henker vermittelte mit seinen realen Fesseln auch nicht die Liebe, über die Roland Kaiser ständig singt. In diesem Moment fühlte sich Schlager-Fan Lörr in der „Hölle, Hölle, Hölle", um es mit dem guten alten Wolle Petry zu sagen.

Für jede Wurst die richtige Hülle

„Essen ist der Sex des Alters und des Berliner Regierungsviertels." (mein Kumpel Mario, Geschichtslehrer in Berlin-Mitte)

Zur selben Stunde, als ihr Mann mit rohem Fisch und schiefem Gesang gequält wurde, besuchte Hiltrud Lörr das erste Mal seit Jahren eine Abendveranstaltung ohne ihn. Der *Zentralverband Naturdarm e. V.* hatte zum politischen Dinner ins feine Käfer-Dachgarten-restaurant auf dem historischen Reichstagsgebäude geladen. Das *Käfer* befindet sich direkt neben der berühmten Glaskuppel. Als erstes Parlamentsgebäude weltweit beherbergt der Deutsche Bundestag ein öffentliches Restaurant. Wer hier frühstücken, lunchen oder dinieren will, muss mindestens 48 Stunden vorher reservieren und neben seinem Namen auch das Geburtsdatum angeben. Die Daten der Gäste werden dann an den Polizei- und Sicherheitsdienst weitergeleitet. Spontan speisen können Sie hier nur, wenn Sie ein privilegierter Bundestagsabgeordneter oder ein hoher Beamter wie Hans-Joachim Lörr (mit Dienstausweis) sind. Der war an diesem Abend aber bekanntlich verhindert.

Der Panoramablick auf die leuchtenden Farben der Hauptstadt in Kombination mit *Louis Roederer Champagne Brut* vertrieb Hiltrud Lörrs Sorgen innerhalb von drei Minuten. In diesem kurzen Zeitraum gelangt der Alkohol über die Blutbahn in das Gehirn.

Hiltrud Lörr war froh, dass Caro Himmler angeboten hatte, sie zu begleiten. Beide trugen – nicht abgesprochen – Schwarz. Ein Lobbyist, zwei Bundestagsabgeordnete und ein Staatssekretär versicherten ihr Mitgefühl, bevor sie vor etwa 50 Gästen über das Thema des Abends debattierten: „Warum Naturdarm? Podiumsdiskussion mit der Hautevolee der Wurstszene."

Redner 1, der Chef des Naturdarm-Verbandes, sprach über den Mehrwert: *„Erst der Naturdarm sorgt für den unnachahmlichen Knack-Effekt der Wurst."*

Redner 2, ein CDU-Bundestagsabgeordneter, hob in seiner Naturdarm-Laudatio die Tradition hervor: *„Seit über 2.000 Jahren wird Naturdarm als Wursthülle geschätzt."*

Redner 3, ein FDP-Mandatsträger, betonte den Wert, den wir Menschen der Individualität beimessen: *„In Naturdarm verpackt bekommt jede Wurst ein individuelles Profil."*

Der Schlussredner, ein Staatssekretär aus dem Umweltministerium, philosophierte über globale Nachhaltigkeitsstrategien: *„Wursthüllen von Rind, Schwein und Schaf fallen als natürliche Ressource bei der Schlachtung an."*

Es folgte der emotionale Teil des Abends. Der Chef des Naturdarm-Verbandes eröffnete pathetisch ein großes Wurst-Büfett: „Unsere Mission lautet: Rettet das Wurst-Kulturerbe! In Deutschland gibt es 1.500 Wurstsorten. Wir sind Wurst!" Zur Auswahl standen (in alphabetischer Reihenfolge) Blutwurst, Bockwurst, Bratwurst, Currywurst, Gelbwurst, Jagdwurst, Knackwurst, Landjäger, Leberwurst, Mettwurst, Münchner Weißwurst, Nürnberger Rostbratwürstchen, Presswurst, Salami, Teewurst und Thüringer Rostbratwurst.

Der größte Wurst-Fan durfte leider nicht dabei sein, nämlich ich, André Heidergott. Aber Polizisten lädt man immer nur dann ein, wenn etwas passiert ist. Oder wenn ein Politiker gute Fotos für den Wahlkampf braucht und auf einer Polizeiwache 30 Paar Frankfurter (wie man in Wien sagt) oder Wiener (wie es in Berlin heißt) vorbeibringt.

Frau Lörr kaute genüsslich ein großes Stück Blutwurst und erzählte dem Naturdarm-Verbandschef mit offenem Mund ein Bonmot ihres Mannes: „Wie nennt man einen dicken Veganer? Biotonne!" Der Verbandschef kannte den Witz zwar schon, lachte als enthusiastischer Fleischesser aber trotzdem.

Danach wurde das Abendessen serviert: Wachtel und Trüffel, Samtsüppchen vom Brandenburger Stör sowie rosa gebratene Landentenbrust mit Maronenpüree und gebratenem Grünkohl. Zum Dessert gab es Valrhona Illanka 63 % und Haselnuss.

Ein exquisites Dinner oder eine elegante Dachterrassen-Party mit Champagner und Live-Musik zieht die politischen Player bei weitem mehr an als das mäßig spannende Gesülze penetranter Lobbyisten. In den Sitzungswochen des Deutschen Bundestages laden deshalb jeden Abend gleich mehrere Verbände zu opulenten Büfetts oder Sommerfesten, wo sich immer wieder dieselben Groupies und Influencer begegnen, wo immer wieder dieselben Interessensvertreter denselben Parlamentariern auflauern, wo immer wieder dieselben Journalisten verzweifelt nach einer Geschichte suchen und wo sich immer wieder dieselben Bundestags- und Ministeriumsmitarbeiter den Bauch vollschlagen – wie auch das Ehepaar Lörr. Die gut 3.000 Menschen, die in den Büros der Abgeordneten und Fraktionen tätig sind, haben sich stillschweigend auf ein parteiübergreifendes kulinarisches Abkommen geeinigt: „In der Sitzungswoche brauchen wir zuhause keinen Kühlschrank."

Eine junge Beamtin aus dem Bundesministerium für Ernährung hat mir einmal verraten, wie ausgefuchste

Lobbyisten politische Schwergewichte zu ihren Feiern locken: Je weniger Sympathiepunkte und Ansehen eine Branche genießt, desto genussreicher muss das Büfett des zuständigen Interessenverbandes sein! Das beste Essen gibt's daher bei der *Deutschen Automatenwirtschaft*. Dort wird jeder Politiker so lange mit Delikatessen vollgestopft und mit edlen Tropfen abgefüllt, bis er sagt: „Nichts geht mehr." Rien ne va plus.

Politik ist immer der passende Weinbegleiter, müssen Sie wissen. Der FDP-Abgeordnete Wolfgang Kubicki hat einmal über das Berliner Politikerleben gemeint: „Sie könnten, weil Sie ständig in Terminen sind, den ganzen Tag trinken. Eine Flasche Wein ist da gar nichts, leicht zu verteilen auf fünf Termine. Und abends geht es richtig los. Sie sehen schon diese glasigen Augen in den Rotweingesichtern Ihrer Kollegen."

Eine Veranstaltung gilt dann als Erfolg, wenn mindestens ein Bundesminister aufkreuzt, zwei Bundesminister sorgen bereits für den Wow-Effekt, und wenn sich die Bundeskanzlerin oder der Bundeskanzler die Ehre geben, jubeln die Veranstalter, als hätten sie den „Politikaward" gewonnen.

Zum *Zentralverband Naturdarm e. V.* war als Stargast enttäuschenderweise nur ein Parlamentarischer Staatssekretär gekommen, wobei das Wort „Star" bei einem Staatssekretär äußerst beschönigend ist, weil die Menschen nur den Minister und nie seinen Vertreter sehen und hören wollen. Ein Staatssekretär ist wie ein Staubsaugervertreter – er vertritt seinen Minister immer dann, wenn sich dieser aus dem Staub macht und keinen Bock auf einen Termin hat.

Die Hauptstadtjournalisten haben ebenso wenig Bock auf Staatssekretäre, sie wollen nur Minister interviewen. Ein Staatssekretär ist immer Typ

Hintergrundgespräch, dessen O-Ton allerhöchstens den Lesern von Fachblättern, Mitarbeiterzeitschriften, Newslettern und Intranet-Plattformen aufgedrängt wird. Wegen der trüben Bedeutungslosigkeit hofft jeder Staatssekretär, vom Kabinett als „Beauftragter" ernannt zu werden und somit ein Quäntchen Fame abzubekommen, etwa als „Beauftragter der Bundesregierung für die Ladesäuleninfrastruktur", als „Bundesbeauftragter für die Behandlung von Zahlungen an die Konversionskasse" oder als – hier kommt der längste Titel der Politikgeschichte – „Sonderbeauftragter der Bundesregierung für die Umsetzung der internationalen Initiative für mehr Transparenz im rohstoffgewinnenden Sektor (Extractive Industries Transparency Initiative – EITI) in Deutschland (D-EITI)". Mein Traumjob wäre „Meeresbeauftragter der Bundesregierung" – wegen der vielen Bootsfahrten und Tauchexpeditionen, aber als „Polizeibeauftragter für das Regierungsviertel" gehe ich vor Arbeit ohnehin schon unter.

Ein Staatssekretär ist im Grunde genommen so etwas wie ein Polizeioberkommissar – wenn wir bei der Polizei einen Fototermin haben, bitten die Medien jedes Mal nur die Polizeipräsidentin und meinen Ober-Boss Ploß vor die Kamera, aber niemals mich, André Heidergott. Wenigstens intern hat unser Wort Gewicht, das der Polizeioberkommissare genauso wie das der Staatssekretäre.

Wegen der Promi-Flaute durften Hiltrud Lörr und Caro Himmler am Ehrentisch sitzen, mit dem Verbandschef, dem Staatssekretär, den zwei Bundestagsabgeordneten und einer *Abendschau*-Reporterin des Senders RBB. „So schade, dass mein Freund Hans-Joachim heute Abend nicht bei uns ist", sagte der Staatssekretär mit routinierter Anteilnahme.

Und die Journalistin meinte zuckerig wie Süße Wurst: „Ich bewundere Sie für Ihre Stärke, Frau Lörr. Das Schicksal Ihres Mannes bewegt unsere Zuschauer wie kein zweiter Fall in diesem Jahr. Tausende Menschen haben uns geschrieben, als wir über Abteilungsleiter Lörr berichtet haben. Wäre es möglich, dass Sie mir vor der Kamera drei kurze Fragen beantworten?"

Der Verbandschef zischelte: „Aber Sie haben mir doch versprochen, über unseren politischen Abend zu berichten!"

Die Reporterin, RBB-bedingt nicht immer eine ehrliche Haut (neulich habe ich gelesen, dass der RBB wegen der vielen Skandale die FIFA unter den Rundfunkanstalten ist), wickelte den Naturdarm-Lobbyisten in höchster Mastdarmakrobatenperfektion ein: „Keine Sorge, wir beim RBB versuchen das abzubilden, was die Menschen in ihrem Alltag bewegt. Wir wissen sehr wohl, dass die Bockwurst – mit Naturdarm und Kartoffelsalat – das Heiligabend-Essen Nummer eins in Deutschland ist. An diesem Fakt kommen wir in unserer Berichterstattung nicht vorbei, lieber Herr Verbandschef." Der lächelte zufrieden.

Hiltrud Lörr erklärte sich zu einem kurzen Interview bereit und folgte der Reporterin auf die Dachterrasse, wo bereits der Kameramann wartete. „Du musst das Champagnerglas aus der Hand geben", flüsterte ihr Caro Himmler zu. „Das kommt im Fernsehen nicht gut."

Ein kurzes Warmup-Gespräch mit der RBB-Reporterin half Hiltrud Lörr, die Nervosität vor dem ersten TV-Interview ihres Lebens in den Griff zu bekommen. Die Fragen wurden ihr vorab bereits in groben Zügen mitgeteilt. Spot on!

„Frau Lörr, vor vier Tagen haben Sie Ihren Mann das letzte Mal gesehen. Wie geht es Ihnen?"

„Ich bin seit 41 Jahren mit meinem Hans-Joachim verheiratet. Wir haben uns beide so auf die Pension gefreut. Wir wollten eine Kreuzfahrt in die Karibik machen. Auf dem Schiff hätten wir in 17 Restaurants essen können, all-inclusive! Und jetzt bete ich zum lieben Gott, dass mein Mann bald wieder bei mir ist und wir in die Karibik können. Wäre wirklich schade, wir haben ja alles bereits gebucht und bezahlt."

„Hat sich Ihr Mann in letzter Zeit anders verhalten als normal? Wirkte er bedrückt?"

„Hans-Joachim war in seinem Leben nie depressiv. Er hat sich nie hängen lassen. Ich bin mir sicher, dass er entführt wurde. Hans-Joachim hätte mich niemals in einem Restaurant allein zurückgelassen. Ich appelliere an die Entführer: Bitte lassen Sie meinen Mann frei!"

„Hat Ihr Mann Feinde?"

„Jeder erfolgreiche Mann hat Feinde. Jeder mega-erfolgreiche Mann hat megaviele Feinde. Mein Mann ist megaerfolgreich."

„Liebe Frau Lörr, Sie sind nicht allein. Die vielen Seherinnen und Seher der *Abendschau* wünschen Ihnen ganz viel Kraft. Wir danken Ihnen für dieses bewegende Gespräch."

„Danke ebenfalls."

Die Reporterin verabschiedete sich: „Alles, alles Gute, liebe Frau Lörr!"

„Das hast du wirklich gut gemacht", sagte Caro Himmler später, als sie gemeinsam die Veranstaltung verließen.

Das Gedächtnisprotokoll des Ministersprechers

Emily rief mich am frühen Vormittag auf dem Handy an, sie klang aufgeregt: „André, komm schnell, wir haben auf Lörrs Schreibtisch etwas gefunden, das für unsere Ermittlungen relevant sein dürfte."

„Ich bin schon unterwegs", sagte ich.

40 Minuten später kam ich am Finsterweg an. Neben Emily warteten Caro Himmler und der junge BAO-Kollege Kai Brüggemeier in Lörrs Büro. Polizeioberrat Rawalski hatte uns Kai zur Unterstützung geschickt, er hält große Stücke auf ihn. Kai war mit Lörrs Büroleiterin mehrere hundert Akten durchgegangen – bis er in einer Schreibtischlade fündig wurde.

Er überreichte mir 22 Seiten, auf denen fettgedruckt „Gedächtnisprotokoll" zu lesen war. „Das stammt von Simon Streif", sagte Caro Himmler.

30. April: Heute habe ich gelernt, dass Titel in einem Ministerium nur mit heiligem Ernst getragen werden dürfen. Ich wollte als Unterabteilungsleiter eine äußerst steife Konferenz auflockern und sagte zu meinem Abteilungsleiter Lörr: „Wissen Sie, was der Unterschied zwischen uns beiden ist? Ich bin als Unterabteilungsleiter bei Edeka für die Käsetheke zuständig. Und Sie als Abteilungsleiter sind für die gesamte Feinkost verantwortlich, also auch für die Wurst."

Lörr, der sich über Amtstitel und Dienstgrad definiert, ist seither beleidigt.

2. Mai: Für eine große Ministeriumskampagne haben wir den preisgekrönten Schauspieler Kida Saad gewonnen. Ein echter Scoop! Mit ihm erreichen wir Millionen Menschen und räumen obendrein garantiert jede Menge Kommunikationspreise ab. Ich träume bereits von „PR Report Awards", „Politikawards" und Gold-Effies. Voller Glück informiere ich Abteilungsleiter und Minister. Die beiden sehen sich vielsagend an und dann mich, ebenfalls vielsagend.

„Nur über meine Leiche", sagt Minister Felix Rohr. „Wenn ein arabischstämmiger Schauspieler Aushängeschild unseres Ministeriums ist, verschrecke ich meine konservativen Stammwähler. Haben Sie noch nie etwas von den arabischen Clans in Berlin gehört?"

Hans-Joachim Lörr assistiert giftig: „Ihnen fehlt wirklich jegliches politische Gespür, Herr Streif! Haben Sie ernsthaft geglaubt, dass ich für so eine Multi-Kulti-Kampagne Ministeriumsgeld freigeben würde?"

„Aber mit unserer Kampagne wollen wir doch Gutes bewirken und unsere Bürger erreichen", sage ich verzweifelt.

Lörr entgegnet: „Lieber Herr Streif, Sie haben hier aufs falsche Pferd gesetzt. Das falsche Pferd ist in diesem Fall ein Vollblutaraber!"

Der Abteilungsleiter lacht über seinen eigenen Witz, der Minister stimmt lauthals ein, nur ich könnte heulen. Kampagne gestoppt.

15. Mai: Ich habe bereits zum zehnten Mal zu Minister Felix Rohr gesagt: „Sie müssen sich Zeit für Ihr Kommunikationsteam nehmen, mindestens eine Stunde pro Woche. Wie sollen die Sprecher für Sie sprechen, wenn

Sie nicht mit ihnen reden und ihnen sagen, was Sie zu sagen haben?"

Der Chef meinte, dass er bereits vor einem Monat im Ministerbüro veranlasst habe, jeden Montag in seinem Kalender 30 bis 60 Minuten für die Kommunikatoren frei zu räumen. Ich rufe im Vorzimmer des Ministers an und frage, was mit den Terminen passiert sei. Langes Schweigen. „Dazu darf ich Ihnen nichts sagen", meint die Sekretärin dann.

Ich antworte: „Das Bermuda-Dreieck – ein Mythos voller Geheimnisse. Termine verschwinden spurlos. Meetings gehen auf unerklärliche Weise verloren. Ein Jour Fixe löst sich in Luft auf. Kann es sein, dass unser hochverehrter Abteilungsleiter Hans-Joachim Lörr hinter den ungelösten Vermissten-Fällen steckt und die Einträge im Ministerkalender gelöscht hat?"

Die Sekretärin lacht: „Sie dürfen mich nicht verraten. Der Abteilungsleiter findet diesen Jour Fixe unnötig." Weil Hans-Joachim Lörr den Chef von seinen Mitarbeitern abschirmen möchte.

21. Mai: Nach einem 16-Stunden-Tag voller Termine checken wir kurz vor Mitternacht in einem Heidelberger Hotel ein. Minister Felix Rohr schlägt vor, auf einen Drink in einen noblen Club zu gehen. Der Persönliche Referent, der Fahrer und ich begleiten ihn. Aus „einem Drink" werden drei Flaschen Champagner, die der Chef zum großen Teil allein konsumiert. Felix Rohr ist völlig benebelt. Ich mache mir Sorgen, dass Clubgäste ihn filmen oder fotografieren könnten. Mit Hilfe des Persönlichen Referenten versuche ich, den betrunkenen Minister abzuschirmen. Ohne Erfolg.

Als die Kellnerin vorbeikommt, fasst ihr der Minister von hinten an die Brüste. Oh mein Gott, denke ich, was für ein Ekelpaket, und gehe dazwischen: „Hören Sie sofort auf damit!"

Ich bitte die Kellnerin um Verzeihung. „Ihr Freund ist aber ganz schön voll", sagt sie. Die Kellnerin hat den Minister zum Glück nicht erkannt.

Felix Rohr ist auf einmal bewusst, dass er soeben seine politische Karriere riskiert hat. Ein Politiker, der eine Frau sexuell belästigt, ist untragbar, das checkt selbst jemand, der sich im Veuve-Clicquot-Delirium befindet. „Hat mich jemand gefilmt?", fragt er panisch. „Ich glaube nicht", sage ich, „lassen Sie uns sofort zahlen und gehen!" Die Kellnerin bekommt ein hohes Trinkgeld, wobei Schmerzensgeld der korrekte Ausdruck wäre.

Auf dem Weg ins Hotel müssen der Referent und ich den torkelnden Minister stützen. Zwei Tage später schickt er aus schlechtem Gewissen eine Grußkarte an den Club: „Ich möchte mich bei Ihnen nochmals für den schönen Abend bedanken. Der Service war exzellent."

28. Mai: Für Hans-Joachim Lörr ist heute ein ganz besonderer Tag: In seinem Heimatdorf Pobüll kommen am Abend alle Honoratioren zusammen. Der Grund: Als erster Spitzenpolitiker besucht unser Minister Pobüll! Dass ein Regierungsmitglied seinetwegen nach Pobüll kommt, macht Lörr zum berühmtesten Sohn der Gemeinde, zur lebenden Pobüll-Legende!

Seit Wochen hat Lörr dem Persönlichen Referenten des Ministers, Anton Jacobs, eingetrichtert, dass wir mit dem Dienstwagen in Pobüll „pünktlichst" ankommen müssen, „keine Minute nach 20 Uhr", hat er gesagt. „Ich mache Sie persönlich dafür verantwortlich, Herr Jacobs, dass meine Gäste nicht warten müssen", hat Lörr betont *und Anton Jacobs, diesen gutmütigen Kerl, brutal unter Druck gesetzt. Lörr duldet keine Unpünktlichkeit. Zu-spät-Kommen würde für Jacobs das Aus in der Hausleitung bedeuten – Verbannung in die Besenkammer!*

An diesem Tag stehen viele Termine im Ministerkalender, drei Spatenstiche und zwei Firmenbesuche. Zehn Minuten vor sechs aufstehen. Und dann immer wieder derselbe Rhythmus: mit Vollgas von A nach B. Aussteigen. Begrüßung durch eine Musikkapelle. Ministerrede. Fototermin. Kurzinterviews mit Medienvertretern. Zurück in den Dienstwagen. Vollgas.

Gegen 17 Uhr, als wir bereits 500 Kilometer zurückgelegt haben, sage ich: „Wir haben heute fast noch nichts gegessen. Wollen wir uns bei McDonald's einen Burger holen?" Minister Felix Rohr und der Fahrer haben große Lust auf Big Mac und Big Tasty Bacon, doch Anton Jacobs sagt fast panisch: „Nein, nach Pobüll sind es noch mindestens drei Stunden Fahrzeit. Wenn wir jetzt eine Pause machen, kommen wir zu spät und Lörr killt mich."

„Wisst ihr was?", sage ich. „Wollen wir uns einen Spaß mit Lörr erlauben, diesem kleinen Diktator?" Der Minister lacht. Anton Jacobs wird blass.

Ich rufe Lörr an und lege in meine Stimme die gesamte Verzweiflung der Beamtenwelt: „Hallo, Herr Lörr, es ist etwas Schlimmes passiert. Beim Besuch der Firma Donnerbusch hat es, typisch Dorf, einen Schnapsempfang gegeben. Der Minister hat mit allen Managern angestoßen. Acht Schnäpse auf ex! Jetzt kann er weder gehen noch sprechen. Er lallt und ist aggressiv!"

Langes Schweigen in der Leitung. Im Fond des Wagens gibt der Minister laut den Betrunkenen: „Ich will nicht mehr! Ich will nicht mehr! Ich w-w-i-ll nach Hause! K-k-k-e-e-i-n-e-n B-b-o-c-k auf die Sch-sch-e-i-ß-ß-e hier!"

Nach etwa 15 Sekunden die ersten zwei Worte von Lörr: „Und jetzt?" Der Stress führt zu Anspannungen in seinem Kehlkopf, denke ich mir, nun hört sich Lörrs Stimme genauso gepresst an wie die des nervösen Persönlichen Referenten.

„Ich weiß es nicht", antworte ich. „Ich habe dem Minister bereits eine ganze Flasche Mineralwasser zum Trinken gegeben. Ich war mit ihm an der frischen Luft. Er schreit noch immer herum. So kann er unmöglich unter Leute."

„Geben Sie mir mal den Chef", sagt Lörr. Seine Angst ist nicht zu überhören – die Angst, dass er statt zur lebenden Legende die Lachnummer von Pobüll wird. „Herr Minister, wie können wir unseren Abend in Pobüll retten?"

„Wer bist du?", lallt der Minister. „W-w-w-a-s willst du von mir? L-l-l-a-ss mich in Ruhe, du Telefongesicht!"

Doch dann erhört Gott wie aus heiterem Himmel die Stoßgebete des gläubigen Protestanten Lörr. Der Minister ist wieder nüchtern – das Wunder von Pobüll! Felix Rohr spricht fließend ins Handy: „Lieber Herr Lörr, wir haben nur einen Scherz gemacht. Ich habe null Komma null Promille. Am nüchternsten ist mein Magen, weil uns Herr Jacobs verbietet, irgendwo einzukehren – nur damit wir pünktlich bei Ihnen in Pobüll sind."

Um 20.13 Uhr erreichen wir Pobüll. In einem Biergarten warten 16 Dorfhonoratioren, darunter der größte Sohn Pobülls, Hans-Joachim Lörr. Alle applaudieren, als erstmals ein Regierungsmitglied einen Fuß auf Pobüller Boden setzt.

Hiltrud Lörr droht mir mit dem Finger, als sie mich sieht. Und ihr Mann nimmt mich nach dem Essen zur Seite: „In meinen 47 Jahren als Beamter hat es niemand gewagt, einen Scherz mit mir zu machen. Dann sind Sie gekommen. Ich freue mich schon auf die Revanche!" Er schlägt mir dabei krachend auf die Schulter, dass ich fürchte, eine Prellung davonzutragen.

Nach mir muss der arme Anton Jacobs antreten, weil er die besoffene Geschichte nicht verhindert hat. *Lost in Pobüll.*

Karrieretechnisch ist mein Witz wohl ein schwerer Fehler gewesen. Ein Letzte-Worte-Witz.

3. Juni: Heute habe ich gehört, wie Hans-Joachim Lörr zum Minister meinte: „Staatssekretär Biermann und Abteilungsleiter Zanke sind totale Flaschen, beide bestehen zu 100 Prozent aus Hohlglas. Jetzt fährt der Biermann-Zanke-Flaschenzug auch noch unser wichtigstes Ministeriumsprojekt gegen die Wand. Aber Chef, machen Sie sich keine Sorgen. Sie haben ja mich! Ich werde das für Sie regeln. Wie immer."

Hans-Joachim Lörr profiliert sich immer auf Kosten seiner Kollegen, selbst wenn diese einen guten Job machen. Der Minister ist leicht manipulierbar. Er glaubt Lörr alles.

15. Juni: Lörr teilt mir mit, dass ich ab sofort nicht mehr zum kleinen Kreis der internen Beratungsrunde des Ministers gehöre: „Dieser Schritt muss sein, weil ich Sie schützen will. Wenn eine Information verbotenerweise das Haus verlässt und bei einem Medium landet, stehen Sie nicht im Verdacht, der Maulwurf zu sein."

„Aber ich bin doch nicht der Minister, der ständig vertrauliche Inhalte aus den Kabinettssitzungen und dem Bundesparteivorstand durchsticht, um von seinen eigenen Baustellen abzulenken", sage ich.

Lörr sieht mich spöttisch an: „Das machen im Bundeskabinett doch alle, Sie Naivling!"

Ein befreundeter Beamter hat mich gewarnt, dass Lörr mit seinen großen schiefen Zähnen auch schon die vorigen Kommunikationschefs weggebissen hat, meinen Vorgänger, Vorvorgänger und Vorvorvorgänger.

18. Juni: Der Chef ist zu Gast bei Markus Lanz. Der ZDF-Moderator grillt den Minister bei 290 Grad, höchste Flamme. 49 Minuten steht Felix Rohr unter Feuer. Er guckt bedröppelt wie ein Schuljunge, der beim Schwindeln erwischt worden ist.

Nach dem Fragegewitter ist der Minister außer sich vor Zorn. Seine Wut lässt er an mir aus. Drei Stunden dauert die Rückfahrt von Hamburg nach Berlin. Das Blöde an einem Dienstwagen ist, dass man während der Fahrt seinem Chef bedingungslos ausgeliefert ist und nicht vor ihm flüchten kann. Im Zug hätte ich jetzt das Abteil wechseln können. Darum liebe ich die Deutsche Bahn.

„Mich kotzt eure schlechte Kommunikation an", tobt der Minister auf dem Hintersitz.

„Nicht unsere Kommunikation sollte Sie ärgern, sondern Ihre", sage ich selbstbewusst. „Wir sind leider keine Souffleure, sonst hätten wir Ihnen über Ihre Hänger in der Sendung hinweghelfen können."

Der Minister brüllt: „Ich will bis morgen eine komplette Liste, welche Schwächen jeder einzelne Mitarbeiter in der Pressestelle hat!" (Auf die Idee hat ihn Hans-Joachim Lörr gebracht, da bin ich mir sicher.)

„Ich muss Sie enttäuschen", sage ich, „niemals werde ich über meine Kollegen eine Schwächen-Liste führen. Das wäre Verrat an meinem Team."

Den Rest der Fahrt stelle ich mich schlafend. Im Wagen wird es dennoch nicht ruhiger. Der Minister geht jetzt auf seinen Persönlichen Referenten los.

23. Juni: Der Minister klingelt um 23.36 Uhr bei mir durch. 23.36 Uhr! Aber immer noch besser als vorgestern. Da

rief er um 0.44 Uhr an, weil er wissen wollte, warum ihn Journalisten nicht leiden können. „Hier ist die 24-Stunden-Minister-Telefonseelsorge, was kann ich heute für Sie tun?", melde ich mich.

„Hans-Joachim Lörr meint, dass ich in den Medien wie der letzte Depp rüberkomme – nur weil Sie nicht verhindern, dass alle über mich lachen! Ich bin doch nicht in die Politik gegangen, um jede Woche in der ‚Heute-Show' oder der ‚Anstalt' zu landen. Ich habe es schon in der Schule gehasst, wenn sich jemand über mich lustig gemacht hat. Oder finden Sie, dass ich eine Witzfigur bin?"

„Natürlich nicht", versichere ich und bin in diesem Moment über mein Psychologiestudium dankbar.

Felix Rohr schimpft weiter: „Ich werde mich auf Twitter und Facebook gegen alle Arschlöcher wehren. Jetzt wird auf allen Kanälen zurückgeschossen!"

„Lassen Sie das bitte", sage ich, „Emotionen können zu unkontrollierbaren Social-Media-Detonationen führen."

Er hört nicht auf mich und trinkt sich mit einer Flasche 2018er Lafite-Rothschild Mut an. Der 1er Cru Classé macht ihn zur 1er „Unguided Missile". Weit nach Mitternacht twittert er sich um Kopf und Kragen, indem er Oppositionspolitiker beschimpft: „Wenn Lügen ein Job wäre, hätten Sie eine 150-Stunden-Woche. Deshalb: einfach mal die #FresseHalten!"

Am nächsten Morgen berichten die Nachrichtensendungen: „Minister außer Kontrolle."

Hans-Joachim Lörr meint in der Morgenrunde vorwurfsvoll zu mir: „Warum haben Sie das nicht verhindert?"

Manchmal frage ich mich, wie krank man sein muss, um sich einen Pressesprecher-Job anzutun. Dann sage ich mir jedes Mal, dass es mich weit schlimmer hätte treffen können als mit Felix Rohr, etwa mit der Bundesministerin, die unangefochten den deutschen Rekord im

Sprecher-Verschleiß hält. In ihrem Ministerium nennt man sie die „Weinkönigin", weil sie ihre engsten Mitarbeiter regelmäßig zum Weinen bringt. Ein Kommunikationschef warf nach nur drei Monaten bei ihr hin, die Ministerin hatte ihn so terrorisiert, dass er nach dieser kurzen Zeit ein gebrochener Mann war. Eine Ministeriumssprecherin ergriff nach sechs Monaten die Flucht, nachdem die Chefin sie auf die rote Couch getrieben hatte. Eine andere Sprecherin musste bei jeder Dienstreise in einem eigenen Auto der Politikerin hinterherhetzen, weil diese nur den Persönlichen Referenten (und notgedrungen den Fahrer) in ihrem Dienstwagen akzeptierte und der Beifahrersitz laut Erlass der Ministerin freizubleiben hatte.

Was bin ich für ein Glückskind! Ich darf im Ministerwagen vorne auf dem Beifahrersitz Platz nehmen. Mehr geht in der Spitzenpolitik nicht, als an der Spitze zu sitzen. Ich habe mir die Ministeriums-Pole-Position gesichert. Hurra, Deutschland!

27. August: Hans-Joachim Lörr bestellt mich ein, weil er sich über einen Bericht des Journalisten Gernot Trauner ärgert: „Warum verhindern Sie nicht, dass solche Geschichten erscheinen? Warum haben Sie die Medien nie unter Kontrolle?"

Ich antworte: „Weil wir zum Glück nicht in Nordkorea leben!"

Kim Jong-un Lörr, der Vorsitzende des Komitees für Medienangelegenheiten im Ministerium, gibt jetzt das Kommando: „Ich habe einen Auftrag für Sie. Ich will, dass Sie alles über Trauners Ehefrau rausfinden. Alles. Wirklich alles! Was Frau Trauner verdient. Ob der Konzern, für den sie arbeitet, Fördergelder aus unserem Ministerium bezieht. Damit werden wir Trauner konfrontieren.

Mal schauen, ob dieser Lügendichter dann weiter so böse über uns schreiben wird."

Ich erkläre Lörr, dass ich kein Spitzel sei und eine solche Aktion den Minister seine politische Karriere kosten könne. Empört verlasse ich Lörrs Büro.

1. September: Ich bin mit meinen drei Söhnen auf einem Spielplatz. Da klingelt wie jedes Wochenende das Handy Sturm: der Minister. „Warten Sie kurz, ich starte jetzt einen Konferenz-Call."

Zu meiner bösen Überraschung kommt Gernot Trauner in die Leitung: „Trauner, hallo?"

„Ich bin's, Minister Felix Rohr. Herr Trauner, warum schreiben Sie eigentlich so viel gequirlte Scheiße? Sie lügen ja noch mehr als der Betrugs-Reporter Claas Relotius! Was haben Sie eigentlich gegen mich?"

„Aber Herr Minister", setzt Trauner an. Er kommt nicht zu Wort. Der Minister wütet weiter: „Wissen Sie, wen Sie sehen, wenn Sie in den Spiegel gucken? Ich sage es Ihnen: Sie sehen einen Fake-News-Troll! Herr Trauner, Sie sind kein Journalist, Sie sind ein Hater. Ihr Problem ist nur, dass ich kein Opfer-Typ bin. Ich werde Sie vernichten!"

Ich weiß nicht, wer lauter schreit, die Kinder auf dem Spielplatz oder mein Chef. Ich muss sofort an den ehemaligen Bundespräsidenten denken, der einem Chefredakteur Drohungen auf die Mailbox sprach und als böser Wulff Geschichte wurde. Politiker, die die Pressefreiheit nicht hochhalten, sind ein Tiefpunkt für die Demokratie – und Hauptursache der Magengeschwüre ihrer Pressesprecher. Jetzt geht es um Sein oder Nicht-Sein, denke ich mir, um die Frage, ob mein Chef, der soeben einen Journalisten bedroht hat, weitermachen darf oder nicht. Wenn Trauner dieses gruselige Telefongespräch aufgenommen hat – Karriere „isch over". Die des Ministers und meine.

Gernot Trauner sagt nur elf Worte: „Meine Geschichte stimmt. Ich lasse mich von Ihnen nicht beschimpfen. Tschüss!" Er legt auf.

Ich sage zum Minister: „Wenn Sie das nächste Mal einen Blitzableiter brauchen, nehmen Sie gefälligst mich!"

Sofort rufe ich Trauner an: „Ich möchte Sie für meinen Chef um Entschuldigung bitten. Ich schäme mich für so ein Verhalten. Aber Politiker sind auch nur Menschen mit Emotionen." Ich alte Phrasenschleuder! Ich hasse mich gerade dafür. Doch ein Pressesprecher braucht in Situationen wie diesen schmierige Fähigkeiten wie ein Schleimpilz. Ich glitsche weiter: „Der Minister hat zurzeit 18-Stunden-Tage und nie ein freies Wochenende. Ich wäre glücklich, wenn Sie die Sache vergessen könnten. Sie wissen ja, wie sehr ich Sie schätze."

Gernot Trauner verspricht, über die Drohbotschaft des Ministers zu schweigen. Ich sage ihm im Gegenzug drei Exklusivgeschichten zu. Rundherum starren die Kinderspielplatzbilderbucheltern auf mich, den Handy-Mann, der aufgeregt gestikulierend zwischen Schaukeln, Sandkasten und Rutschen umherläuft.

4. September: Der Minister hat einen Mentaltrainer gebucht, der ihn seelisch aufrichten soll. Die Wirkung innerhalb weniger Tage ist erschreckend. „Ab sofort werde ich niemandem mein inneres Ich zeigen und nur noch die äußere Rolle erfüllen, die von mir erwartet wird", sagt Felix Rohr kryptisch zu mir. Mein Chef verfügt nun über eine Auswahl multipler Persönlichkeiten. Laufend schlüpft er in neue Rollen: Bei Budget-Verhandlungen mit dem Finanzminister gibt er den Harten-Hund-Minister, bei Telefonaten mit seinem Parteichef den samtweichen

Du-weißt-ich-bin-dein-Freund-Minister, bei Kinderveranstaltungen den Lustigen-Onkel-Minister, bei Terminen im Altenheim den Lieblingsenkel-Minister, bei Treffen mit Gleichstellungsbeauftragten den Feministen-Minister, in Männerrunden den Chauvi-Minister, bei Meetings mit Auto-Lobbyisten den PS-I-love-You-Minister, bei Klimakongressen den Bäume-Umarmungs-Minister, bei Gottesdiensten den frommen „Laudato si"-Minister und im Nachtleben den sexy Party-Minister.

Ich habe mich über seinen Mental-Coach im Internet schlau gemacht: „Psycho-Doc will Führungskräfte zu Zombies machen", hat ein Wirtschaftsmagazin geschrieben. Endlich verstehe ich, warum der Minister in letzter Zeit seelenlos wie eine leere Hülle wirkt und für keinen Menschen greifbar ist.

5. September: Heute hat mich Hans-Joachim Lörr in sein Büro rufen lassen: „Herr Streif, hiermit entbinde ich Sie von Ihren Aufgaben als Kommunikationschef."

Ich muss sofort mein Büro räumen und aus der Leitungsebene in eine Besenkammer am Ende von Bauteil C ziehen. Ich habe keine Personalverantwortung mehr. Eigens für mich hat sich Lörr eine sterbenslangweilige Projektgruppe einfallen lassen, die einzig und allein aus mir besteht: „Smartphones und Tablets bei Senioren im ländlichen Raum. Akzeptanz und Bedingungsfaktoren."

Zum Abschluss sagt Lörr grinsend: „Das ist meine Rache für Pobüll."

6. September: Meine langjährige Sekretärin berichtet mir aufgelöst, dass sie bei Hans-Joachim Lörr antreten musste. „Ich traue niemandem, der für Simon Streif gearbeitet hat", sagte er zu ihr. „Hiermit versetze ich Sie in den Schreibdienst. Sie springen im Ministerium so

lange als Urlaubsvertretung ein, bis ich Sie wieder auf Linie gebracht habe." Nicole verdient nun 300 Euro pro Monat weniger, weil die außertarifliche Zulage für die Tätigkeit im Büro des Unterabteilungsleiters wegfällt. Sie ist Alleinerzieherin und muss einen Kredit abstottern – es ist eine finanzielle Katastrophe für sie.

11. September: Ich sitze in meiner Besenkammer. Acht Quadratmeter mit Blick auf eine Betonwand und vier Müllcontainer im Hinterhof. Immer Schatten, nie Sonne.

Noch vor zwei Wochen habe ich mich zu Tode gearbeitet. Jetzt langweile ich mich zu Tode. Meine ehemaligen Kollegen lassen nichts von sich hören und gehen mir aus dem Weg. Sie haben Angst, dass Lörr sie bestraft, wenn sie mit mir gesehen werden. Das sagt aber natürlich niemand laut. Nicht einmal zu Mittag will jemand mit mir in der Kantine essen. Die, die mich vorher wegen meiner Nähe zum Minister hofiert haben, grüßen mich jetzt nicht einmal mehr. Im Ministerium bin ich nun ein Paria.

Auf Twitter haben mich neun Beamte entfolgt. LinkedIn teilt mir mit, dass meine frühere Kollegin Doreen bis zu 14 Mal täglich mein Profil ansieht. Sie kann es offenbar nicht erwarten, dass ich meine Jobbezeichnung ändere – von „Leiter Presse und Kommunikation, Sprecher des Ministers" zu „Leiter der Projektgruppe Smartphones und Tablets bei Senioren im ländlichen Raum". Eigens für die sensationshungrige Doreen ändere ich mein LinkedIn-Profil: „Glückskeks-Autor und Porno-Historiker".

17. September: Als Ministersprecher hatte ich in meinem Büro moderne Apple-Geräte. Seit meiner Verbannung aus der Leitungsebene arbeite ich auf einem neun Jah

re alten PC, der alle fünf Minuten abstürzt. Ich rufe die IT-Hotline im Haus an. Moritz Bröcker, der früher immer extrem hilfsbereit war, hebt ab und sagt kühl: „Sie haben unsere VIP-Nummer gewählt. Die ist einzig und allein für die Hausleitung bestimmt. Sie müssen Ihr Anliegen jetzt in einer Mail formulieren." Ich frage schriftlich, ob mein Computer eine Leihgabe des Technischen Museums sei, und bitte um Hilfe. Fünf Stunden später warte ich noch immer auf eine Antwort.

29. September: Ich habe den ganzen Tag nichts zu tun und sitze die Zeit ab. Gestern hat mein Telefon kein einziges Mal geklingelt. Als ich Kommunikationschef war, hatte ich oft mehr als 100 Anrufe pro Tag.

Mein Höhepunkt der Woche: Ich habe mir aus einem großen Lörr-Foto eine Dartscheibe gebastelt. Die Spitze seiner Knollennase ist das „Bullseye", der Boardmittelpunkt, und zählt 50 Punkte. Ich versenke die Pfeile in Lörrs Gesicht.

Am Ende des Tages, nach mindestens 300 Versuchen, gelingen mir Treffer in die Triple-20 (60 Punkte), Triple-19 (57 Punkte), Triple-18 (54 Punkte) und Triple-17 (51 Punkte).

Lörrs Käsegesicht sieht aus wie ein Emmentaler. Wenn ich hier noch lange festsitze, trete ich bei den Darts-Weltmeisterschaften an.

30. September: Im Radio läuft ein Song der Ärzte und ich denke an Hans-Joachim Lörr: „Doch eines Tages werd' ich mich rächen ..." Ich freue mich so, wenn dieses Pobüller Arschgesicht für immer verschwindet.

Als ich Streifs Gedächtnisprotokoll zu Ende gelesen hatte, sagte ich zu Emily: „Es ist jetzt an der Zeit,

Simon Streif zur Fahndung auszuschreiben." Emily informierte sofort den BAO-Chef.

Ich fragte Caro Himmler: „Wie ist Hans-Joachim Lörr an das Gedächtnisprotokoll gekommen?"

Sie druckste herum: „Versprechen Sie mir, dass das unter uns bleibt? Hans-Joachim Lörr bringt mich sonst um."

Ich nickte. Wie könnte ich dieser Frau etwas abschlagen! Lörrs Büroleiterin fuhr fort: „Mein Chef hat einem unserer IT-ler befohlen, Streifs PC am Arbeitsplatz zu überwachen. Dabei wurde dieses Dokument gefunden."

Höchst interessant, dachte ich. Der mächtigste Abteilungsleiter eines Bundesministeriums spioniert die eigenen Mitarbeiter mit einer Späh-Software aus! In Lörrs Lebenslauf habe ich gelesen, dass er als junger Beamter eine Zeit lang für den schleswig-holsteinischen Ministerpräsidenten Uwe Barschel tätig gewesen war – jenen CDU-Mann, der den größten Spitzelskandal im politischen Deutschland zu verantworten hatte und kurz nach der Enthüllung ein trauriges Ende in einer Schweizer Hotelbadewanne fand. Nun wunderte mich gar nichts mehr.

Was uns Caro Himmler vorerst verschwieg: Ihr Boss hatte in einem Nebenraum einen unscheinbaren weißen Bürosafe platziert. Der Giftschrank enthielt verhängnisvolle Mails, unangemessene Spesenabrechnungen, heimlich aufgenommene Tonbandmitschnitte, beschämende Fotos und explosive Besprechungsprotokolle, die besser niemals schriftlich festgehalten worden wären. Diese belastenden Dokumente waren Lörr im äußersten Notfall dienlich, seine Interessen im Regierungsviertel durchzusetzen.

Die „Bucket List"
des Schattenministers

In seiner Gefangenschaft hatte Hans-Joachim Lörr viel Zeit zum Nachdenken, mehr, als ihm lieb war. Selbstreflexion war in seinen Augen etwas für Pädagogikstudenten, Esoteriker, Grüne und andere Müßiggänger. Aber er musste die Zeit hier irgendwie totschlagen. Beim Verb „totschlagen" dachte er an die Endlichkeit seines Seins.

Er war jetzt 68. Mit etwas Glück blieben ihm, falls er hier jemals rauskommen würde, noch 20, 25 Jahre bis zur Einäscherung. Die Feuerbestattung war seine bevorzugte Methode des Abgangs, denn die gab es beim Discount-Bestatter bereits ab 489 Euro inklusive Mehrwertsteuer. Hans-Joachim Lörr wollte bis in den Tod ein Sparfuchs sein.

Wer sein Millionenvermögen einmal erben sollte? Die Kinder seiner Schwester garantiert nicht, weil die immer dreist Geld von ihm forderten (er konnte die süßlichen „Lieber Onkel"-Briefe nicht ertragen). Also blieb sein geliebter Heimatort Pobüll[10], der dringend ein Veranstaltungszentrum und ein neues Feuerwehrauto bräuchte. Als Gegenleistung würde er vom Bürgermeister eine goldene Gedenktafel an seinem Geburtshaus fordern:

„Hier wohnte von 1954 bis 1972 der größte Sohn in der Geschichte unserer Gemeinde, Ministerialdirektor Hans-Joachim Lörr, Träger zahlreicher nationaler und internationaler Orden. Als einer der wichtigsten Berater der

---

10   Der Ortsname Pobüll bedeutet „Wald bei einem Sumpf".

deutschen Bundesregierung hat er mehr als vier Jahr-
zehnte lang maßgeblich dabei geholfen, stets die richti-
gen Entscheidungen zu treffen. Er hatte enormen Einfluss
auf die Entwicklung unseres Landes und der gesamten
Europäischen Union. Der Pobüller Hans-Joachim Lörr
war ein Kompass und eine Lichtgestalt in schwierigen
Zeiten, ein großer Europäer."

Wenige Wochen vor seiner Entführung hatte der Abteilungsleiter erstmals den Ausdruck „Bucket List" gehört.
Um sich abzulenken, beschloss er nun, seine eigene
Was-ich-vor-meinem-Tod-unbedingt-einmal-gemacht-
haben-muss-Liste zu erstellen. Der Schattenminister
konnte bereits einige Lebensziele abhaken:

- den allmächtigen Vater mit einem gerahmten Foto
  beeindrucken, das den Sohn neben dem US-Präsi-
  denten in der Air Force One zeigt (und verschweigen, dass das Bild KI-generiert ist): geschafft.
- drei (echten) Bundeskanzlern die Hand schütteln:
  geschafft.
- an einem Staatsbankett mit der englischen Königin
  und dem spanischen König teilnehmen: geschafft.
- vom Bundespräsidenten das Verdienstkreuz am Ban-
  de bekommen: geschafft.
- die Millionenmarke auf dem Konto knacken: geschafft.
- eine Frau heiraten, die genauso devot ist wie das
  Vorzimmer in einem Ministerium: geschafft.
- sich 31 Tage in Folge von Lobbyisten zum Mittag-
  und Abendessen einladen lassen (und das ohne kost-
  spielige Gegeneinladungen): geschafft.
- bei 47 Weihnachtsfeiern den Kollegen und Untergebenen kein einziges Getränk spendieren: geschafft.

- drei aktive Vulkane (Popocatépetl, Ätna und Felix Rohr) aus der Nähe sehen: geschafft.
- einer Domina den größtmöglichen Schmerz zufügen (= nach einer Session davonlaufen, ohne zu bezahlen): geschafft. (Zur Ehrenrettung des Beamtenstandes sei an dieser Stelle festgehalten: Als Hans-Joachim Lörr das Studio der peitschenden Manuela in der Hamburger Herbertstraße besuchte, war er Abiturient und noch nicht im Staatsdienst. Erst viele Jahre später sollte im Ministerium leidvoll bekannt werden, wie sehr er das Gefühl von Macht und Schmerz liebte.)

Was sollte auf der persönlichen Liste der Dinge stehen, die er noch erreichen oder erleben möchte? Der Verstandesmensch Lörr begann zu träumen:
- sich mit einem Straßennamen in Pobüll verewigen oder besser gleich mit dem ganzen Dorfzentrum: „Hans-Joachim-Lörr-Platz".
- eine explosive Autobiografie veröffentlichen (Titel: „Schattenminister". Untertitel: „100 geheime Tricks, um im Regierungsviertel zu überleben".)
- dem nervösen Persönlichen Referenten des Ministers die rezeptpflichtigen Beruhigungspillen und Blutdrucksenker vom Schreibtisch klauen und die Notiz hinterlassen: „Nur nicht aufregen!"
- einem verschwiegenen Männerbund beitreten und bei Whisky-Verkostungen sinnieren, wie man grünen Politikern nachhaltig schadet.
- einem Papagei Schimpfwörter über Sozialdemokraten antrainieren („Du blöder Sozi!") oder dem sprachbegabten Vogel einen leicht abgewandelten Song der *Prinzen* beibringen: „Ich war so gerne

Millionär. Jetzt ist mein Konto immer leer. Olaf
Scholz, danke sehr!"
- dem Minister sagen: „Sie sind im Beliebtheits-Ran-
  king die neue Nummer eins!", und dann hinzufügen:
  „Alles nur ein Scherz! Leider wieder Letzter".
- seine schlafende Frau so schminken, dass sie wie
  Stephen Kings Horror-Clown Pennywise aussieht.
- alle von ihm eliminierten Beamten in ihren Besenkammern besuchen und fragen: „Wieso guckt ihr
  denn so depressiv?"

Bei dieser Vorstellung lächelte Hans-Joachim Lörr und
schlief in seinem Gefängnis zufrieden ein.

Fahrer bitte draußen warten

Herbert Brandner, ein introvertierter Mann mit Magenproblemen – kein Wunder angesichts seines Jobs als Lörrs Fahrer –, gab Emily und mir nur zögernd Auskunft. Am Revers seines Jacketts trug er einen silbernen Anstecker mit dem Logo des Bundesministeriums. Mich rührt es immer, wenn Beamte stolz auf ihren Arbeitsplatz sind. Die meisten verschweigen lieber, dass der Bund ihr Arbeitgeber ist, aus Angst, sich dumme Beamten-Sprüche anhören zu müssen. Wenn mich Leute nach meinem Job fragen, sage ich immer: „Was macht ein Österreicher in Berlin? Er ist deutscher Beamter!" Und alle lachen über meinen vermeintlichen Witz.

Seit 1988 war Brandner Fahrer im Ministerium, erst in Bonn, später in Berlin, die vergangenen 13 Jahre chauffierte er fast ausschließlich Abteilungsleiter Lörr. Dabei hatte er eines gelernt: Jedes Wort zu viel könnte sein letztes sein. Geschwätzige Chauffeure, das hatte er mehrmals beobachten müssen, sitzen in diesem Haus auf dem Schleudersitz. Wer einmal im Verdacht steht, Chef-Infos auszuplaudern, darf nur mehr Sachbearbeiter und Referenten durch die Gegend kutschieren.

Diskretion war, neben einer souveränen, umsichtigen und vorausschauenden Fahrweise, Brandners Überlebensgarantie in der Mercedes-Benz-S-350d-BMW-745-Audi-e-tron-Liga – dem motorisierten Premium-Club der Bundesminister, Staatssekretäre und Abteilungsleiter.

An jedem Werktag musste Herbert Brandner gegen 6.30 Uhr im Ministerium die Zeitungen für den Chef holen. Dann ging es weiter zur privaten Wohnung

Lörrs, wo er spätestens um 7.10 Uhr zu klingeln hatte. Der Boss entschied spontan, ob er die Zeitungen am Frühstückstisch oder auf dem Weg in die Arbeit lesen wollte. Im ersten Fall musste Herbert Brandner in der Dienstlimousine warten. In all den Jahren hatte das Ehepaar Lörr ihn kein einziges Mal zu einem Kaffee hereingebeten.

Wenn Brandner mit seinem Chef am Finsterweg ankam, trug er dessen Mantel, Aktentasche, Dienstmappen und Zeitungen ins Büro. Weil Lörr nur ihm vertraute, musste Brandner im Laufe des Vormittags heikle Verschlusssachen persönlich bei anderen Abteilungsleitern vorbeibringen oder vertrauliche Post in anderen Ministerien abgeben. Der Ministerialdirektor verließ nur ungern seinen Arbeitsplatz, ganz im Sinne der alten Maxime: „Halte deine Freunde nahe bei dir und deine Feinde noch näher." Kollegen aus anderen Häusern ließ er lieber bei sich antanzen.

Zur Mittags- und Abendzeit freilich gelang es raffinierten Lobbyisten, den Schattenminister mit dem Gourmet-Trick von seinen Aktenbergen wegzulocken. Das Filet des Kobe-Rinds (pro 100 Gramm 155 Euro im *Grill Royal*) versetzte den Ministerialdirektor in Entzücken, aber selbst für ein zartes Stück Wagyu-Beef (300 Gramm Entrecôte für 135 Euro) fanden Unternehmensberater, Verbandsmenschen und Manager sein wertvolles Gehör. Und wer dem Abteilungsleiter eine Peking-Ente im edlen *China Club Berlin* (eine einfache Mitgliedschaft kostet dort 2.500 Euro jährlich, dazu kommen 10.000 Euro Aufnahmegebühr) beim weltberühmten Chefkoch Tam spendierte, konnte mit einer positiven Erledigung seines Anliegens rechnen. Als Quelle für diese Information darf ich Caro Himmler angeben, zum wiederholten Male hat sie „streng vertraulich" zu mir gesagt. Ich mag es, wenn sie zu mir „vertraulich" sagt, ein Leckerbissen für meine Ohren ist das.

Brandner wartete stundenlang im Dienstwagen vor den besten Restaurants der Hauptstadt, zu allen Tages-, Nacht- und Jahreszeiten. Manchmal, wenn er die Lörrs von außen beim Kerzenlicht-Menü sehen konnte, wünschte er sich, er wäre jetzt bei seiner Frau. Die Ehe kriselte, wie er uns anvertraute, weil er unter der Woche selten vor 24 Uhr nach Hause kam. Brandner erzählte uns davon ohne jeden Vorwurf seinem Chef gegenüber. Sein Job war ihm offenbar sehr wichtig.

Am Abend, als Hans-Joachim Lörr verschwand, war Brandner wegen seines Hochzeitstages nicht im Dienst, sehr zum Missfallen Lörrs, der null Verständnis gezeigt hatte, dass sein Fahrer die Ehefrau in ein italienisches Lokal ausführen wollte: „Auf Sie kann ich mich auch nicht mehr verlassen! Jetzt muss ich mich vom dicken Fleischhauer zum *Cordo* bringen lassen. Und weil der nicht warten will, bis wir mit dem Essen fertig sind, bleibt mir nichts anderes übrig, als ein teures Taxi nach Hause zu nehmen." Brandner bereute offenbar direkt, nachdem er diese Worte Lörrs wiedergegeben hatte, seine Indiskretion. Er lief rot an.

Ich habe mich erkundigt, was eine Fahrt von der Großen Hamburger Straße zu Lörrs Wohnadresse in der Wilhelmstraße kostet: zwischen acht und zehn Euro, wurde mir von der Taxizentrale gesagt. Wegen dieser Summe müsste der schwerverdienende Ministerialdirektor wohl kaum das Beamtenversorgungswerk aufsuchen, vermutete ich.

Am nächsten Morgen gegen sechs Uhr früh – Brandner war gerade auf dem Weg ins Ministerium, um die abonnierten Zeitungen zu holen – hatte Hiltrud Lörr angerufen. Ohne „Guten Morgen" zu sagen, bombardierte sie ihn mit Vorwürfen: „Wenn Sie gestern nicht frei genommen hätten, wäre mein Hans-Joachim jetzt bei mir!"

Geschockt hatte der Fahrer gefragt, was denn passiert sei. Hiltrud Lörr berichtete ihm, dass ihr Mann gegen 22 Uhr zum Telefonieren vor die Restauranttür gegangen sei und seither jede Spur von ihm fehle. Er, Brandner, solle sich nun bereithalten, falls sie, Hiltrud Lörr, in den kommenden Stunden irgendwo hinmüsse. Ach ja, die Zeitungen möge er trotzdem vorbeibringen, am besten sofort.

Emily stoppte Brandner bei seinen innerlichen Selbstvorwürfen: „Haben Sie für Montagabend ein Alibi?"

„Ja, ich war mit meiner Frau im Restaurant *Machiavelli* in der Albrechtstraße in Mitte. Wir haben dort unseren 35. Hochzeitstag gefeiert."

Emily und ich gratulierten. Wieso feiert man seinen Hochzeitstag im *Machiavelli*, wenn man einen Machiavelli als Chef hat, dachte ich. Mit einer einfachen Frage brachte ich den Fahrer aus dem Konzept: „Was für ein Mensch ist Hans-Joachim Lörr eigentlich?"

„Ich werde nichts Schlechtes über ihn sagen, weil ich sonst nur mehr die alten Diesel fahren darf", sagte Brandner nach einer langen Nachdenkpause.

In meiner Branche entscheidet häufig die Psychologie der Vernehmung, ob ein Fall geklärt wird oder nicht. Bei uns in der Polizeidirektion 2 gibt es niemanden, der die Beschuldigten-, Zeugen- und Opferzeugen-Vernehmung so beherrscht wie Emily Schippmann. Bei ihr fangen alle an zu reden, die Braven und die Bösen. Das war auch bei Herbert Brandner so, der in die erste Kategorie fiel, Typ fahrender Ritter.

„Hat Hans-Joachim Lörr Feinde?", hakte Emily nach.

„In jeder Abteilung und in jedem Referat sitzt mindestens einer, der Hans-Joachim Lörr hasst. Aber auch in anderen Ministerien ist er nicht beliebt. Bei einem meiner Botengänge hörte ich, wie ein Abteilungsleiter aus dem Bundesumweltministerium meinen Chef einen ‚linken Hund' genannt hat."

„Fällt Ihnen jemand ein, dem Sie eine Entführung zutrauen?"

„Als Fahrer wird man im Lauf der Jahre ein guter Menschenkenner. Es gibt Sachbearbeiter, die uns Chauffeure von oben herab wie Dienstboten behandeln und den Mund zum Grüßen nicht aufbringen – und nette Staatssekretäre wie Herrn Biermann, der uns manchmal sogar auf ein Brötchen und einen Kaffee beim Bäcker einlädt. Im Haus erzählen jetzt alle herum, dass Simon Streif hinter der Entführung stecken könnte. Ich möchte dazu nur Folgendes sagen: Ministerialdirigent Simon Streif ist jemand, den wir alle gerne gefahren haben, weil er selbst im größten Stress immer freundlich geblieben ist."

Nur einmal sei er mit seiner Menschenkenntnis falschgelegen, erzählte Brandner weiter: „Als junger Fahrer chauffierte ich einen Minister, der ein großer Charismatiker war. Ein politisches Wunderkind! Ich dachte, der wird es mal zum Kanzler oder Bundespräsidenten bringen. Doch stattdessen musste er zurücktreten, weil er sich seinen privaten Umzug nach Berlin über die Staatskasse finanzieren ließ und davor schon wegen einer ‚Putzfrauen'-Affäre unter Druck geraten war. Er hatte sich eine Haushaltshilfe vom Arbeitsamt bezahlen lassen! Nach der Politik kam es noch dicker: Er wurde wegen Untreue, Betrugs und Steuerhinterziehung verurteilt. Danach haben ihn weitere Affären aus der Spur geworfen, er wurde Pleitier. Vor kurzem mache ich den Fernseher an, und wen sehe ich da? Meinen Ex-Minister im ‚Dschungelcamp'!"

Vom Bundesminister zum B-Promi, dachte ich: B wie Bankrott oder B wie Buschschwein-Sperma (so hieß eine der ekeligsten Dschungelprüfungen überhaupt, die ich auf RTL gesehen habe). Mich beschäftigte die Frage, wo es mehr Igitt-Momente gibt, im Dschungel oder in der Politik.

Von Wölfen und Wilderern

Die Polizeiinspektion Sillian hatte sich bei der Suche nach Ministerialdirigent Simon Streif bislang wenig kooperativ gezeigt. Wörtlich hatten die Osttiroler Beamten einen BAO-Kollegen am Telefon „Piefke" genannt, was die deutsch-österreichische Freundschaft nicht wirklich vertiefte.

In der Folge bat mich BAO-Chef Josef Rawalski, als Ösi das Innenministerium in Wien um Amtshilfe zu ersuchen. Ich kenne dort den Sektionschef ganz gut, also den ranghöchsten Beamten. Michael und ich waren viele Jahre lang gemeinsam im „Verein der Freunde der Wiener Polizei" aktiv, er als Generalsekretär, ich als Schriftführer. Ein paar unserer Vereinsvorstände haben leider Freundschaft äußerst großzügig interpretiert und mit ihren Beziehungen dafür gesorgt, dass Mitglieder und Freunde des Hauses keine Verkehrsstrafen zahlen mussten. Wenn etwa wohlgesonnene Politiker beim Rasen erwischt wurden, hat man das ganz schnell auf dem kleinen Dienstweg erledigt. Irgendwann haben die Zeitungen dann „Wiener Sumpf" geschrieben, seither gibt es wieder Strafen für alle. Mein Haberer Michael hat nur einmal der Vizebürgermeisterin geholfen, „mehr nicht, André, das schwöre ich dir", hat er mir damals gesagt. Ich habe den „Verein der Freunde der Wiener Polizei" aus Protest verlassen, weil ich Freunderlwirtschaft nicht ausstehen kann, aber Michael mag ich noch immer.

Michael, der Sektionschef, machte dem Sillianer Postenkommandanten auf meine Bitte hin Beine: „Zack, zack, zack!" Umgehend brachen zwei Beamte schlecht gelaunt ins elf Kilometer entfernte Dorf Innervillgraten auf, das zwar nicht mehr eingeschneit, aber nur mit Schneeketten erreichbar war. Zuvor mussten sie das Blaulicht am alten Polizei-Golf abmontieren, um Platz für die Touren-Ski auf dem Autodach zu schaffen.

Der verdächtige Ministerialdirigent hielt sich laut Angaben seines Vaters auf der Oberstalleralm auf, einer denkmalgeschützten Almsiedlung mit einer Schutzengelkapelle in über 1.800 Metern Seehöhe. Die Holzhäuser waren normalerweise nur im Sommer vermietet, im Spätherbst und Winter hatte man keine Chance, mit dem Auto dorthin zu kommen. Simon Streif war bei Kaiserwetter vom Tal aus auf die Alm gewandert, auf dem Rücken trug er laut Berichten der Einheimischen den Lebensmittelvorrat für eine Woche.

Strom gab es hier keinen, in der Küche diente ein Holzherd zum Kochen und Heizen sowie zur Warmwasseraufbereitung. An jede Hütte war ein Plumpsklo angebaut, was bedeutete, dass man sein Geschäft zwangsläufig in der Kälte verrichten musste. Kein Internet und kein Handy-Empfang: Genau das war es, was Simon Streif wollte – zurück zur Natur, ohne Störgeräusche aus dem hektischen Berlin und dem verhassten Ministerium. Zumindest erzählte mir das später sein Vater, übrigens ein sehr netter Mensch.

Nach vier herrlichen Wanderungen hatten seinen Sohn offenbar heftige Schneefälle überrascht und gezwungen, den Tag in der Hütte zu verbringen. Abends auf dem Weg zum Plumpsklo hatte er mit der Taschenlampe verdächtige Spuren im Schnee gesehen: Sie waren regelmäßig geformt und länglich, die dicken Krallen deutlich zu erkennen. Die Abdrücke waren zu groß, um von einem Fuchs zu stammen. „Scheiße, Wölfe!", sagte er zu sich. In der Einsamkeit führte er manchmal Selbstgespräche, was ihm peinlich war.

Ich mache das auch hin und wieder, meine Ex Hanna hat mich einmal beim Mit-mir-selber-Reden im Badezimmer ertappt, obwohl ich zu diesem Zeitpunkt noch nicht einsam war, und gefragt: „Hat dich die Berliner Luft jetzt endgültig verrückt gemacht?"

„Ach Hanna", sagte ich, „ich bin nur verrückt nach dir."

„Mein Wiener Charmeur", hat sie gesagt und mich geküsst. Ach, lange ist es her ...

Streifs Vater hat mir später berichtet, dass die Angst seinen Sohn nicht schlafen ließ. In aller Früh beschloss der Ministerialdirigent abzureisen, einen Tag früher als geplant. Es hatte aufgehört zu schneien und zu stürmen. Er stapfte runter ins Tal zum Parkplatz, auf dem sein gemieteter Audi stand. Völlig verschwitzt montierte er die Schneeketten und startete den Motor. „Auf Wiedersehen in Innervillgraten", las er wenig später auf einem Schild.

Als die Sillianer Tourenski-Polizisten die Oberstalleralm erreichten, hatten sie Simon Streif um etwas mehr als zwei Stunden verpasst. Der Holzofen in Streifs Hütte war noch warm.

„Himmelherrgottzagramentkruzifixhallelulijaleckts-miamoarschscheißglumpverreckts!", fluchte einer der beiden (wir Österreicher schimpfen viel schöner als die Deutschen) und sicherte mit einer Klebefolie Fingerabdrücke. Sie waren so weit informiert, dass Streif als Verdächtiger in einer Entführung galt.

Hatte der Ministerialdirigent den Ministerialdirektor hier gefangen gehalten? War es Zufall, dass sich Simon Streif kurz vor dem Eintreffen der Polizei absetzte – oder hatte ihn jemand gewarnt? War das Opfer noch bei ihm oder lag es längst unter Schnee und Eis begraben? Das idyllische Innervillgraten als Schauplatz eines Beamten-Verbrechens?

Die letzte Bluttat hatte es hier vor mehr als 40 Jahren gegeben, als ein Wilderer im Wald hingerichtet worden war. Das Grab ist bis heute eine Touristenattraktion: „Hier ruht Pius Walder. Ich wurde am 8. September 1982 in Kalkstein von zwei Jägern aus der Nachbarschaft kaltblütig und gezielt beschossen und vom 8. Schuss tödlich in den Hinterkopf getroffen." Eine der Schlagzeilen lautete damals: „Das Mördertal".

Ich wünschte mir im fernen Berlin so sehr, dass mir Headlines wie „Das Mörderministerium" erspart bleiben würden.

Party-Stress

Nicht einmal eine Woche blieb bis zum großen Abschiedsfest ihres Mannes. Und nach wie vor gab es nicht die geringste Spur. Hiltrud Lörr wollte sich von mir nicht weiter vertrösten lassen, mit Emily Schippmann weigerte sie sich partout zu reden („Frauen können Polizei nicht!"). Das hat mir wiederum Caro Himmler anvertraut, „streng vertraulich" natürlich.

Wie hätte ihr Hans-Joachim in so einer Situation reagiert, fragte sich Hiltrud Lörr. Vielleicht so: „Herr Heidergott, wenn mein Mann bis morgen Abend nicht wieder bei mir ist, rufe ich bei der *Bild*-Zeitung an und sage, dass die Ermittler nichts auf die Reihe kriegen und Totalversager sind!"

Oder besser so: „Herr Heidergott, wenn mein Mann bis morgen Abend nicht wieder bei mir ist, sorge ich dafür, dass Sie ins österreichische Fucking[11] strafversetzt werden!"

Für beide Varianten fehlte Hiltrud Lörr der Mut – zu ihrem Glück, weil ich der Frau ordentlich die Meinung gegeigt und verbal zurückgeschlagen hätte, auf gut Wienerisch: „Guakn, blede" oder „Funzen". Aber das gehört sich für einen Polizisten nicht, schon gar nicht für einen Ermittler im Berliner Regierungsviertel, das würde höchstens bei der Sitte durchgehen oder im österreichischen Außenministerium.

Ein früherer Wiener Außenminister hat einmal bei einem Pressefrühstück in Amsterdam ein

---

11 Das 100-Einwohner-Dörfchen Fucking in Oberösterreich hat sich inzwischen offiziell in Fugging umbenannt. Grund: Immer wieder waren „Fucking"-Ortstafeln gestohlen worden – begehrte Souvenirs für Witzbolde aus aller Welt.

schwedisches Regierungsmitglied wörtlich einen „Trottel" genannt und mit einem Kamel verglichen. Noch schlimmer hat es den Präsidenten der deutschen Bundesbank getroffen, der für unseren Chefdiplomaten „eine richtige Sau" war. Zu seinem diplomatischen Wortschatz gehörten auch „Bloßfüßiger" und „Kümmeltürk"! Nach zahlreichen Rücktrittsforderungen hat der Außenminister seine Schimpfworte dreist abgestritten, was einen deutschen Leitartikler zur rechtsphilosophischen Frage bewog: „Was ist eigentlich – juristisch bewertet – die gröbere Beleidigung: ,richtige Sau' oder ,falsche Sau'?" Unser Außenminister hat jedenfalls die „Sau"-Affäre erfolgreich ausgesessen und ist danach sogar Bundeskanzler geworden – eine saugeile Karriere, die nur bei uns in Österreich möglich ist, finde ich. Die gute Nachricht: Unser Kanzler hat in seiner Amtszeit keinen Weltkrieg ausgelöst.

Von der österreichischen Weltpolitik zurück zu den Niederungen der Polizeidirektion 2: Im Vorjahr hatte mich Ploß einmal verdonnert, einen Workshop für Polizeivollzugsbeamte an der Freien Universität Berlin zu besuchen. *„Mental stark im Umgang mit schwierigen Bürgern"*, hieß die praxisbezogene Veranstaltung, die *„zur Bewältigung von stressigen Situationen im Polizeikontext"* dienen sollte. Ich weiß nicht, ob mich Ploß da hingeschickt hat, weil er in mir selbst einen mühsamen Zeitgenossen sieht – oder ob er meine Klientel, die Politiker, als problematische Typen wahrnimmt.

Vom Workshop habe ich zwei Dinge mitgenommen. Erstens, welche Gesprächstypen es gibt (ich habe Wort für Wort mitgeschrieben):

- Aggressiver Typ
- Provokanter Typ
- Jurist

- Gutmensch
- Nein-Sager/Besserwisser
- Basar-Typ
- Gaffer
- Rechthaber
- Querulant
- Respektloser Typ

Vergessen habe ich allerdings, wen die Dozentin der Freien Universität Berlin mit „Basar-Typ" gemeint hat: etwa „Typ Gemüseverkäufer"? Vielleicht „Typ Teppichhändler"? Oder „Typ Bußgeld-Rabattfeilscher"?

Weil ich nicht mehr weiß, welche Merkmale ein „Basar-Typ" aufweist, ist mir auch die richtige Umgangsform mit dieser Kategorie Mensch entfallen, während mir eine andere Handlungsempfehlung der Vortragenden unauslöschlich im Gedächtnis geblieben ist: „Bei Gutmenschen ist z. B. Gewalt kein Lösungsansatz." Diese Erkenntnis wird die Polizeiarbeit revolutionieren, hätte ich am liebsten laut im Seminarraum gerufen, aber die strenge Dozentin hätte meinen kleinen Scherz nicht goutiert, fürchte ich, da sie augenscheinlich kein „Humor-Typ" war.

Die humorvollen Menschen, die Sie in der deutschen Hauptstadt treffen, sind entweder Rheinländer, Rumänen, Guatemalteken oder Österreicher. Wenn Sie im Berliner Regierungsviertel guten Humor suchen, benötigen Sie eine Speziallupe mit 30-facher Vergrößerung. Witzige Typen sind im Politikbetrieb äußerst selten zu finden, dafür jede Menge unfreiwillig lustige Volksvertreter, etwa jener norddeutsche Kinderbuchautor, der als Wirtschaftsminister bei *Maischberger* nicht wusste, was Insolvenz bedeutet, übertroffen nur von einem österreichischen Landeshauptmann, der den Star der eigenen Fußball-

Nationalmannschaft nicht erkannte und David Alaba auf Englisch mit „How do you do?" ansprach. Alaba reagierte cool und in starkem Wiener Akzent: „Sie können ruhig Deutsch mit mir sprechen, ich bin Österreicher!"

Trotz meiner Wiener Lästerzunge habe ich, Polizeioberkommissar André Heidergott, großen Respekt vor den Politikern, mit denen ich beruflich zu tun habe. Politik ist kein lustiger Job, das können Sie mir glauben. Die Mandatsträger müssen sich den ganzen Tag zoffen, mit Parteifreunden, mit Parteigegnern, mit der Opposition, mit Wutbürgern, mit Trollen und dem Bund der Steuerzahler.

Streit ist Teil der Politik – der Politikteil ist daher nichts für mich. Ich als harmoniebedürftiger Wiener lese lieber *Bunte*-Geschichten über meinen ganz persönlichen *Tatort*-Star Maria Furtwängler: „Ihr neues Glück als Single!"

Oder ich schaue mir auf meinem Diensthandy wunderhübsche Bilder und Videos von Ella an. Ella ist das reizendste Wesen, das ich jemals im ruppigen Regierungsviertel gesehen habe. Ella ist ein weißer Labradoodle. Im Wahlkampf müssen Hunde als tierische Testimonials für die menschlichen Qualitäten der Kandidaten herhalten. Aus diesem Grund kuschelt die arme Ella zwölf Stunden täglich mit ihrem Frauchen Julia Klöckner auf Instagram Live. Wegen des ausgeglichenen Charakters – ich meine hier nicht die langjährige CDU-Ministerin – ist der Labradoodle der perfekte Therapiebegleiter.

Und wo wir schon bei tiergestützter Therapie sind – beim Workshop habe ich mir zweitens eine Achtsamkeitsübung namens HASE gemerkt:

Halte inne!
Atme tief durch!

Sammle deine Gedanken!

Entscheide dich!

Die Hase-Übung wäre ideal für Hiltrud Lörrs Stressbewältigung und Emotionsarbeit gewesen. Denn innerhalb von zwei Stunden bekam sie Anrufe aus drei Büros: Die Chefsekretärin des Ministers fragte vorsichtig an, ob das große Abschiedsfest des „lieben Herrn Lörr" noch stattfinde oder ob der Boss stattdessen einen anderen Termin wahrnehmen könne. Ähnliches wollten die Mitarbeiter des Ex-Ministers und des Ex-Ex-Ministers wissen, die an sich ebenfalls vorhatten, Lörr zu beehren, „aber – wir bitten um Ihr Verständnis – auch noch andere Verpflichtungen hätten, die es rechtzeitig zu planen gilt".

Hiltrud Lörr versprach, die hohen Herrschaften „in der ersten Sekunde der Klarheit" zu informieren. Zu allem Überdruss wollte auch noch das von ihr beauftragte Catering-Unternehmen letzte Büfett-Details klären und ein Corona-Hygienekonzept vorstellen. Die Lörrs hatten für das Fest eine preiswerte Lösung gefunden, die sogar die Kantinenköche im Ministerium teuer aussehen ließ. Der Caterer *Fresstopf* versprach „optimale Gemeinschaftsverpflegung" und war auf Kitas, Schulen und Senioreneinrichtungen spezialisiert. Hiltrud Lörr war es gelungen, für die 100 Gäste einen „Essen auf Rädern"-Tarif auszuhandeln.

Wie lange blieb ihr Zeit, die Party im schlimmsten Fall abzusagen? Sie fühlte sich erschöpft, gestresst und – vor allem – allein.

Schweigen – oder es ist zu spät

„Ich könnte nicht Politikerin sein, wenn mir das
Schweigen lieber wäre als das Reden."
(Angela Merkel)

Die Bundespressekonferenz am Schiffbauerdamm
ist ein mächtiger Verein, dem 900 Parlamentskorres-
pondenten angehören. Jeden Montag, Mittwoch und
Freitag haben die Hauptstadtmedien die Möglichkeit,
der Bundesregierung mehr oder weniger kritische
Fragen zu stellen: an sich eine Sternstunde der Demokratie – wenn da nicht die vielen einschläfernden
Phrasenschleudern wären, die stets einen politischen
Filter über die Wahrheit legen.

Jedes Ministerium ist mit einer Sprecherin oder
einem Sprecher vertreten, die meisten bereiten sich
mehrere Stunden auf ihren Auftritt vor. Der Druck ist
groß: Eine einzige schlechte Performance kann das
Karriereende bedeuten.

Nur selten ist angeraten, alles zu sagen, was man
weiß. Und manchmal darf der Sprecher gar nichts sagen. „Schweigen zu müssen ist eigentlich gar nicht
schwer", sagte mir ein alter Sprecher-Routinier. „Ich
finde, das Fairplay im Umgang mit Journalisten erfor-
dert es, dass man sich nicht gegenseitig die Zeit stiehlt.
Und ich habe immer versucht, mich an den Grundsatz
zu halten, dass man den fragenden Journalisten sehr
bald und sehr schnell und sehr eindeutig zu erkennen gibt, dass man zu einer bestimmten Frage schweigen muss. Das akzeptieren sie auch. Man bringt sich
selbst in Schwierigkeiten, wenn man über eine Sache,
über die man eigentlich schweigen sollte, dennoch an-
fängt zu reden und erst nach der dritten Antwort merkt,

dass man eigentlich hätte schweigen müssen. Dann ist es zu spät. Dann machen sich die Journalisten einen Sport daraus, einen Regierungssprecher quer über den Tisch zu ziehen."

Einer der Hauptstadt-Redakteure hat daraus ein Geschäftsmodell entwickelt: erst mit scharfen Fragen und bohrenden Nachfragen Sprecher für Sprecher vorführen und grillen. Dann die Video-Schnipsel mit den peinlichen Sprecher-Versprechern ins Netz stellen. Und fertig ist der virale Hit. Zu den Lieblingsopfern des alternden YouTube-Journalisten gehören junge Sprecherinnen, die er gerne daten würde, heißt es im Regierungsviertel. Wer sich seinem Charme widersetzt, erlebt angeblich ein besonders hartes Kreuzverhör.

Hans-Joachim Lörr sah sich in seinem Büro fast jede Übertragung der Regierungspressekonferenz an. Es war mit Abstand sein Lieblingsformat. Wenn ein Sprecher ins Schwitzen oder Taumeln geriet, begann Lörr vor Schadenfreude zu strahlen. Zumindest hatte mir das Caro Himmler erzählt.

Neulich, zehn Tage vor seiner Entführung, hatte allerdings sein eigener Ministeriumssprecher reichlich Häme abbekommen. Philipp Kerres musste innerhalb von drei Minuten neun Mal einräumen, dass er keinen blassen Schimmer hatte:

„Die Info habe ich jetzt gerade nicht im Kopf."

„Ich kann Ihre Frage momentan nicht beantworten."

„Die Schwierigkeit liegt darin, dass ich noch keinen Experten erreichen konnte, der über einen hohen Kenntnisstand verfügt."

„Da liegen mir derzeit keine Zahlen vor."

„Zu dieser Problematik ist mir nichts bekannt."

„In diesem Fall sollten Sie sich direkt an unsere nachgeordnete Behörde wenden."

„Ich kann gerne nochmal nachfragen."

„Ich versuche, die Fakten noch heute nachzureichen."

„Ich bitte um Ihr Verständnis, dass ich mich erst selber informieren muss."

Lörr hatte die hilflosen Antworten genüsslich mitgeschrieben – wir fanden sie bei der Durchsuchung seines Büros. Philipp Kerres wurde auf Twitter, aber auch in den klassischen Medien regelrecht hingerichtet: „Pannen-Sprecher", „Blackout-Sprecher", „Peinlich-Sprecher".

Auch ich hatte davon gelesen. Jetzt saß uns Philipp Kerres im nüchternen Besprechungsraum gegenüber. Kerres war erst Ende 20, ein smarter Typ mit hellen, wachsamen Augen: „Wenn Sie mich zu meinem Abteilungsleiter fragen wollen, bitte ich Sie um Ihr Verständnis, dass ich nichts sagen möchte."

„Wir sitzen hier nicht in der Regierungspressekonferenz", entgegnete Emily lächelnd. „Hier müssen Sie nicht schweigen."

„Können Sie mir versichern, dass alles unter uns bleibt? Wenn Lörr jemals mitbekommt, dass ich über ihn etwas Böses gesagt habe, überlebe ich das nicht."

„Sie haben mein Wort", sagte Emily.

„In diesem Ministerium haben wir keine Fehlerkultur, sondern eine Schuldkultur. Als ich in der Regierungspressekonferenz einen schlechten Tag hatte, war ich fix und fertig. Das Video mit meinen Antworten wurde innerhalb kürzester Zeit mehr als eine halbe Million Mal geklickt. Ich fühlte mich als totaler Versager. Ich dachte, schlimmer kann dieser Tag nicht werden. Doch dann hat mich Hans-Joachim Lörr zu sich rufen lassen."

Kurz zusammengefasst hatte Lörr wohl zu ihm gesagt, dass er sich in seinem ganzen beruflichen Leben noch nie so schämen habe müssen und dass sogar der Minister gefragt habe, ob sie sich jetzt auch schon in der Regierungspressekonferenz für den *World Stupidity Award* bewerben würden! Er, Kerres, sei kein Sprecher, sondern ein wandelnder Versprecher.

Während Philipp Kerres sprach, sahen wir, wie nahe ihm Lörrs Angriff und Erniedrigung gegangen war.

„Ist Ihnen vor Lörrs Entführung im Ministerium etwas aufgefallen?", fragte ich.

„Nicht das Geringste", sagte der Ministeriumssprecher, der am Tatabend seinen Frust in der Kult-Location *Mein Haus am See* mit mehreren „Mitte Royal" (Wodka, Grenadine, Honig, Prosecco) weggespült hatte.

Unter Verdacht auf allen Kanälen

Jahrelang musste Simon Streif als Ministersprecher 24 Stunden täglich erreichbar sein, immer wachsam und bereit für die nächste Katastrophe. In seiner neuen Aufgabe als Seniorenhandy-Experte konnte er es sich leisten, das Smartphone ausgeschaltet zu lassen und sich vom exzessiven Breaking-News-Konsum zu entschleunigen. Das mag der Grund gewesen sein, warum er nicht umgehend seine Mailbox abhörte, als er nach Tagen der Abgeschiedenheit wieder Empfang hatte. 32 Nachrichten hatten sich angehäuft, mindestens acht davon waren von Emily oder mir.

9 Stunden und 30 Minuten dauert die Fahrt von Innervillgraten nach Berlin in etwa, doch für Simon Streif war sie schon nach 2 Stunden und 41 Minuten zu Ende: Polizeikontrolle in Kiefersfelden, einem lärmgeplagten Autobahn-Ort direkt nach der österreichischen Grenze. Er zeigte seinen Führerschein. Der Polizist nahm die Plastikkarte, ging kurz weg, fragte dann: „Sind Sie Simon Streif?" Als er nickte, sagte der Polizist: „Sie sind zur Fahndung ausgeschrieben. Bitte steigen Sie aus."

Simon Streif musste seinen Mietwagen auf einem Parkplatz stehen lassen. Zwei Polizisten fuhren ihn mit Blaulicht zu einem großen Vernehmungsraum, er saß auf der Rückbank und das erste Mal in seinem Leben in einem Polizeiauto. Vor dem Gebäude wartete bereits ein Reporter, der offensichtlich gute Informanten hatte, und filmte ihn – ein lukratives Geschäft. So gut wie alle Nachrichtensender kauften die Bilder.

+++ EILT +++
Vermisster Top-Beamter: Polizei nimmt Kollegen aus dem Ministerium fest.

Emily und ich erfuhren via *ntv*, dass die Bundespolizei in Bayern Simon Streif gefunden hatte. Wir ärgerten uns über die schlechte Information aus dem Süden: „Dieses hinterlistige Berg- und Biervolk", schimpfte ich. „Die hätten ruhig mal Bescheid geben können!"

Ich drückte Hiltrud Lörr weg, die zum wiederholten Male anrief, und schickte ihr eine SMS: „Melde mich in spätestens einer Stunde."

Sie schrieb zurück: „Ich habe immer gewusst, dass dieser Streif ein Verbrecher ist!!!"

Drei Stunden lang musste Simon Streif ein Kreuzverhör über sich ergehen lassen. Emily und ich wurden zugeschaltet. Ich konfrontierte Streif mit dem letzten Eintrag seines Gedächtnisprotokolls: *„Im Radio läuft ein Song der ‚Ärzte' und ich denke an Hans-Joachim Lörr: ‚Doch eines Tages werd' ich mich rächen …' Ich freue mich so, wenn dieses Pobüller Arschgesicht für immer verschwindet."*

Simon Streif lachte aus ganzem Herzen: „Wegen eines schlechten Wortspiels – ‚Pobüller Arschgesicht' – haben Sie geglaubt, dass ich ein gemeingefährlicher Entführer bin? Ja, ich freue mich, dass dieser Ministeriumsschreck bald für immer in die Pension verschwindet. Und deswegen haben Sie nach mir gefahndet?"

„Nein, weil Sie zeitgleich mit Hans-Joachim Lörr untergetaucht sind und auf Ihrem verdammten Handy nicht erreichbar waren", sagte ich erbost. Im Stillen verfluchte ich Simon Streif als „Voidillo", „Juli-Krampus" und „Eierschädel". Damit Sie nicht schlecht über mich denken, unterschlage ich an dieser Stelle lieber die Bedeutung dieser Wiener Kraftausdrücke.

Simon Streif durfte das Polizeigebäude verlassen. Draußen wartete der Polizeireporter mit der Kamera: „Kann ich Sie kurz interviewen?"

„Nein", sagte Streif. „Als Beamter darf ich ohne ausdrückliche Erlaubnis der Ministeriumsspitze keine Interviews geben. Aber so viel kann ich Ihnen verraten: Die haben wohl den Falschen erwischt."

Kurz darauf lief die Eilmeldung:

Polizei-Panne im Fall des vermissten Top-Beamten! Festgenommener Kollege unschuldig.

Simon Streif war in den Nachrichten mit einem dicken schwarzen Augenbalken zu sehen.

Was für ein Horrortag, dachte ich. Unser einziger Verdächtiger hatte sich blöderweise als Unschuld vom Osttiroler Lande erwiesen. Somit mussten wir wieder bei null beginnen. Unsere BAO-Kollegen hatten bereits sämtliches Material aus den Überwachungskameras in der Großen Hamburger Straße gesichtet. Sie hatten mit 127 Anwohnern gesprochen. Sie hatten stundenlang nach Reifen- und Ölspuren des verdächtigen Rettungsautos gesucht. Sie hatten die Daten gecheckt, die in Lörrs Cloud gespeichert waren. Das Ergebnis des Rund-um-die-Uhr-Einsatzes? Viele Hinweise, wenig Konkretes.

Polizeiliche Ermittlungen sind meist so zäh wie ein Marathon: Man läuft und läuft und läuft – und hofft, irgendwann ins Ziel zu kommen, ohne komplett kaputt zu sein. Nur äußerst selten erleben wir Polizisten das schnelle Glück eines 100-Meter-Laufs: etwa wenn ein Verbrecher wie ein Dolm in die Überwachungskamera winkt, mit seiner Tat auf Facebook prahlt oder am Tatort einschläft. Dann ist der Fall in 9,58 Sekunden aufgeklärt. 9,58 Sekunden ist die Weltrekordzeit des jamaikanischen Sprint-Königs Usain Bolt.

Die Ploß-Sekretärin teilte uns mit, dass der Ober-Boss sofort eine Telefonschalte wünsche. „Wir aber nicht mit ihm", sagte ich frech.

Die Sekretärin lachte: „Kann ich irgendwie verstehen." Wir kamen dennoch nicht aus.

Wenig später machte Ploß Emily und mich rund: „Der Innenminister ist außer sich, dass wir noch immer keine Spur von Lörr haben. Er hat gemeint, dass er allein deshalb 200 Medienanfragen pro Tag bekommt. Und Lörrs Minister Rohr hat sich beim Innenminister beschwert, dass Sie ihn noch nicht befragt haben."

„So ein Wichtigtuer", sagte Emily genervt. „Wir werden noch heute zu ihm gehen."

Danach rief ich Hiltrud Lörr zurück: „Tut mir leid, dass ich keine News für Sie habe. Aber Sie können mir glauben, dass wir von der ‚BAO Finsterweg' alles Menschenmögliche tun, um Ihren Mann zu finden."

„Soll ich Hans-Joachims Abschiedsfest nun absagen oder nicht?", fragte sie. Ich konnte ihr keine Antwort geben.

Dr. Rohr unter Druck

Dirk Lindemann, der freundliche Sachse aus dem Ministerbüro, hatte für uns einen Termin mit seinem Chef vereinbart. Als ich den Arbeitsplatz des Ministers sah, fiel mir auf: Hier regiert nur eine Farbe – die seiner Partei. Schwarze Bürotür, schwarzer Schreibtisch (auf ihm lagen drei schwarze Mappen und zwei schwarze Corona-Masken), schwarzer Bürostuhl, schwarzes Ledersofa, schwarze Ledersessel, schwarz-braune Büroschränke, schwarze Fensterrahmen, selbst auf den zwei großen Bildern dominierten schwarze Farbtöne.

Vielleicht mochte Felix Rohr deshalb so gerne Schwarz, weil er seinen privilegierten Lebenslauf allein der Partei verdankte. Kreißsaal, Hörsaal, Plenarsaal, (Fraktions-)Scheusal – und jetzt Minister. Der Mann aus dem saarländischen Örtchen Falscheid hatte noch nie außerhalb der Politik gearbeitet. Felix Rohr kannte nur die Welt der Uni (25 Semester Theaterwissenschaft, Brauwesen und Getränketechnologie) und die Welt des Parteiapparates.

Erst nach längerem Hinsehen entdeckte ich einen bunten Fleck im Raum: eine Badehose im Muster der Berliner U-Bahn-Sitzbezüge. Wenn man so oft ins Schwimmen kommt wie der Minister, braucht man eben die passende Ausrüstung, dachte ich.

Ich kannte Felix Rohr bislang nur aus dem Fernsehen, hatte aber jede Menge Anekdoten über ihn gehört, etwa dass er sich während der Kabinettssitzungen nur mit halbem Herzen neuen Gesetzesentwürfen widmete und lieber auf Instagram die Traumkörper von Fitness-Influencerinnen und Beauty-Bloggerinnen studierte. Parteiinterne Kritiker warfen dem Minister vor, dass ihn einzig und allein die Gesetze der Anziehung zwischen Mann und Frau interessieren würden.

Die Opposition wiederum hatte sich für Rohr das Attribut „Bundesfiaskominister" ausgedacht. Sie lastete ihm an, mit seinen Entscheidungen hunderte Millionen Steuergeld versenkt zu haben, und quälte ihn mit Misstrauensanträgen im Bundestag.

Doch zwischendurch – diesen Fakt möchte ich nicht unterschlagen – wurde der Minister auch gefeiert. Keinem anderen Regierungsmitglied widmete die Nachrichtensatire so viel Sendezeit. Felix Rohr garantierte hohe Quoten.

Trotz seiner steilen Karriere war Felix Rohr ein Mann des Volkes geblieben, des Partyvolkes, um genau zu sein. Dem weiblichen Partyvolk wandte sich der fünffach geschiedene Volksvertreter besonders innig zu, aber das hatte ich ja bereits vorhin angedeutet. Im exklusiven Berliner Nachtleben wurde er „Rohrzucker" genannt (das hat mir eine von Hannas Stammkundinnen im *KaDeWe* erzählt). Dass Felix Rohr eine dynamische Nacht hinter sich hatte, sah ich an den dunklen Augenringen.

Der Minister verzichtete auf jegliche Begrüßungsfloskel und kam gleich zur Sache: „Haben Sie schon brauchbare Ermittlungsergebnisse? Ich hätte Ihnen übrigens gleich sagen können, dass Simon Streif nicht der Täter ist. Der war jahrelang mein Sprecher. Er ist so chaotisch und unkoordiniert, dass er niemals in der Lage wäre, eine Entführung zu planen und unfallfrei durchzuführen. Der schafft es nicht mal, seine Krawatte allein zu binden!"

Emily gab sich unbeeindruckt von seiner herablassenden Art: „Wir müssen allen Spuren nachgehen, das werden Sie sicherlich verstehen. Können Sie sich vorstellen, wer Hans-Joachim Lörr gekidnappt haben könnte?"

„Ich habe lange darüber nachgedacht. Lörr hat so gut wie kein Privatleben und keine Hobbys. Er hat nur die Arbeit. Ich bin zu dem Schluss gekommen, dass der Täter ein politischer Gegner Lörrs sein muss!" Nach einer kurzen Pause sprach der Minister weiter: „Haben Sie eigentlich schon die grünen Bundestagsabgeordneten und deren parlamentarische Mitarbeiter nach ihren Alibis gefragt? Die hassen Lörr! Jetzt sperren diese Klima-Apokalyptiker schon Straßen in deutschen Großstädten und demonstrieren unangemeldet mitten auf Autobahnen. Ich traue denen alles zu – auch die Entführung eines hochverdienten Abteilungsleiters!"

Ich stellte mir Annalena Baerbock und Robert Habeck als Köpfe einer Entführerbande vor und fragte dann: „Wo waren eigentlich Sie Montagabend?"

Die Stimmung im Ministerbüro war bereits vorher nicht gerade warmherzig gewesen, nun war sie aber unterkühlt bis eisig, die Atmosphäre etwa so harmonisch wie eine Tandemfahrrad-Tour der Parteifeinde Angela Merkel und Friedrich Merz oder eine Eiskunstlauf-Kür der Paare mit Andrea Nahles und Sigmar Gabriel. Es war offensichtlich, dass dem Minister meine Frage nicht gefiel.

„Ich war am Montag Stargast beim Spatenstich für die Tölzer Nordspange", antwortete er scharf. „Soll das etwa heißen, dass Sie mich verdächtigen?"

„Aber Sie doch nicht", sagte ich und setzte mein – in zahlreichen Ernstfällen erprobtes –Wiener Schlawinerlächeln auf. „Das ist eine reine Routinefrage. Wir möchten von Ihnen nur wissen: Könnte der Täter Ihrer Ansicht nach jemand aus dem Haus gewesen sein?"

Der Minister war besänftigt. „Ich will ehrlich zu Ihnen sein", sagte er leise. „Lörr hat viele gute, aber leider auch viele dunkle Seiten. Ich habe ihm bedingungslos vertraut – bis ich dahintergekommen bin, dass er seine eigene Politik macht. Und das nicht zum Besten unseres Landes, sondern zum Besten seiner Buddys! Ich glaube, dass mein Image in der Öffentlichkeit genau deshalb so miserabel ist. Von 10.000 deutschen Politikern schafft es im Schnitt nur einer, Bundesminister zu werden. Ich habe mich ganz nach oben gekämpft. Wie Diego Maradona bei seinem Jahrhunderttor gegen England habe ich jeden Gegner, der mir im Weg stand, ausgedribbelt. Alle Parteifreunde, die mir das Ministeramt wegschnappen wollten, habe ich mit einer Körpertäuschung ins Leere laufen lassen und bin links oder rechts vorbeigezogen. Sogar meinen Parteichef habe ich trickreich überspielen müssen, er hat mir lange Zeit nicht zugetraut, intellektuell der Rolle als Staatsmann gewachsen zu sein. Doch niemand hat mich aufhalten können, auch dieser Stinkstiefel nicht! Dank meiner Ausdauer und Technik ist es mir gelungen, das Spiel zu meinen Gunsten zu entscheiden, cool und abgebrüht wie Maradona nach seinem 60-Meter-Solo."

Er holte kurz Luft, war aber weder mit seinen Fußballvergleichen noch mit der Hymne auf sich selbst fertig: „In der Politik und im Sport haben Sie ähnliche Druckbedingungen, Präzisionsdruck, Zeitdruck, Komplexitätsdruck, Situationsdruck, Belastungsdruck. Maradona wurde mit dem Spielgerät so eins wie ich mit der Macht, sein Ballgefühl war genauso phänomenal wie mein politischer Instinkt. Maradona schenkte seinem Land den Weltmeistertitel, ich meinem Bezirksverband den Bundesminister – eine historische

Premiere für meine Heimat! Ich bin dort der Erste, der als Bundesminister vereidigt wurde." Emily und ich sahen, dass der Maradona der Politik Tränen in den Augen hatte – aber die galten vermutlich nicht dem vermissten Abteilungsleiter.

Felix Rohr brauchte eine halbe Minute, um sich wieder unter Kontrolle zu haben: „Ich wollte als innovativer, visionärer, moderner Minister in die Geschichte eingehen. Und was ist passiert? In wenigen Tagen ist diese Legislaturperiode vorbei, und ich bin in jedem Politiker-Ranking der Letzte. Stellen Sie sich vor, was das für meine Familie bedeutet, wenn sie jedes Mal auf mich, den Deppen der Nation, angesprochen wird." Erneute Tränenpause.

„Vor gut einem Jahr erkannte ich, dass ich dem Falschen vertraut habe. Ich habe einige gute und loyale Mitarbeiter verloren, weil Lörr einen Keil zwischen uns getrieben hat. Und so ging ich zu Lörr, um mich von ihm zu erlösen. Ich schlug ihm vor, seine verdiente Pension anzutreten – natürlich erst, nachdem ich ihn so ehrenvoll verabschiedet hätte wie noch keinen Beamten in diesem Haus, mit einem riesengroßen Fest samt Blasmusikkapelle."

Der Minister schüttelte den Kopf, als er weitersprach: „Doch Lörr pfiff auf die Musik. Stattdessen drohte er mir mit all den persönlichen Dingen, die er über mich wusste. Er meinte, alles schriftlich dokumentiert zu haben." Der Minister setzte sofort nach: „Diese Dinge sind natürlich keineswegs skandalös, aber privat. Nicht dass Sie jetzt auf die Idee kommen, das würde mir ein Motiv verschaffen!"

Caro Himmler hat mir später auf meine Nachfrage verraten, worum es in dem hitzigen Gespräch zwischen ihrem Chef und dem Minister konkret gegangen war. Sie hatte heimlich gelauscht – Büroleiter hören alles, müssen Sie wissen. Nach ihren Angaben hatte Lörr den Minister sehr wohl mit brisanten Dingen konfrontiert: etwa dass Felix Rohr einem Wahlkreis-Kumpel zu einem staatlichen Millionenauftrag verholfen habe. Oder dass er mit der Ministeriumsdolmetscherin nach jeder internationalen Konferenz auf dem Hotelzimmer Französisch und Griechisch geübt habe und seine Spesenabrechnungen an Maßlosigkeit nur schwer zu überbieten seien: 1.300 Euro für einen Champagner-Abend im *Soho House Berlin*. 554 Euro für zwei *Rosenkavalier*-Tickets in der *Staatsoper Unter den Linden*. 18.000 Euro für eine Nacht in der feudalen *Royal Bebel Suite* im *Hotel de Rome* (in dieser bescheidenen Summe war laut Caro Himmler auch der Bügelservice für den Tom-Ford-Anzug des Ministers enthalten, immerhin). Puh, habe ich mir gedacht – wenn nur ein Punkt davon an die Öffentlichkeit käme, wäre Felix Rohr politisch ruiniert. Zweifellos hatte er ein plausibles Motiv. War es denkbar, dass ein deutscher Bundesminister professionelle Kidnapper mit der Entführung seines wichtigsten Beamten beauftragt hatte?

Aber nach einer ersten Analyse verwarfen Emily und ich diese Theorie – vielleicht etwas zu schnell, wie ich an dieser Stelle selbstkritisch einräumen muss. Das lag nicht zuletzt daran, dass Felix Rohr bei unserer Befragung von sich aus Lörrs Drohungen thematisiert hatte. Emily und ich erinnerten uns bis ins kleinste Detail, wie der Minister sichtlich aufgebracht von seinem Streit mit Lörr erzählte: Mit einem boshaften Grinsen habe ihm der Abteilungsleiter die enge Verbindung zwischen Politik und Biologie erklärt, berichtete er uns. Die größten Überlebenskünstler in der Natur seien die gerade mal einen Millimeter langen Bärtierchen, habe Lörr ihn belehrt, sie würden extreme Hitze, große Kälte und selbst Radioaktivität überstehen. Er, der

Ministerialdirektor, sehe sich als politisches Bärtierchen, das einfach nicht totzukriegen sei, und der Minister bleibe nur so lange im Amt, wie er – Lörr – es wolle. Gemeinsam würden sie eine Zweckgemeinschaft bis zum bitteren Ende bilden, hatte der Schattenminister laut Minister angeordnet.

Bis dass deine Pension uns scheidet, war mein Gedanke, den ich aber nicht aussprach. Ich wollte den Minister nicht ein weiteres Mal erzürnen. Gegen Ende unserer Befragung war Felix Rohr wie ausgewechselt gewesen: keine Spur mehr von Überheblichkeit. Beim Abschied hatte er sogar ein paar freundliche Worte gefunden – was für uns angesichts des rüpelhaften Empfangs von vorhin eine echte Überraschung war.

Emily und ich nahmen aus dem Gespräch zwei Merksätze mit. Erstens: Kein Abschied fällt schwerer als der Abschied von der Macht, egal ob man Minister oder Schattenminister ist. Und zweitens: Wer im politischen Survival-Camp des Regierungsviertels so lange durchhalten will wie das chefresistente, anpassungsfähige, unzerstörbare Lörr-Tierchen, muss stets Jäger und Sammler brisanter Informationen sein. In der Spitzenpolitik ist der Giftschrank so etwas wie das Wasser der Unsterblichkeit.

Emily und ich waren uns einig darin, dass wir Lörrs Giftschrank finden mussten, in seinem Büro war er nämlich nicht gewesen. Denn wenn Lörr über seinen aktuellen Minister Informationen schriftlich festgehalten und womöglich brisante Belege, Abrechnungen und dergleichen aufbewahrt hatte, dann sicherlich auch über frühere Minister und alle, die ihm gefährlich werden konnten. Also eigentlich jeder. Und wer könnte uns bei der Suche besser behilflich sein als Caro Himmler? Ich freute mich, erneut einen Grund gefunden zu haben, Zeit mit ihr zu verbringen.

Fress-Folter

Vier, fünf, sechs oder sieben Tage? Hans-Joachim Lörr wusste nicht, wie lange seine Gefangenschaft mittlerweile andauerte. Er hatte jegliches Gefühl für Zeit verloren. Die Jalousien waren nach wie vor heruntergefahren. Nur wenn einer der Entführer die Fenster für ein paar Minuten zum Lüften öffnete, schien etwas Tageslicht herein. Seine strenge Isolationshaft setzte ihm psychisch zu: kein Radio, kein Fernsehen, kein Internet, kein Telefon, keine Musik, keine Verbindung zur Außenwelt und, für ihn am schlimmsten, keine Wichtigkeit.

Ihm fehlte *sein* Ministerium: die bewundernd-ängstlichen Blicke der Beamten, wenn sie ihn sahen, das Wetteifern der Staatssekretäre um seine Gunst, die Katzbuckelei der Lobbyisten, die ihm wie zu Kaisers Zeiten die Aufwartung machten („Herr Ministerialdirektor, ohne Sie würde dieses Land vor die Hunde gehen"), sogar der überforderte Minister, „dieser hölzerne Hampelmann-Kasper", für den Lörr alle Fäden zog.

Er vermisste die Abendveranstaltungen der Verbände und Unternehmen, die prachtvollen Säle, die Hausherren, die ihn bei ihrer Begrüßung direkt nach dem Minister ansprachen: „Herzlich willkommen, lieber Herr Abteilungsleiter Lörr, es ist uns eine Ehre, dass Sie heute hier bei uns sind!"

Jeder, der nur ein bisschen Ahnung von diesem Ministerium hatte, wusste, dass er, der Ministerialdirektor, der starke Entscheider war, und nicht der schwache Minister, dieser Dr. Rohr, der mit seinen impulsiven Aktionen stets für Verstopfungen im Politikbetrieb sorgte. Im kleinsten Kreis nannte Lörr seinen Chef verächtlich „Abfluss-Doc".

Einmal hatte der Abfluss-Doc, dieser Inbegriff von Gefühlsrohrbrüchen, tatsächlich versucht, ihn aus dem

Ministerium hinauszukomplimentieren, dachte Lörr, aber ich habe ihm schnell gezeigt, wer hier das Sagen hat, wer hier der wahre Minister ist und wer der Ministerdarsteller. Er hat für immer kapiert, dass er mir bedingungslos ausgeliefert ist und in diesem Haus nur das passiert, was ich will, und sich sein selbstständiges Handeln auf Spatenstiche beschränkt, auf das Durchschneiden von Bändern und das Posieren mit der Schaufel für die Fotografen. Manchmal sind die Kompetenzen eines Ministers nicht größer als ein Erdhügel.

Lörr fragte sich ernsthaft, ob die Erdhügel-Kompetenz des Ministers das Motiv für die Entführung sein könnte. Hatte Dr. Rohr Auftrags-Kidnapper auf ihn gehetzt, um ihn loszuwerden, um die Macht im Haus zurückzuerobern, um endlich allein schalten und walten zu können? Der Abteilungsleiter wusste aus seinen vielen Begegnungen mit Politikern, dass die meisten Narzissten waren – schon der gute alte Adenauer hatte als narzisstisch gegolten. Aber dass ein Minister so weit ging, seinen wichtigsten Abteilungsleiter aus dem Weg zu räumen? Doch, dachte Lörr. Dem Abfluss-Doc ist alles zuzutrauen!

Wenn Hans-Joachim Lörr ins Bad musste, durfte er kurz aufstehen, streng bewacht vom „Henker", wie er seinen männlichen Peiniger nannte. Beim Klogang wurden ihm die Kabelbinder abgenommen. Danach band ihm der Henker wieder den sogenannten Fesselknoten, der Lörr aus der Bondage-Szene ein schmerzhafter Begriff war, natürlich nur vom Hörensagen (in Wahrheit verdankte er sein einschlägiges Wissen der peitschenden Manuela).

„Zwei linksgängige Augen legen. Das rechte Auge nach links überlappend auf das linke Auge anordnen. Das Seil von dem vorderen Auge durch das hintere Auge ziehen. Und das Seil von dem hinteren Auge durch das vordere

Auge ziehen. Zuziehen! Nun sind aber erst zwei Schlingen entstanden, die man wieder aufziehen kann. Zur Sicherung kann man einen halben Knoten machen. Oder mit zwei halben Schlägen absichern. Zuerst links den ersten halben Schlag anbringen und zuziehen. Und rechts auch mit einem halben Schlag absichern." (Quelle: Wikiwehdia)

Lörr quälte zunehmend der Gedanke, verrückt zu werden. In seiner ausweglosen Situation fiel ihm der große Roland Kaiser ein:

„Sie siegt – dachte ich mir/
Sie spürt – dass ich verlier/
Die Frau bringt mich um den Verstand."

Diese Frau wird mich nicht besiegen, sagte er sich grimmig zur Mittagszeit und spuckte seiner Entführerin mit maximaler Windkraft ein Lachs-Nigiri ins Gesicht: „Morgens Sushi, mittags Sushi, abends Sushi! Fressen Sie doch die Scheiße selbst!"

Die Frau im weißen Ganzkörperanzug, deren Schutzbrille jetzt mit Reis- und Fischresten verschmiert war, brüllte: „Das war ein schwerer Fehler, Sie Bastard!"

Sie zwickte Lörrs rechte und linke Wange, bis diese blau anliefen. „Und jetzt werden Sie zur Strafe zwangsgefüttert!" Sie drückte Lörrs Wangen zusammen, um den Mund geöffnet zu halten. Danach flößte sie ihm das Essen ein, Nigiri für Nigiri, insgesamt 28 Stück. Zwischendurch verabreichte sie ihm Wasser: „Flüssig flutscht besser", sagte sie lachend. Sie schien seine Qualen zu genießen.

Nach der Fress-Folter konnte der Abteilungsleiter den Drang, sich übergeben zu müssen, zurückhalten. In diesem Moment machte sich Lörrs regelmäßiges Bauch-Training bezahlt. Dank der vielen Lobbyisten-Einladungen war er es gewohnt, mehr als reichlich zu essen.

Ein Giftschrank
als Staatsgeheimnis

„Können Sie mir bitte zeigen, wo Ihr Chef seine Geheimnisse aufbewahrt?", fragte ich Caro Himmler und versuchte krampfhaft, einen professionell-nüchternen Ton anzuschlagen. Ich war an diesem Tag der einzige BAO-Ermittler im Ministerium. Emily hatte ihre Mutter zu einer Hüft-OP ins Krankenhaus begleitet, mein junger talentierter BAO-Kollege Kai Brüggemeier musste für Josef Rawalski einen Spezialauftrag erledigen. Und so gerne ich mit Emily zusammenarbeite: Ich war froh, ein paar Momente mit Caro Himmler allein zu sein – Sie können sich vermutlich vorstellen, warum.

Die Büroleiterin führte mich in einen Nebenraum, wo direkt neben einem Aktenvernichter ein unscheinbarer weißer Bürosafe stand. Sie ging kurz weg und kam mit einem Blatt Papier zurück: „Hier finden Sie die technischen Daten."

- *Elektronikschloss Mauer Code-Combi B-90 mit Notschlüssel*
- *Einbruchmeldeanlage*
- *Höchst widerstandsfähige Türfront und Korpus gegen Angriffe mit mechanischen und thermischen Einbruchswerkzeugen*
- *Türöffnungswinkel 180 Grad*
- *Sichere 3-seitige Verriegelung durch massive Schließbolzen und starre Hintergreifschiene auf der Scharnierseite*
- *Dualer Schutzmechanismus: zusätzliche Schlosseinfassung mit Durchschlagsicherung und Notverriegelung, die beim Aufbruch das Öffnen erschwert*
- *Außenmaße: 1000 x 604 x 500 mm*

- *Innenmaße: 903 x 499 x 322 mm*
- *Gewicht: 452 kg*
- *Fassungsvermögen DIN-A4-Ordner: 13*

„Und wie bekommen wir den jetzt auf?", fragte ich.

„Ich fürchte, gar nicht", sagte Caro Himmler. „Nur Hans-Joachim Lörr kennt den Code."

„Meine Jungs und ich brauchen dann wohl schweres Gerät."

„Ich bitte Sie, das nicht falsch zu verstehen, aber ich muss darüber Minister Dr. Rohr informieren." Caro Himmler stöckelte den langen Gang Richtung Ministerbüro.

Wenn sie sich jetzt umdreht, ist sie an mir interessiert, dachte ich mir. Mein klopfendes Herz schrie förmlich: „Caro, i schteh auf di!" Meine Empfindungen schienen sich auf Caro Himmler zu übertragen: Bevor sie zum Chef abbog, wandte sie sich noch einmal um, blickte mich an und lächelte. Mehr geht nicht! In diesem magischen Moment musste ich an einen Song des Wiener Liedermachers Wolfgang Ambros denken:

Du bist die Blume /
Aus dem Gemeindebau /
Ich weiß ganz genau /
Du bist die richt'ge Frau für mich /
Du Blume aus dem Gemeindebau /
Ohne dich wär' dieser Bau so grau /
Und wer dich sieht, sagt nur /
Schau, schau /
Da geht die schönste Frau von Stadlau.

Nicht einmal eine halbe Stunde später stoppte mein kühler Vorgesetzter Ploß telefonisch alle Träumereien über die Blume aus dem grauen Ministeriumsbau – und über weitere Ermittlungserfolge: „Was haben Sie jetzt schon wieder gemacht? Der Minister hat seinen Parteifreund, den Innenminister, angerufen. Der wiederum hat sich bei mir gemeldet und strikt untersagt, dass Sie Lörrs Safe öffnen! Es geht hier um wichtige Staatsgeheimnisse."

„Ja, um die Spesen des Ministers im Giftschrank", sagte ich aufgebracht.

Saludos Amigos!

Nach der ekelhaften Fress-Folter hatte Hans-Joachim Lörr eine Methode gefunden, die ihm in seiner beklemmenden Situation half, mental fit zu bleiben. Stundenlang machte er nun Denksport und trainierte sein Gedächtnis, indem er etwa seine letzten vier Aldi-Rechnungen bis auf den Cent genau im Kopf abrief (was ihm als Pfennigfuchser tatsächlich gelang) oder die Zahl seiner Theater- und Konzertbesuche mit der Garderobengebühr multiplizierte (= die Summe, die Lörr gespart hatte, weil er bewusst ohne Jacke und ohne Mantel zu Kulturveranstaltungen kam). Darüber hinaus erstellte er eine Stärken-Schwächen-Analyse über alle Landes- und Bundespolitiker, mit denen er in seinem Berufsleben zu tun hatte. Und das waren viele.

Hans-Joachim Lörr hatte einige politische Vorbilder. Sein Ministerchen Dr. Rohr gehörte ganz offensichtlich nicht dazu, dafür zwei CSU-Originale, die anders als die heutigen Politluschen noch echte Männer waren: zum einen der legendäre bayerische Ministerpräsident Franz Josef Strauß, den Lörr wegen der klaren Worte liebte, „Arschloch, paranoides" (über Rudolf Augstein), „Filzpantoffel-Politiker" (Helmut Kohl), „Gehirnprothesenträger" (Studenten), „Ratten und Schmeißfliegen" (Schriftsteller) oder „lieber ein kalter Krieger als ein warmer Bruder" (Homosexuelle).

Zum anderen Strauß-Nachfolger Max Streibl, der die „Spezlwirtschaft" pflegte wie kein anderer und stets wusste: Reich sind nur die, die Freunde haben. Streibl musste 1993 wegen der „Amigo-Affäre" als Ministerpräsident zurücktreten – nicht nur, weil er sich mit Familie dreimal auf Kosten eines befreundeten Flugzeugbauers in den Luxusurlaub fliegen ließ, zweimal nach Brasilien und einmal nach Kenia; nicht nur, weil sich der Landesvater im Gegenzug beim Bundesverteidigungsministerium dafür einsetzte, dass der Kumpel einen Millionenauftrag bekam (ohne Erfolg); nicht nur, weil er neben seinen 390.000 Mark Gehalt bis zu 300.000 Mark jährlich für seine Dienste als Testamentsvollstrecker kassierte; nicht nur, weil er als „blau-weißer Easy-Rider" von BMW jede Menge neuer Motorräder zu Testzwecken erhielt, sondern weil er nicht das geringste Schuldbewusstsein zeigte, weil er versuchte, die „Amigo-Affäre" ins Lächerliche zu ziehen, weil er wie König Ludwig II. am Aschermittwoch in die Passauer Nibelungenhalle einmarschierte und seinen Anhängern zurief: „Meine Damen und Herren, Freunde zu haben – ist das eine Schande bei uns in der CSU? Und deshalb: Saludos Amigos!"

Hätte Max Streibl nur einmal „Es tut mir leid" gesagt, davon war Hans-Joachim Lörr überzeugt, wäre sein Idol garantiert an der Macht geblieben, denn die Deutschen lieben nichts mehr als Politiker, die sich vor dem Wähler in den Staub werfen und Reue heucheln. So musste Streibl aber nur drei Monate nach seinem „Saludos Amigos!"-Gruß abdanken, weil die Umfragewerte Felix-Rohr-Dimensionen annahmen und selbst die engsten CSU-Amigos von ihm abgerückt waren. Parteifreunde waren nur so lange Freunde, wie man an der Macht war – so viel hatte Lörr aus diesem Fall gelernt.

Davor hatte der stramme Max noch einmal versucht, in München seinen Kopf zu retten, indem er im Parteivorstand theatralisch einen Koffer hochhielt und offen drohte: „Hier drin befindet sich brisantes Material – über jeden von euch!" Wegen dieser geflügelten

Worte sah der Ministerialdirektor in Max Streibl einen Seelenverwandten. Wie Max Streibl liebte Hans-Joachim Lörr seine Kuchen- und Schnitzel-Amigos. Und wie Max Streibl hatte er eifrig brisantes Material gesammelt – über den Minister, den Ex-Minister, den Ex-Ex-Minister, über die Staatssekretäre, seine Abteilungsleiterkollegen, den Ministersprecher, den Leiter des Ministerbüros, seine eigene Büroleiterin, über einfach jeden im Ministerium.

Doch an dem Ort, an dem er sich jetzt befand, waren die geheimen Papiere für ihn wertlos. Und nicht einmal seine einflussreichen Amigos konnten ihm helfen.

Hiltrud Lörr trifft
ihren Lieblingsmoderator

Jetzt hätte ich beinahe vergessen, Ihnen vom vielleicht glamourösesten Moment in Hiltrud Lörrs Leben zu erzählen. Leider weiß ich nicht mehr genau, ob sich ihre Sternstunde am Mittwoch- oder Donnerstagabend zugetragen hat. Am Donnerstag, glaube ich, genoss sie das Wurst-Büfett der Naturdarm-Lobbyisten, also muss es wohl Mittwoch gewesen sein, oder war es umgekehrt? Weil sich die Ereignisse nur so überschlugen, brachte ich zeitlich alles durcheinander. Mein Ober-Boss Ploß, der alte Pedant, beschwert sich immer, wenn einer meiner Polizeiberichte chronologisch nicht stimmig ist. Als ich noch Kiberer in Wien war, hatte ich einen cooleren Chef. „Hauptsache, das Verbrechen ist aufgeklärt", hat er gemeint, „Protokolle und Berichte haben meistens eh nur den Zweck, das G'scheiterl raushängen zu lassen." Irgendwann werde ich dieses Zitat meinem jetzigen Vorgesetzten frech ins Gesicht sagen.

Was ich Ihnen erzählen wollte: Das erste Mal in ihrem Leben war Hiltrud Lörr bei den Medien eine gefragte Person. Wenn der eigene Partner weg ist, wird man zum begehrten Interviewpartner, das ist Polizeireporter-Logik. Alles in allem hatte Hiltrud Lörr 29 Anfragen bekommen.

Der *Goldene Express* wollte eine Homestory: „So lebe ich ohne meinen entführten Mann".

Ein Boulevardmagazin bat um die Geschichte: „Die Frau des verschollenen Top-Beamten: Wen sie verdächtigt!"

Und eine Frauenzeitschrift schlug ein Ratgeber-Stück vor: „Wie Angehörige von Vermissten leiden – 7 Geheimnisse, stark zu bleiben."

Sie wunderte sich, wie die Journalisten an ihre private Telefonnummer gekommen waren. Caro Himmler sagte in ihrem Namen alles ab – bis der Redaktionsleiter von Markus Lanz anrief. Lanz war Hiltrud Lörrs Lieblingsmoderator. Sie verpasste kaum eine Sendung. „Was für ein gutaussehender Mann", nervte sie ihren Mann regelmäßig vor dem Fernseher. „Und klug ist er auch." Nachsatz: „Du bist leider nur klug."

Der Redaktionsleiter drückte sein Mitgefühl aus: „Frau Lörr, die gesamte Lanz-Fernsehfamilie fühlt mit Ihnen. Wir wollen Ihnen bei der Suche nach Ihrem Mann helfen. Gut möglich, dass einer unserer zwei Millionen Zuschauer einen wertvollen Hinweis liefern kann."

„Was kriege ich, wenn ich in die Sendung komme?" Eines hatte Hiltrud Lörr von ihrem Mann gelernt: Geschäftssinn. Wie stolz wäre Hans-Joachim in diesem Moment auf sie gewesen!

„Wir zahlen unseren Gästen nur Anreise und Spesen, wenn nötig auch die Übernachtung", sagte der Redaktionsleiter.

„Das sagen alle", entgegnete Frau Lörr. „10.000 Euro, und ich bin dabei."

Der Redaktionsleiter meinte, bei einer so hohen Summe könne er nicht allein entscheiden, und versprach, sich alsbald zu melden. Wenig später sagte er den Betrag zu: „Wenn Sie wollen, holen wir Sie gleich mit unserem VIP-Shuttle von zuhause ab und bringen Sie zur Aufzeichnung der Sendung in unser Studio nach Hamburg. Wird Sie jemand begleiten?"

„Ja, die Bedienstete meines Mannes. Caro Himmler."

Der Minister war nicht erfreut, als er vom geplanten TV-Auftritt Hiltrud Lörrs erfuhr. Er ließ sich sofort mit ihr verbinden: „Hallo Frau Lörr, ich rate Ihnen dringend ab, zu diesem Lanz in die Sendung zu gehen. Er hat mich einmal so gegrillt, dass mich tags darauf sogar die Kanzlerin ansprach. Der macht auf Nice Guy und zerfleischt einen mit seinen Fragen wie ein Schwarm Killer-Piranhas."

Doch Hiltrud Lörr ließ sich von Dr. Rohr nicht umstimmen. 10.000 Euro sind schließlich 10.000 Euro. Ein paar Stunden später saß sie das erste Mal in einem TV-Studio. Auf den Zuschauerplätzen drückte Caro Himmler die Daumen.[12]

„Einen schönen guten Abend", sagte Markus Lanz. „Ich freue mich sehr, dass Sie dabei sind. Herzlich willkommen zu unserer Sendung, in der wir heute gleich zu Beginn sehr herzlich eine Frau begrüßen, die gerade einen Alptraum durchmacht. Hiltrud Lörr ist seit mehr als vier Jahrzehnten mit Hans-Joachim Lörr verheiratet, einem der bekanntesten Beamten der Bundesregierung. Ihre Geschichte berührt Millionen Menschen: Das Ehepaar Lörr isst in einem Restaurant gemeinsam zu Abend. Er sagt: Ich muss kurz mal raus zum Telefonieren – und kommt nicht wieder zurück. Alles deutet auf eine Entführung hin, mitten in Berlin. Ich spreche in wenigen Minuten mit Hiltrud Lörr über die schwerste Zeit ihres Lebens. Aber davor unterhalte ich mich noch mit weiteren spannenden Persönlichkeiten" – die in Wirklichkeit ziemlich langweilig waren, wie Hiltrud Lörr fand: eine Journalistin, die ihr Buch *Emotionale Intelligenz in der Politik* promoten wollte (das Werk war mit 90 Seiten sehr dünn geraten, weil die Autorin trotz monatelanger Recherche im Bundestag nur sieben emotional begabte Abgeordnete gefunden hatte), Jubiläumsgast Karl Lauterbach

---

12 Die ZDF-Sendung verzichtet mittlerweile auf Publikum im Studio.

(der SPD-Mann war zum siebenhundertfünfzigsten Mal bei Markus Lanz – deutscher Talkshow-Rekord!) und ein Hoteltester, der seine Kakerlakenfotosammlung präsentierte (ich hätte am liebsten weggezappt).

Hiltrud Lörr verstand wenig von TV-Shows, aber so viel wusste sie: Ohne sie würde ihr Lieblingsmoderator bei diesen Gästen sicherlich eine katastrophale Quote einfahren. Endlich schwenkte die Kamera auf sie.

„Frau Lörr, wir sind sehr froh, dass Sie heute Abend bei uns sind. Wie geht es Ihnen?"

„Es ging mir schon mal besser, wie Sie sich vorstellen können. Mein Mann und ich sind seit 41 Jahren verheiratet. Er ist die Liebe meines Lebens. Ich hatte und habe nur eine Liebe, nämlich ihn." Sie holte tief Luft: „Wenn ich jetzt allein zuhause sitze, weine ich die ganze Zeit. Ich denke: Wir haben ein Leben lang gespart und uns auf die Pension gefreut. Wir haben in den Reisekatalogen bereits alle Schnäppchen-Urlaube angekreuzt. Ich appelliere an die Entführer: Geben Sie mir mein Lebensglück zurück! Lassen Sie meinen Mann frei!"

Die Sätze zeigten Wirkung. Im Publikum schluchzte eine Zuseherin. Die Kamera zeigte sie sogleich in Nahaufnahme.

„Ihr Mann, Ministerialdirektor Hans-Joachim Lörr, ist der engste Mitarbeiter von Bundesminister Felix Rohr. Unterstützt Sie der Minister in dieser schweren Zeit?"

„Minister Dr. Rohr ruft mich an, wenn es seine Zeit erlaubt. Erst vor wenigen Stunden hat er sich gemeldet. Er meinte, ich soll ja nicht zu Ihnen in die Sendung gehen, weil Ihre nette Art nur eine Maske ist und Sie in Wirklichkeit ein äußerst gefährlicher Piranha sind, der mit heimtückischen Fragen Menschen löchert. Ich bin trotzdem zu Ihnen gekommen, weil Sie mein Lieblingsmoderator sind. Ich finde, Sie ähneln einem Piranha in keinster Weise. Sie sind so ein hübscher Mann."

Markus Lanz lächelte, das Publikum lachte, ein Zuseher im fernen Berlin tobte: „So eine hohle Nuss", schimpfte Felix Rohr. (Er verfolgte die Talkshow mit seinem Büroleiter und seinem Persönlichen Referenten im Ministerbüro. Die beiden Mitarbeiter erlebten keinen harmonischen Fernsehabend, wie ich am nächsten Morgen erfahren habe.)

„Für unser ZDF-Transparenzportal möchte ich noch erwähnen, dass Hiltrud Lörr für ihren Besuch bei uns ein Honorar bekommen hat", sagte Markus Lanz abschließend.

„Danke dafür, ich komme gerne wieder", meinte der TV-Gast.

Hiltrud Lörrs Auftritt war ein voller Erfolg. Ich saß zuhause vor meinem 14-Zoll-Fernseher und musste zugeben: Eine solche Performance hätte ich dieser Frau, die ständig im Schatten des Schattenministers steht, nicht zugetraut.

Zum Abschied posierten Hiltrud Lörr und der Starmoderator für ein gemeinsames Erinnerungsfoto. „Jetzt habe endlich auch ich einmal ein Promi-Bild für unsere Wohnzimmerwand, nicht immer nur Hans-Joachim", sagte sie strahlend zu Caro Himmler. Gegen 22.30 Uhr brachte das VIP-Shuttle Hiltrud Lörr und Caro Himmler zurück nach Berlin, wo sie rund drei Stunden später ankamen.

Das Monopol
der guten Nachrichten

Am Donnerstag- oder Freitagmorgen – schon wieder musste ich ein Fragezeichen in mein Protokoll tippen – trafen Emily und ich Anton Jacobs, den Persönlichen Referenten des Ministers. Menschen, die im politischen Berlin oder Wien weniger bewandert sind, sehen in einem „Pers. Ref." einen Ministerschuhputzer oder Aktentaschenträger. Doch in Wahrheit ist der Persönliche Referent ein Universalgenie, ohne das kein Minister länger als eine Woche durchhalten würde.

Anton Jacobs war ...

- ein 24 Stunden erreichbarer Allrounder-Profi (der pflichterfüllte Regierungsdirektor hielt selbst beim Sex mit seiner Frau inne, um ranzugehen, wenn Doktor Rohr anrief),
- ein wandelndes Reisebüro, das für den Chef auch im kleinsten Kaff fünf Sterne und einen Nobelitaliener (mit Trüffelpasta und Bolgheri Sassicaia auf der Speisekarte) finden musste,
- ein Organisationstalent, das jeden Sonderwunsch ermöglichte und nur dann scheiterte, wenn Felix Rohr sich einbildete, in Paris das Kolosseum besichtigen zu müssen,
- ein Diplomat im Abwimmeln und Vertrösten unwichtiger Anrufer, sogenannter „Zeitdiebe",
- ein Psychologe, der den hitzigen Minister mit viel Feingefühl immer wieder auf Raumtemperatur brachte, etwa dann, wenn der Chef einen Polizisten „Arschloch" nannte, weil ihn dieser nicht erkannt hatte (ich spreche hier nicht von mir, das hätte sich Dr. Rohr bei mir niemals getraut),

- ein Blitzableiter oder Watschenmann, wenn ein Journalist den Politiker mit einer provokanten Frage erzürnte,
- ein Art Director im Gestalten der Ministermappe (die schwarze Ministermappe ist so etwas wie die Heilige Schrift eines Ministeriums, habe ich mir sagen lassen. Auf dem Premium-Einband aus feinstem Schweinsleder prangt ein silberner Bundesadler. In silbernen Versalien ist groß „Der Bundesminister" zu lesen, damit niemand wagt, das edle Stück mitgehen zu lassen. Für jeden Termin, den der Ministeriumsgott wahrnimmt, wird eine eigene Mappe erstellt. Sie enthält die jeweilige Ministerrede, das Grußwort, eine Fotoliste der Funktionsträger, denen ER die Hand schütteln soll, und Informationen, die häufig die Länge einer Doktorarbeit umfassen und vom Mappenbesitzer in den seltensten Fällen gelesen werden),
- ein Meister der wohl ältesten menschlichen Entspannungstechnik, die dem Minister half, Druck aus seinem politischen Leben zu nehmen: „Never miss a piss!" (Mit diesen deftigen Worten erinnerte Anton Jacobs den Chef regelmäßig, jede Gelegenheit zum Austreten zu nutzen – etwa vor stundenlangen Flügen im toilettenlosen Regierungshubschrauber, langgezogenen Pressekonferenzen oder langatmigen Live-Talks bei „Anne Will" im TV-Studio Berlin-Adlershof, das sich am Arsch der Welt befindet. Mitglieder der Berliner Blase wissen, dass die Unterdrückung des Harndrangs zu Gereiztheit und Konzentrationsschwäche führt. Unaufmerksamkeit wiederum hat im schlimmsten Fall fatale Auswirkungen auf das politische Geschäft: Schon ein einziger Buchstabendreher kann eine ganze Rede urinieren),

- ein diskreter Weggucker, wenn die Ministeriumsdolmetscherin mit dem Boss aufs Hotelzimmer ging,
  um die Körpersprache zu übersetzen (die nonver-
  bale Kommunikation wird in der Politik zweifellos
  unterschätzt),
- ein Witzeerzähler in traurigen Stunden („Chef, haben Sie den schon gehört ...?"), und die gab es in diesem Ministerium viele,
- ein ziemlich bester Freund.

„Wie ist Ihr Verhältnis zu Hans-Joachim Lörr?", fragte Emily.

„Ich habe mich mit ihm arrangiert", antwortete Anton Jacobs.

„Können Sie bitte etwas konkreter werden?", bohr-
te ich nach.

„Einmal hat mich einer unserer Anwälte angerufen und gesagt, dass das Ministerium einen milliar-
denschweren Rechtsstreit gewonnen hat. Sofort habe
ich freudig den Minister angerufen: ‚Chef, heute habe
ich endlich mal etwas Schönes für Sie.' Eine Stunde
später hat mich Abteilungsleiter Lörr zu sich zitiert:
‚Jacobs, wenn Sie noch einmal den Minister vor mir
informieren, können Sie hier und jetzt Ihren eigenen
Nachruf schreiben!'"

Von da an durfte nur noch Hans-Joachim Lörr dem
Minister die guten Nachrichten überbringen. „Selbst
wenn ich im Dienstwagen neben dem Chef saß und mir
jemand am Telefon etwas Wichtiges mitteilte, musste ich die Info erst ins Büro an Lörr simsen, der dann
gleich Dr. Rohr kontaktierte, um sich wichtigzumachen:
‚Eine vertrauliche Quelle hat mir soeben bestätigt, dass
... Ich habe dafür gesorgt, dass unser Ministerium wieder in der Erfolgsspur ist.'"

Bei Leitungsrunden im Ministerium kam es vor, dass Anton Jacobs seinem Abteilungsleiter brisante News ins Ohr flüsterte. Lörr schickte daraufhin seiner Sekretärin eine SMS: „Rufen Sie mich jetzt an! Sofort bitte!" Wenn das Handy klingelte, sagte der Schattenminister so laut, dass es alle Sitzungsteilnehmer hören konnten: „Oh, das Kanzleramt will mich sprechen!" Überschwänglich begrüßte er die vermeintliche Büroleiterin der Kanzlerin: „Hallo, Frau Baumann, wie geht es Ihnen? *(Pause)* Das ist aber sehr lieb von Ihnen, dass Sie mir das persönlich sagen. *(Pause)* Ich freue mich schon, wenn wir uns am kommenden Dienstag auf einen Kaffee treffen. 16 Uhr bei Ihnen? *(Pause)* Fein! Tschüss, bis bald! Und ganz liebe Grüße an die geschätzte Kanzlerin. Ihre Rede im Bundestag hat mir außerordentlich gut gefallen."

Wenn das Telefonat (mit seiner Sekretärin) vorbei war, verkündete er: „Das Kanzleramt plant Folgendes, alles streng vertraulich. Es darf also nichts nach draußen dringen." Die Abteilungsleiter, die Staatssekretäre und der Minister waren beeindruckt von Lörrs fantastischen Beziehungen.

Eines Tages fragte der Minister seinen Persönlichen Referenten: „Warum bekomme ich so wertvolle Informationen nie von Ihnen und immer nur von Lörr? Haben Sie denn gar kein Netzwerk?" Anton Jacobs schwieg diplomatisch.

Nur wenn es um schlechte Nachrichten ging, durfte der Persönliche Referent den Minister unterrichten. „Diese Scheiße verkaufen Sie dem Chef gefälligst selbst", pflegte Hans-Joachim Lörr zu Anton Jacobs zu sagen. Ich konnte mir die Situation lebhaft vorstellen: Wenn Jacobs kleinlaut vor Dr. Rohr stand, um ihn über Negatives zu informieren, musste er bestimmt jedes Mal an den Geschichtsunterricht denken. Bereits in früherer Zeit ging die Arbeit eines Boten mit einem gewissen Berufsrisiko einher. Überbringer schlechter Nachrichten wurden gerne mal geköpft. Ich kenne das von meinem Ober-Boss Ploß.

Werkzeug der Hoffnung

Täglich gegen 18 Uhr durfte Hans-Joachim Lörr duschen, maximal fünf Minuten. Der Henker ließ ihn im Bad nie aus den Augen. Diesmal sollte Lörr jedoch eine Chance bekommen, auf die er sich gedanklich lange vorbereitet hatte. Als das Handy des Entführers vibrierte, ging dieser kurz aus dem Badezimmer, vermutlich – wie Lörr der emotionalen Tonlage entnahm – ein Beziehungsgespräch, das der Henker ungestört führen wollte. Der Ministerialdirektor nutzte den Moment, sprang aus der Duschkabine, zog – ohne Zeit mit Abtrocknen zu verschwenden – eine neue Boxershort an (die Entführer hatten für ihn Unterwäsche mit dem Aufdruck „Bad Boy" besorgt) und schlüpfte in seine ausgebeulte Anzughose, die er seit seinem letzten Abend in Freiheit trug.

Zwei Tage zuvor war Lörr aufgefallen, dass auf dem schwarzen Fliesenboden neben der neuen Waschmaschine eine kleine schwarze Baumarkt-Zange lag. Der Eigentümer der Ferienwohnung hatte offenbar vergessen, sie wegzuräumen. Nun griff Lörr nach dem Werkzeug und ließ es in seiner rechten Hosentasche verschwinden.

Kurz darauf stand auch schon der Henker im Raum, führte ihn zum Bett und legte ihm die Kabelbinder an. Lörrs Hände waren über dem Bauch zusammengebunden. Mit etwas Anstrengung müsste er die Zange in seiner Hosentasche zu fassen bekommen. Er hoffte, bereits in der kommenden oder übernächsten Nacht an seiner Befreiung arbeiten zu können.

Öffentliche Tränen

Freitag war für den Minister ein schlimmer TV-Abend. Ich habe das mitverfolgt, denn wie startet ein ausgelaugter Single wie ich ins Wochenende? Für meine Stammkneipe war ich zu müde, das habe ich meinem Kumpel Mario deutlich gesagt, der gleich drei Mal versucht hatte, mich zum Pokerspiel zu überreden, bis ich ihn „Du Gewandlaus" genannt habe und er beleidigt aufgelegt hat. Ich bevorzugte es, auf meinem zerschlissenen orangen Ikea-Sofa zu liegen und in aller Ruhe fernzusehen.

Am Freitag strahlte das ZDF erst das *Politbarometer* aus: Nur 12 Prozent der Befragten fanden, dass Dr. Felix Rohr seinen Job „eher gut" mache, 85 Prozent sagten „eher schlecht" – schon wieder Klassenletzter im Team Bundesregierung, und das so kurz vor Ende der Legislaturperiode! Dann verhöhnte ihn die *heute-show* als „Rohr-Krepierer" und zeigte ihn als nackte – verstopfte – Kanone.

„Wer in die Politik geht, um beliebt zu sein, der hat den Beruf verfehlt", sagte einmal Helmut Kohls Dauerminister Norbert Blüm. Insofern hat Felix Rohr seine Berufung gefunden, habe ich mir gedacht.

Sechs Minuten vor Mitternacht machte der Minister einen Konferenz-Call mit seinem Medienstab (Hans-Joachim Lörr konnte und musste er diesmal nicht informieren): „Mir reicht's jetzt mit meinen katastrophalen Beliebtheitswerten! Euer Video mit Frau Lörr hat super funktioniert. So etwas will ich auch! Ich brauche morgen um Punkt 10 ein Videoteam im Ministerium. Die Redenschreiber sollen einen gefühligen

Text vorbereiten, wie sehr ich Hans-Joachim Lörr vermisse – samt Appell an die Entführer."

Die Kommunikationsleute waren bereit, an ihrem freien Samstag das Image des Ministers zu polieren. Morgens trafen sie sich in Lörrs Büro, das als emotionsreicher Drehort diente und dieses eine Mal ausnahmsweise nicht der gefürchtete Schauplatz filmreifer Schikanen, Intrigen und Zwangsversetzungen war.

Felix Rohr trug einen schwarzen Gucci-Anzug, ein weißes Van-Laack-Hemd und eine gemusterte Hermès-Krawatte (alles über seine Modemarken weiß ich von Caro Himmler). Stets befolgte der Minister, den ein Londoner Lifestyle-Magazin zu einem der „best dressed male politicians in the world" gekürt hatte („Minister Universe!"), folgende Kleiderregel: „Der Anzug ist dunkel, das Oberhemd ist immer heller als der Anzug, die Krawatte liegt im Farbton genau dazwischen oder ist genauso dunkel wie der Anzug." Hinter vorgehaltener Hand machte man sich im Ministerium über seine Eitelkeit lustig.

Meine zweite Ex-Frau Hanna wollte immer einen stylischen Mann wie Dr. Felix Rohr aus mir machen. Ich habe mich geweigert und bin keinen Millimeter von meinem Jeans-Look abgewichen. Jetzt hat sie einen Hugo-Boss-Typen, der aussieht wie ein Uhu nach einem Waldbrand. Ich weiß, über einen Polizistenkollegen sollte man nicht lästern. Meine Ex hat Kommissar Uhu übrigens auf dem Sommerfest der Polizeigewerkschaft im Restaurant *Alte Pumpe* kennengelernt, er ist neun Jahre älter als ich. Ich Depp habe ihn ihr auch noch vorgestellt, schwerer Fehler!

Wenn ich einen Anzug trage, schaue ich irgendwie verkleidet aus, zumindest glaube ich das. Ich eigne mich nicht als Laufsteg-Ermittler wie Sonny Crockett oder Ricardo Tubbs aus der Kultserie *Miami Vice*. Ich bin Polizeioberkommissar André Heidergott aus dem Arbeiterbezirk Ottakring, wo sich der Malzduft der *Ottakringer Brauerei* mit dem Kakaogeruch der Süßwarenfabrik *Manner* vermischt. Leider werden die bekannten Manner-Schnitten nicht in meinem Ottakring, sondern im Nachbarbezirk Hernals produziert, und trotzdem konnte ich Manner immer gut riechen. Aber das ist eine andere Geschichte.

Vom Teleprompter las der Minister folgende Zeilen ab:

„Liebe Bürgerinnen und Bürger,

heute geht es mal nicht um Politik. Ich wende mich mit einer persönlichen Bitte an Sie. Hier sehen Sie den Schreibtisch meines engen Freundes Hans-Joachim Lörr. Er ist mein wichtigster Mitarbeiter. Wir kennen uns seit 20 Jahren.

Mein Freund Hans-Joachim sitzt hier oft bis weit nach Mitternacht. Er lebt für seine Arbeit und für sein Land – unser Land.

Anfang der Woche hat Hans-Joachim mit seiner geliebten Frau Hiltrud zu Abend gegessen. Dann hat er im Restaurant einen Anruf bekommen. Pflichtbewusst hat er das Essen unterbrochen, um zum Telefonieren nach draußen zu gehen. Offensichtlich eine Falle! Die Polizei geht davon aus, dass mein Freund Hans-Joachim entführt worden ist.

Wenn man mit einem Menschen jeden Tag so viele Stunden verbringt wie ich mit meinem Freund Hans-Joachim, bemerkt man erst, wie sehr er fehlt, wenn er nicht mehr da ist. Wenn ich ins Ministerium komme, führt mich mein erster Weg immer zu Hans-Joachim ins Büro.

Jetzt ist sein Büro leer. Das ganze Ministerium fühlt sich ohne ihn irgendwie leer an. Alle Mitarbeiter vermissen ihren geliebten und geschätzten Kollegen und Chef Hans-Joachim, der für alle immer ein offenes Ohr hat.

Liebe Bürgerinnen und Bürger: Ist Ihnen etwas Ungewöhnliches aufgefallen, das etwas mit dem Verschwinden meines Freundes zu tun haben könnte? Ich bitte Sie von Herzen, jeden noch so kleinen Hinweis der Polizei zu melden!

Ich appelliere eindringlich an die Entführer: Bitte lassen Sie meinen Freund Hans-Joachim frei! Er ist nicht mehr der Jüngste. In nicht einmal einer Woche würde er seinen Abschied in die Pension feiern. Ich erkläre mich hier und jetzt auch gerne dazu bereit, mit Ihnen persönlich über alles zu reden.

Ich bitte Sie eindringlich: Geben Sie seiner Frau Hiltrud ihren geliebten Mann zurück – und mir meinen Freund!"

Beim letzten Satz hatte der Minister kameragerecht feuchte Augen bekommen. Bis heute profitierte Felix Rohr davon, dass er als Schüler Mitglied der Theater-AG gewesen war. Als junger Schauspieler hatte er gelernt, auf Knopfdruck zu weinen. Er musste nur an etwas Trauriges denken – etwa an seine Umfragewerte.

„Wie war ich?", fragte er sein Team.

„Genial, wie immer!", flötete Referatsleiter Jasper Herbst alias „Spitzel-Jasper".

„Großes Kino!", assistierte Social-Media-Chefin Mirna Stajić. „Das Video dauert 1 Minute und 56 Sekunden – perfekt für Twitter und Facebook. Aber für

Instagram müssen wir das Ganze nochmals hochkant drehen, und Sie haben dabei nur eine Minute Redezeit."

Das Minister-Video erreichte auf Social Media fast so viele Menschen wie der Beitrag Hiltrud Lörrs. Mehrere Nachrichtensendungen übernahmen Teile des Clips. Ein ARD-Journalist kommentierte in den *Tagesthemen*: „Minister Rohrs schwerste Stunde."

Im Leitartikel einer großen Tageszeitung stand: „Felix Rohr wird in den Medien oft kritisiert, aber von den eigenen Mitarbeitern geliebt. Das Video, das der Minister veröffentlicht hat, berührt Millionen Arbeitnehmer. Warum? Weil hier eine Führungskraft Wertschätzung vorlebt. Felix Rohr gibt jedem seiner Beamten das Gefühl: Mensch, du bist wichtig! Wir brauchen in diesem Land mehr moderne und loyale Chefs wie Minister Rohr."

Die Medien lieben weinende Mächtige, dachte ich.

Dr. Rohr war das erste Mal seit Langem glücklich, wie ich von Dirk Lindemann erfuhr. Endlich hatte der Minister eine gute Presse. Eine Sonntagszeitung machte ihn sogar zum Gewinner. Und das war ihm das letzte Mal vor vier Jahren gelungen (am „Tag der offenen Tür" hatte er bei einem Bürostuhlrennen im Ministeriumsgarten alle Besucher besiegt, darunter einen deutschen Formel-1-Weltmeister).

Zumindest einem gefiel das gefühlvolle Ministervideo jedoch nicht. BAO-Chef Josef Rawalski fragte mich am Telefon: „Hat uns der Minister Bescheid gegeben, dass er sich im Fall Lörr an die Öffentlichkeit wenden will?"

Ich verneinte: „Natürlich nicht! Ich hätte Sie sofort informiert."

„Das dachte ich mir. Ich finde es eine Grenzüberschreitung, wenn sich Politiker in unsere Polizeiarbeit einmischen und im Alleingang Aktionen starten, deren einziger Zweck die Eigen-PR ist. Da kommt nichts Gutes bei raus. Im BKA geht es jetzt drunter und drüber. Die Kollegin in der Pressestelle, die als Einzige Wochenenddienst hat, steht kurz vor einem Nervenzusammenbruch, weil so viele Journalisten anrufen. Allein dass der Minister anbietet, persönlich mit den Entführern zu reden, zeigt, was für ein Showman er ist! Will er sie vielleicht zu einer Aussprache ins *Café Einstein Unter den Linden* bitten – oder möglicherweise sogar ins *Palais der Deutschen Parlamentarischen Gesellschaft* einladen?"

Ich wollte schon sagen, dass Kidnapper niemals in diesen hochgradig exklusiven Klub aufgenommen würden. In der *Deutschen Parlamentarischen Gesellschaft* dürfen nämlich nur ordentliche Abgeordnete des Bundestags oder der 16 Landesparlamente Hof halten. Aber ich verkniff mir meine Besserwisserei. Ich hatte Rawalski, diesen besonnenen Mann, noch nie so sauer erlebt.

Emily hat mich durchschaut

Am Samstagabend war ich bei den Schippmanns eingeladen. Ich besorgte Blumen für Emily, österreichischen Obstler für ihren Mann Tom (früher habe ich immer in der Feinkostabteilung des *KaDeWe* edlen Schnaps gekauft, aber da gehe ich jetzt nicht mehr hin wegen Hanna) und einen feuerspeienden Lego-Drachen für die neunjährigen Zwillinge. Dann nahm ich die U9 Richtung Schloßstraße. Pünktlich um 19.30 Uhr klingelte ich an der Wohnungstür meiner Chefin, die in einem Altbau mit hohen Decken wohnte. Bei ihren 1,91 Metern ist eine großzügige Raumhöhe der beste Schutz vor Kopfverletzungen, dachte ich, der alte Zyniker.

Ich sagte in meinem besten Wienerisch „Servas", Emily drückte mich, Tom schüttelte mir fest die Hand, und einer der Zwillinge, ich glaube, Jost, fragte: „Bist du der Grund, warum Mama immer so spät nach Hause kommt?" Alle lachten.

Im Vorraum sah ich mir die Pokale und Medaillen an, die Emily als Basketballspielerin gewonnen hatte. Mit ihrem Verein war sie unter anderem drei Mal Deutsche Meisterin geworden. Ich habe es nur zum Wiener Polizeivizemeister im Minigolf gebracht. Doch das behielt ich für mich.

Wir gingen ins Wohnzimmer zum Essen. Tom hatte gekocht, es gab Safran-Risotto mit schwarzen Tigergarnelen, die Kinder hatten sich selbstgemachte Salami-Pizza gewünscht, was an diesem Abend auch meine erste Wahl gewesen wäre. Tom schenkte seiner Frau und mir Weißwein ein, hob sein Weißbierglas und sagte: „Auf einen schönen Abend! Ich schlage vor, dass wir heute mal nicht über den Job reden. Ich kann das Wort ‚Ministerialdirektor' nicht mehr hören. Emily redet nur noch von diesem Fall."

„Normalerweise erzählst immer nur du deine beruflichen Heldengeschichten", konterte Emily und blickte die Zwillinge an: „Was ist Papas Lieblingsstory?"

„Wie er als junger Reporter einen gefährlichen Brandstifter vor der Polizei gefunden und interviewt hat", lachte Leo, der zweite Zwilling. „Je öfter Papa die Geschichte erzählt, desto abenteuerlicher wird sie."

Wir schlossen ein No-Job-Abkommen. Tom schlug vor: „Wer als Erster über die Arbeit zu sprechen beginnt, muss 5 Euro zahlen." Emily und ich waren einverstanden.

Ich habe den Abend bei Emily und Tom genossen. Wir plauderten über

... verrückte Talente: Tom konnte die deutsche Nationalhymne rückwärts singen. Und das hörte sich urkomisch an: „dnalretaV sehcstued, ehülb, sekcülG seseid eznalG mi hülB." Emily und ich applaudierten. Dann kam ich mit meinem Angeberwissen: „Ohne uns Österreicher hättet ihr Deutschen keine Hymne. Euer Lied hat der Niederösterreicher Joseph Haydn komponiert. Wir Ösis helfen immer gerne!"

... Jugendsünden: Emily gestand, mit 14 das außerirdische TV-Zottelmonster ALF vom Planeten Melmac verehrt zu haben. Ihre Fanliebe ging so weit, dass sie sich von ihrem großen Bruder 683 Kilometer in die kleine Mosel-Gemeinde Alf fahren ließ, um dort nachts das Ortsschild zu klauen: „Ich habe es heute noch."

... und schwarzen Wiener Humor: Ich erzählte von meinem Lieblingsfriseur, den eine deutsche Urlauberin einmal nach dem besten veganen Restaurant der Stadt gefragt hatte. „Ich habe da einen ganz tollen Tipp für Sie", meinte er und schickte die Frau – ohne eine Miene zu verziehen – mehrere U-Bahn-Stationen weiter zur Jesuitenwiese, wo es nichts außer Gras und Bäume gibt.

Fast hätten wir es geschafft, unsere jobfreie Zone beizubehalten, aber eben nur fast. Denn plötzlich fragte mich Emily unverblümt: „Läuft da eigentlich was zwischen dir und Lörrs Büroleiterin?" Ich wurde so rot wie die Erdbeersoße auf der Panna cotta, die Tom als Dessert servierte (wegen meiner hohen Zuckerwerte durfte ich die Nachspeise leider nicht anrühren).

Wer über eine Beobachtungsgabe wie Emily verfügt (360-Grad-Rundumsicht), kann sich eine Überwachungskamera sparen. Dank ihres geschulten Polizistinnenblicks wusste sie, ohne dass ich etwas zu sagen brauchte: Ich, der alte Heidergott, war bis über beide Ohren verliebt!

Zum Glück hat mich in diesem Moment Tom gerettet: „Jetzt musst du André 5 Euro zahlen, weil du als Erste von der Arbeit gesprochen hast." Emily drückte mir grinsend einen 5-Euro-Schein in die Hand. Ich schenkte das Geld den Zwillingen.

Es war schon weit nach Mitternacht, als ich mich von den beiden verabschiedete, um mit der U-Bahn nach Hause zu fahren.

Bewachungsnachtschicht

Die Entführer wechselten sich bei der Bewachungsnachtschicht ab. Vermutlich in der Nacht zu Montag – Lörr konnte es wegen seines verlorenen Zeitgefühls nicht sicher sagen – passte der Mann auf ihn auf. Der Abteilungsleiter erkannte ihn an den Schnarchgeräuschen.

Hans-Joachim Lörr war technisch geschickt. Ihm gelang es beim zweiten Versuch, mit den gefesselten Händen die Zange aus der rechten Hosentasche zu holen. Zu seinem Glück waren die Kabelbinder nicht richtig zugezogen. Er begann mit dem Durchtrennen. Die kleine Baumarkt-Zange war dafür nicht gut geeignet. Er brauchte rund 20 Minuten, bis er seine Hände befreit hatte. Die Haut war gereizt, er hatte Striemen und Schürfwunden. Lörr schwitzte. Er gönnte sich keine Pause, weil er nicht wusste, wie viel Zeit ihm blieb.

Die Kabelbinder an den Füßen waren eine mindestens ebenso große Herausforderung. Denn Hans-Joachim Lörr war mit seinen 68 Jahren alles andere als beweglich. Er hatte Sport nie gemocht, im Sportteil interessierten ihn nur Berichte über Lügen und Intrigen beim Deutschen Fußball-Bund. Aber er war zäh, so zäh wie die Lederjacke von Heiko Maas oder das Schnitzel Wiener Art in der Bundestagskantine. Nach insgesamt 35 Minuten zwickte er die letzten Kabelbinder ab. Wenige Schritte trennten ihn von der Freiheit.

Sein größter Feind

Der Druck auf uns Ermittler wuchs. Bei einer Presse-konferenz am Montagvormittag kündigten der Bundesinnenminister und der Generalbundesanwalt an, die „BAO Finsterweg" weiter zu verstärken. Insgesamt sollten nun 120 Polizisten nach dem verschollenen Abteilungsleiter suchen. BAO-Chef Josef Rawalski durfte nicht mit auf dem Podium sitzen, es war kein Geheimnis, dass der Minister mit seiner Arbeit unzufrieden war.

Die Medien überboten sich mit Spekulationen:

„Minister-Freund wegen geheimer Akten entführt?"

„Russen-Embargo! Ließ Putin deutschen Top-Beamten verschleppen?"

„Sind die Kidnapper China-Spione?"

„Rohrs Vertrauter vom iranischen Geheimdienst bedroht?"

„Langsames Internet als Tatmotiv?" Unterzeile: „Verschollener Beamter ist für Digitalisierung in Deutschland zuständig!"

(Eine Journalistin, der ich hin und wieder eine Geschichte stecke, hat mir einmal eine alte Blattmacher-Weisheit verraten: Schlagzeilen mit Fragezeichen verkaufen sich immer schlechter als eine Seite 1 mit Ausrufezeichen. Die Redakteurin, sie heißt Iris und kommt aus Hamburg, hat mir zudem ein berühmtes Phänomen erklärt: „Betteridges Gesetz der Schlagzeilen". Demnach kann jede Überschrift, die mit einem Fragezeichen endet, mit Nein beantwortet werden. Auch diese:

„Millionen-Desaster! Muss Felix Rohr zurücktreten?" Antwort: Nein!

„Feuert die Kanzlerin ihren Pannen-Minister?" Antwort: Nein!

„Schmeißt Deutschlands unbeliebtester Politiker hin?" Antwort: Nein!

Trotz Hunderter solcher Headlines ist Felix Rohr im Amt geblieben – ein Lehrbuchbeispiel für „Betteridges Gesetz der Schlagzeilen", hat Iris zu mir gesagt.)

Ein Politikreporter kommentierte im *Deutschlandfunk* mit Ausrufezeichen: „Hätte die Regierung unsere Polizei nicht kaputtgespart, wäre der Regierungsbeamte Hans-Joachim Lörr längst befreit!"

Ich sage Ihnen jetzt einmal etwas über unsere Kriminalstatistik: Die Hälfte der Vermisstenfälle erledigt sich innerhalb weniger Tage, innerhalb eines Monats liegt die Aufklärung bei 80 Prozent, nach einem Jahr sind lediglich drei Prozent der Fälle ungelöst. Dieses Wissen half mir, im Fall Lörr halbwegs cool zu bleiben. Ich kann mir den Luxus nicht leisten, mich von Emotionen treiben zu lassen, selbst wenn ich anstrengende Typen wie meinen Ober-Chef oder Lörrs Boss am liebsten mit einer Elon-Musk-Rakete auf den Mond schießen würde.

Einmal täglich bekamen Emily und ich einen Anruf von Minister Felix Rohr, was unsere Laune nicht verbesserte: „Haben Sie schon die Alibis der grünen Bundestagsabgeordneten durchleuchtet?"

„Das hat bei uns oberste Priorität", log ich.

Nach Hiltrud Lörrs Auftritt bei Markus Lanz waren 247 Hinweise eingegangen. Eine Berlin-Touristin aus Bayern sagte, dass ihr in der Tatnacht ein verdächtiger Rettungswagen in der Großen Hamburger Straße aufgefallen sei: „Das Besondere an diesem Fahrzeug war, dass es kein Berliner Kennzeichen hatte." Sie glaubte sich an ein Kürzel mit „Ü" zu erinnern, ob „RÜD" (Rüdesheim), „RÜG" (Rügen) oder „ÜB" (Überlingen), wisse sie nicht mehr genau.

Emily und ich zweifelten mehr und mehr, Lörrs Kidnapper in diesem Ministerium zu finden. Kein normaler

Mensch würde für so ein Verbrechen seine Beamten-karriere ruinieren! Wir stellten mehrere Theorien auf:

Versucht ein Lösegeld-Erpresser, an Lörrs Vermö-gen zu kommen – wenn ja, warum ist bislang keine Forderung eingegangen?

Ist der Täter ein Hauptstadt-Lobbyist, der seine Inter-essen bei Hans-Joachim Lörr nicht durchsetzen konnte?

Steckt ein ausgebooteter Unternehmer dahinter, der einen staatlichen Auftrag an die Konkurrenz ver-loren hat?

Oder hatte die Entführung gar nichts mit Lörrs Job zu tun – gibt es in seinem Heimatort Pobüll womöglich einen alten Kindheitsfeind, der den Abteilungsleiter so sehr hasst, dass er ihn entführen und im schlimms-ten Fall sogar töten würde?

Emily war von Ploß in die Polizeidirektion 2 beor-dert worden, und so wartete ich allein und ohne große Lust im Besprechungsraum auf die nächste Befragung. Caro Himmler klopfte: „Monika Wieland, die Leite-rin des Referats Bürgerservice, lässt sich entschuldi-gen. Sie liegt seit Montag zuhause mit Schüttelfrost im Bett. Sie hat einen Corona-Selbsttest gemacht – positiv."

Das kam mir gar nicht ungelegen. Ich ergriff die Gelegenheit und fragte sie: „Haben Sie Zeit, mit mir einen Kaffee zu trinken?" Zu meiner großen Freude sagte sie Ja.

„Wissen Sie, ob Hans-Joachim Lörr in Pobüll Fein-de hat?"

„Sie können auch nur über die Arbeit reden, oder?" Caro Himmler wirkte ein bisschen säuerlich.

„Ich würde liebend gern nur über Sie sprechen, aber davor muss ich Ihren Chef finden", sagte ich in charmantem Ton. Caro Himmler wechselte schnell ihren Gesichtsausdruck, von der übellaunigen Ralf-Stegner-Miene (der SPD-Politiker ist der Mann mit den deutschesten Mundwinkeln, wie ich finde) zum

Jacinda-Ardern-Megawatt-Lächeln (wenn ich die charismatische neuseeländische Premierministerin[13] in den Nachrichten sehe, wünschte ich, ich könnte im Regierungsviertel von Wellington ermitteln).

„Ich habe Hans-Joachim oft nach Pobüll begleiten müssen", erzählte Caro Himmler. „Sein größter Feind dort ist vor einem halben Jahr gestorben: sein Vater. Er hat Hans-Joachim von klein auf gedrillt und wollte ihn zum perfekten Kind dressieren. Er war ein Sadist, der als Finanzbeamter gerne Unternehmer gequält hat und zuhause Frau und Sohn. Hans-Joachim konnte ihm nie etwas recht machen. Bis zuletzt hat der Vater an ihm rumgenörgelt. Wenn er angerufen hat, wurde Hans-Joachim noch mit über 60 ganz klein. Hans-Joachim glaubte immer, Lörr senior etwas beweisen zu müssen, und am Ende ist er genauso geworden wie sein Vater."

Der mächtigste Ministerialbeamte fürchtet sich vor seinem alten Herrn. Was für eine absurde Vorstellung, dachte ich.

---

13   Jacinda Ardern regierte Neuseeland von 2017 bis 2023.

Grande Amore

Nach dem Wochenende hielt es Hiltrud Lörr in der Wohnung nicht mehr aus. Die vielen Heldenfotos ihres Mannes mit Kanzlern, Königen und Kardinälen waren für sie ein schmerzender Anblick, nur ihr Markus-Lanz-Bild – sie hatte es direkt neben dem Papst platziert – löste noch immer ein Glücksgefühl aus. Sie musste unter Leute, auch wenn sie ihren Job im Bundesrat nur mäßig spannend fand. Vor der *Cordo*-Katastrophe hatte sie Hans-Joachim manchmal im Dienstwagen begleiten dürfen, er war in der Versehrtenstraße ausgestiegen, Herbert Brandner hatte sie dann zu ihrem Arbeitsplatz gebracht. Ob Herbert sie auch allein fahren würde? Eigentlich war er ihr das schuldig. Wenn er nicht seinen blöden Hochzeitstag gefeiert hätte, wäre Hans-Joachim höchstwahrscheinlich nichts passiert. Fragen kostet nichts, dachte sie. Der gutmütige Herbert Brandner sagte sofort Ja. 25 Minuten später klingelte er bereits unten an der Haustür.

Mit einer schwarzen Mercedes-Limousine fuhr Hiltrud Lörr am prunkvollen Bundesratsgebäude in der Leipziger Straße 3–4 vor. Aus ihrem Wagen hätte in diesem Moment genauso gut der Bundesratspräsident steigen können, dachte sie stolz.

In ihrem Büro warteten bereits die Kollegen, zu denen sie an sich ein eher kühles Verhältnis pflegte. Doch heute wurde sie wie von besten Freunden empfangen: „Frau Lörr, Sie waren bei Markus Lanz einfach Weltklasse", sagte der Chef, der ihr vor Jahren das letzte Kompliment gemacht hatte, und drückte ihr einen riesigen Rosenstrauß in die Hand.

„Hiltrud, du warst so cool, ich hätte vor Aufregung keinen Ton rausbekommen", meinte eine Kollegin, mit der sie sich bis eben noch gesiezt hatte.

Und der Vize-Chef ihrer Abteilung sagte: „Wir wünschen Ihnen alles erdenklich Gute, liebe Frau Lörr! Wir haben zusammengelegt und im *KaDeWe* für Sie diesen Geschenkkorb besorgt, damit Sie in dieser schweren Zeit bei Kräften bleiben."

Auf dem Geschenkkorb stand „Grande Amore", was Hiltrud Lörr – die ja zurzeit ohne ihre große Liebe das Leben meistern musste – nicht unbedingt geschmackvoll fand, aber dafür traf der Inhalt voll und ganz ihren Geschmack: ein Glas Basilikumpesto, eine Tafelschokolade „Sizilianische Zitrone" aus einer Pralinenmanufaktur, ein Stück Strolghino, eine Packung Tagliatelle, ein Glas Fleur de Sel Salzblüten aus Meersalz mit Kräutern, eine Packung Cantucci con mandorle, ein Glas Radicchio in Olivenöl, ein Glas süßsauer eingelegtes Gartengemüse, ein Glas Kapern confiert und eine Flasche Primitivo di Manduria DOP Abbasc.

Hiltrud Lörr war gerührt und freute sich schon aufs Abendessen, obwohl es erst 9 Uhr vormittags war.

Kraft durch Freude

Was ist der beste Fluchtmoment? Im Liegen konnte Hans-Joachim Lörr seit jeher am besten nachdenken. Seine Arme und Beine waren endlich von den Kabelbindern befreit. Doch ausgerechnet jetzt litt er an einer inneren Blockade, wie der politische Unglücksrabe Armin Laschet, der – von einer Reporterin auf dem falschen Fuß erwischt – fünf quälende Sekunden schwieg, weil ihm kein drittes Wahlkampfthema einfallen wollte: „Joah (*einundzwanzig, zweiundzwanzig, dreiundzwanzig, vierundzwanzig, fünfundzwanzig*) ... was machen wir noch?"

Hans-Joachim Lörr hatte Angst, mit einem Fehler alles zu vermasseln, und musste schon wieder an seinen lustigen Parteifreund Armin denken. Der mit dem „Goldenen Narr"-Award der Rheinischen Karnevals-Korporationen ausgezeichnete Union-Jeck lachte zur falschen Zeit am falschen Ort – mitten im Flutgebiet vor laufenden Kameras – und kicherte sich so aus dem Kanzleramt. Sein Pressesprecher hatte untätig hinter ihm gestanden und dümmlich geglotzt wie ein Moorhuhn aus dem kultigen Videospiel der Jahrtausendwende. Der Moorhuhn-Sprecher ließ Laschet lachen, 20 Sekunden (*einundzwanzig, zweiundzwanzig, dreiundzwanzig, vierundzwanzig, fünfundzwanzig, sechsundzwanzig, siebenundzwanzig, achtundzwanzig, neunundzwanzig ...*) bis zum Untergang der Karriere. Alle politischen Stiftungen des Landes illustrieren seither an diesem Beispiel die Mathematik des politisch-strategischen Denkens:

1 Unglücksrabe + 1 Moorhuhn = 2 Pechvögel = Absturz

Lörrs Gedanken schweiften weiter zu Laschets wichtigstem Fettnäpfchen-Verbündeten in Übersee: US-Präsident Joe Biden hatte seinen früheren Konkurrenten Barack Obama einst als „ersten Mainstream-Afroamerikaner" beschrieben, „der sich gut ausdrückt, intelligent und sauber ist und gut aussieht". Mindestens genauso groß war die öffentliche Fassungslosigkeit, als Biden während einer Rede einen Rollstuhlfahrer energisch aufforderte, doch bitte endlich aufzustehen, oder im Publikum eine tote Kongressabgeordnete suchte, deren Familie er acht Wochen zuvor kondoliert hatte.

Und schließlich kam Lörr eine Episode seines eigenen – notorisch aufgeregten – Ministers in den Sinn. Bei einer internationalen Konferenz hatte Felix Rohr den chinesischen mit dem südkoreanischen Amtskollegen verwechselt und in schlechtem Englisch gefragt: „Where are you from? South Korea or North Korea?" Der Chinese war daraufhin wütend abgerauscht und hatte sich beim Präsidenten der deutschen *Asienbrücke e. V.*[14] beschwert.

Doch hier ging es nicht um politische Pannen oder diplomatische Aussetzer, dachte Lörr. Hier ging es um seine Freiheit, möglicherweise sogar sein Leben. Der Ministerialdirektor glaubte, kaum Luft zu bekommen. Er winkelte die Beine an und atmete mehrmals tief ein und aus. Die Atemübung half ihm gegen die Nervosität. Nach gut zwei Minuten war er bereit aufzustehen.

Er schätzte, dass das Appartement zwischen 80 und 100 Quadratmeter groß war. Neben der Zelle, wie er sein Zimmer nannte, gab es einen weiteren Schlafraum,

---

14 Der Verein wirbt für eine bessere deutsch-asiatische Verständigung.

zudem Wohnzimmer, Küche, Bad und Terrasse. Der Entführer schlief – Lörr hoffte, dass er schlief – vermutlich im Wohnzimmer auf dem Sofa, das nur wenige Schritte von der Eingangstür entfernt war.

Lörr trug Hemd, Anzughose, Socken, er wusste nicht, wo seine Schuhe und sein Wintermantel waren, er fragte sich, ob er danach suchen sollte, den Mantel hatte er im Schlussverkauf erstanden, 239,90 Euro, für diesen Preis würde er ein so schickes Teil nie wieder bekommen. Er entschloss sich, keine unnötige Zeit mit der Suche nach seinem Mantel zu verlieren, und ging zur Tür. Die Leuchtziffern der Küchenuhr zeigten 3.26 Uhr an. Ein Lichtschein fiel auf den Entführer, Lörr sah, dass das Sofa für den 2-Meter-Henker viel zu klein war – mehr konnte er wegen des wenigen Lichts nicht erkennen.

Das Türschloss war ein Knaufzylinder. So leise wie möglich drehte er zweimal am Drehknauf. Die Tür öffnete sich. Der Mond schien ins Treppenhaus. Noch ein Blick zurück, und Lörr sah in der Garderobe seinen Mantel hängen. 100 Prozent Kaschmir kann ich doch nicht einfach zurücklassen, dachte er. Er griff nach dem edlen Stoff, da fiel ein Kleiderbügel zu Boden, den Lörr in der Dunkelheit übersehen hatte, ohrenbetäubend, ein Rammstein-Konzert ist nichts dagegen.

Lörr rannte los, diesmal ohne innere Blockade, aber mit dem Lieblingsmantel, zwei Stockwerke runter, Haustür auf, in Socken durch den kalten Sand. Jetzt erkannte er die Anlage, in der er gefangen gewesen war: den Koloss von Prora.

In früheren Jahren hatte Hans-Joachim Lörr mit seiner Frau viele Male auf Rügen Urlaub gemacht, die Eheleute waren Stammgäste auf dem günstigsten Campingplatz der Insel gewesen. Prora, ein Ortsteil der

Gemeinde Binz, übte eine besondere Anziehungskraft auf die Lörrs aus, vielleicht weil Hiltrud und Hans-Joachim füreinander ebenso viele Gefühle zeigten wie der Stahlbeton direkt hinter den Dünen.

Hier, an einem der schönsten Ostsee-Strände, steht der längste Häuserblock der Welt, ursprünglich viereinhalb, heute zweieinhalb Kilometer lang, ein Relikt des Nazi-Größenwahns. Der weltbekannte Architekt Daniel Libeskind nannte Prora einmal „das gebaute Böse".

Im Jahr 1935 verkündete die NS-Organisation „Kraft durch Freude", in Prora ein Seebad zu errichten. Robert Ley, Chef der Deutschen Arbeitsfront, notierte damals: *„Die Idee des Seebades ist vom Führer selbst. Er sagte mir eines Tages, daß man nach seiner Meinung ein Riesenseebad bauen müsse, das Gewaltigste und Größte von allem bisher Dagewesene. (...) Diese Anlage muß das Schönste werden, was man sich denken kann, und der schöpferischen Phantasie des Baukünstlers werden bei dieser Aufgabe keine Grenzen gesetzt. (...) Es ist der Wunsch des Führers, daß in der Mitte ein großes Festhaus entsteht. (...) Der Führer gab gleichzeitig an, daß das Bad 20.000 Betten haben müsse. Alles soll so eingerichtet sein, daß man das Ganze im Falle eines Krieges auch als Lazarett verwenden kann."* Oder als Gefängnis, wie Hans-Joachim Lörr 88 Jahre später erfahren musste.

Der Architekt des „Kolosses von Prora", dieser Machtdemonstration aus Beton, hieß Clemens Klotz – passender kann ein Familienname nicht sein. Sein Bau, in dem 20.000 Nazis gleichzeitig Urlaub machen sollten, wurde nie fertiggestellt. Hitler brauchte die Arbeiter für den Zweiten Weltkrieg.

Heute wird in Prora wieder für Urlauber gebaut, die Plattenbau in Schick mögen und im knallfarbenen „Camp David"-Einheitslook die Strandpromenade stürmen. Geschäftstüchtige Immobilienunternehmen haben die denkmalgeschützte Ruine aufwendig entkernt. Hunderte Ferienwohnungen sind entstanden, alle mit Meeresblick. Auch die Lörrs hatten überlegt, sich ein Appartement zu kaufen, sich dann aber für ein kleines Ferienhaus im nobleren Sylt entschieden, weil bessere Wertanlage.

Ende Oktober waren in Prora viele Wohnungen leer. Hans-Joachim Lörr stand vor einer der vielen Haustüren von Block 1, der insgesamt 450 Meter lang war. Wenn Lörr jetzt um Hilfe schreien würde, würde ihn außer seinen Entführern wohl niemand hören. Es war Vollmondnacht, er konnte gut sehen – und blöderweise auch gut gesehen werden. Er brauchte dringend ein Versteck.

Vom Hauseingang waren es 130 Meter zum weißen Strand. Lörr war es nicht gewohnt zu laufen, schon gar nicht ohne Schuhe. Er rannte nicht lange. Mit einem Teleskopschlagstock wurde er von hinten niedergestreckt. Lörrs letzter Gedanke war: „Kraft durch Freude". Er wurde ohnmächtig.

Ganzkörper-
Seifenschaumbehandlung

Emily und ich gingen zum wiederholten Male die Liste aller Verdächtigen durch: Was oder wen hatten wir übersehen?

– Der von Lörr ins Besenkammer-Exil gejagte Ex-Ministersprecher Simon Streif: ein etwas schräger Alm-Öhi, der sich vor Wölfen fürchtet und todesmutig Witze über Vorgesetzte reißt.

– Die von Lörr verbannte Unterabteilungsleiterin (Leitung 1) Astrid Eberl: eine leise sprechende Tierfreundin, die herrenlosen Alpakas ein Zuhause gibt und in den Landadel einheiratet.

– Der in Ungnade gefallene Unterabteilungsleiter (Leitung 1) Steffen C. Jäger: ein dank seines Siegelringes geschniegelter Ministerialdirigent, der als Gastsänger des „Polizeichors Berlin" am liebsten „Mein kleiner grüner Kaktus" anstimmt und im Büro manchmal davon träumt, ein spannendes Leben als Schlagerstar zu führen.

– Der von Lörr abgesägte Regierungsdirektor Nils Alber: ein Meditationskünstler, der erst zwei Jahre lang in einer Abstellkammer sitzen muss und dann – nach Bore-out und Gesichtslähmung – Glück und Liebe dank Ayurveda findet.

– Die von Lörr in den Burnout getriebene und mit Blondinen-Witzen gedemütigte Sekretärin Lisa Thaler: eine großzügige Spenderin, die den gemeinnützigen Verein „Terre des Femmes – Menschenrechte für die Frau e. V." monatlich mit 150 Euro unterstützt.

– Der von Lörr in den Ministeriumsfuhrpark abgeschobene Sozialdemokrat Erik Holstein: ein

Lastenrad-Fan, der im Vorstand des Fahrradklubs ADFC Berlin sitzt und aus Angst, dass seine transplantierten Haare Schaden nehmen könnten, niemals einen Fahrradhelm trägt.

- Die von Lörr degradierte Unterabteilungsleiterin Verena Omann: eine erfolgreiche Trainerin, die in ihrer Freizeit Hockey-Damen coacht und vom Ministerium böse gefoult wird.

- Der von Lörr ausgenutzte Chauffeur Herbert Brandner, der wegen der vielen nächtlichen Touren beinahe seine Ehe gegen die Wand gefahren hätte: ein Pflanzenfreund! Wie der Grüne Anton Hofreiter malt er – am liebsten mit Tusche – gefährdete Alpenblumen.

- Der von Lörr gedisste Persönliche Referent Anton Jacobs, der dem Minister niemals eine gute Nachricht verkünden darf: ein sensibler Hobby-Pianist, musikalisch ähnlich talentiert wie der Christdemokrat Günther Oettinger! (Der ehemalige Ministerpräsident Baden-Württembergs und langjährige EU-Kommissar gilt als Klaviervirtuose, der aber zuweilen die falsche Taste erwischt. In einer von ihm herausgegebenen CDU-Liederfibel tauchte das im Volksmund *Panzerlied* genannte Stück *Ob's stürmt oder schneit* aus der NS-Zeit auf – samt martialischem Wehrmachtstext: „Mit donnernden Motoren, / Geschwind wie der Blitz, / Dem Feinde entgegen, / Im Panzer geschützt. / Voraus den Kameraden, / Im Kampf steh'n wir allein, / Steh'n wir allein, / So stoßen wir tief / In die feindlichen Reih'n". Das Büchlein *Lied.Gut.* – Untertitel: *Volkslieder und Schlager für fröhliche Stunden* – musste eingestampft werden. Bereits zuvor war Oettinger historisch abgedriftet. Er hatte Hitlers Marinerichter Hans Filbinger

bescheinigt, „kein Nationalsozialist", sondern „Gegner des NS-Regimes" gewesen zu sein – obwohl
dieser an mehreren Todesurteilen beteiligt war. Ge-
schichtsklitterung auf Schwäbisch, habe ich mir gedacht, Schönreden und Totschweigen. Darin sind
auch wir Österreicher alte Meister.)
– Der von Lörr abqualifizierte Sprecher Philipp Kerres: ein biegsamer Hobby-Eistänzer, bei dem die Sitz-
pirouette fast immer sitzt und der den doppelten
Axel ähnlich gut hinbekommt wie der ehemalige
Juniorenmeister und heutige CSU-Staatsminister
Markus Blume.

Brutale Entführer sehen anders aus, bilanzierten wir
deprimiert. Die letzte Ministeriumsverdächtige – die
Referatsleiterin Bürgerservice – hatte sich wegen Corona krankgemeldet. Wenn ich davon meinem Ober-
Boss Ploß berichten würde, käme als Antwort: „Haben
Sie jemals von einem Bürgerservice gehört, der Bürger
entführt? Heidergott, Sie spinnen doch!"

Unser junger BAO-Kollege Kai Brüggemeier machte
uns auf ein Unternehmen aufmerksam, das im Vorjahr
öffentlich Kritik an der Vergabepraxis des Ministeriums geäußert hatte. Geschäftsführer Jonas Schwob
erklärte sich sofort bereit, Emily und mich zu treffen.
Wir fuhren mit meinem Mazda 3 zur Firmenadresse
in die Glinkastraße. Schwobs Assistent holte uns am
Empfang ab und brachte uns ins Chefbüro.

„Setzen Sie sich bitte", sagte der Geschäftsführer.
Er war ein gutaussehender Typ Ende 30, mit Slimfit-
Anzug („Tiger of Sweden") und Ohren wie Sebastian
Kurz. „Was darf ich Ihnen zu trinken anbieten?"

Emily wollte nur ein Glas stilles Wasser, typisch
Ex-Leistungssportlerin, während ich, der ehemalige

Wiener Minigolfpolizeivizemeister, meine hohen Zuckerwerte verdrängte und um eine große Cola bat. (Sollten Sie als Bundesbürger je nach Österreich kommen, sagen Sie niemals *eine* Cola, sondern *ein* Cola, andernfalls werden Sie sofort als „Piefke" enttarnt.)

„Wir haben zwölf Jahre lang Millionenprojekte für das Ministerium umgesetzt", begann Jonas Schwob. „Alle waren höchst zufrieden mit unserer Leistung. Bei einer neuerlichen Ausschreibung wurden wir zu unserer bösen Überraschung rausgekickt und eine andere Firma hat den Auftrag bekommen.

Zwei Wochen später hat mich meine Frau zum Geburtstag über das Wochenende in eines der luxuriösesten Spa-Hotels im Berliner Umland eingeladen. Und wen treffen wir dort in der Therme bei der Ganzkörper-Seifenschaumbehandlung? Den Firmenchef, der den Auftrag gewonnen hat – mit dem Ehepaar Lörr! Die Lörrs haben in einer Suite gewohnt, die pro Nacht 1.400 Euro kostet. Fürs Abendmenü zahlt man 140 Euro pro Person. Jeder in Berlin weiß, wie geizig Abteilungsleiter Lörr ist. Der würde dort eher das komplette japanische Luftstrudelbecken austrinken, als nur einen einzigen Cent zu bezahlen."

„Fällt Ihnen jemand ein, der mit Ministerialdirektor Lörr eine Rechnung offen hat?", fragte Emily.

„Ja. Die gesamten Kellnerinnen und Kellner Berlins – weil Lörr nie Trinkgeld gibt." Nach einer dreisekündigen Pause fügte der Geschäftsführer die Worte „Kleiner Scherz" hinzu. Im Berliner Regierungsviertel muss man immer „Achtung Witz" sagen, weil Lachen nicht zum Alltagsleben gehört.

Wir bedankten uns bei Jonas Schwob für seine Zeit und verabschiedeten uns. Emily musste den Elternabend an der Schule ihrer Zwillinge besuchen, ich

fuhr mit meinem Mazda zurück ins Bundesministerium. Lauter leere Kilometer, dachte ich frustriert. Und
dann, ich wusste selbst nicht, was mich ritt, machte
ich etwas völlig Irrationales. Über die Freisprechein-
richtung rief ich Caro Himmler an: „Darf ich Sie heute
Abend bei einem Wiener Schnitzel verhören?" Wegen
meiner plumpen Frage kam ich mir wie ein geistiges
Nackerpatzerl vor. Ich war so nervös, dass ich beinahe
einen Auffahrunfall gebaut hätte. Man sollte am Steuer niemals anbandeln, müssen Sie wissen.

Terror der Meckerfritzen

Als Hans-Joachim Lörr zu sich kam, wusste er nicht, was passiert war. Er hörte Stimmen um sich herum, langsam sah er wieder, erst verschwommen und dann immer klarer. Er lag in seinem Gefangenenbett, der Henker hatte ihn fixiert. Lörr fiel ein, wo er sich befand, nämlich in der größten zusammenhängenden Immobilie der Erde oder dem längsten Urlaubergefängnis der Welt. Beide Entführer standen in ihren Ganzkörperschutzanzügen vor ihm. Der Henker meinte: „Das nächste Mal breche ich Ihnen beide Beine."

Die Frau, die ihm die ganze Zeit so bekannt vorkam, sagte: „Jetzt sind es genau sieben Tage, dass Sie hier sind. Wissen Sie noch immer nicht, wer ich bin?"

Sie nahm erst die Schutzbrille ab, dann die FFP2-Maske. Hans-Joachim Lörr starrte sie ungläubig an: „Frau Wieland, Sie sind das! Warum?" Dann polterte er in maximaler Lautstärke los, wie er es im Ministerium gewohnt war: „Nehmen Sie meine Fesseln runter! Aber sofort! Ich werde Sie fertigmachen. Ich zerre Sie vor Gericht wegen Entführung. Ich sorge dafür, dass Sie mindestens acht Jahre bekommen. Oder noch besser: zehn Jahre im härtesten Frauenknast! Wenn Sie strafrechtlich verurteilt sind, fliegen Sie aus dem öffentlichen Dienst. Durch die Entfernung aus dem Beamtenverhältnis verlieren Sie nicht nur Ihre Dienstbezüge, sondern auch Ihre kompletten Versorgungsansprüche. Das war's mit der fetten Pension! Wenn Sie aus dem Gefängnis rauskommen, haben Sie keine Freunde mehr. Die Einzige, die auf Sie warten wird, ist die Altersarmut! Sie müssen in Papierkörben nach Pfandflaschen und Dosen wühlen, weil Sie jeden Euro brauchen werden!

Von der Regierungsdirektorin zur Knastschwester und Pfandjägerin, Ihr Schicksal möchte ich nicht haben."

Regierungsdirektorin Monika Wieland wusste als Referatsleiterin „Bürgerservice und Besucherdienst" genau, wie man mit störrischen Patienten umgeht: „Jetzt hören Sie mal zu, Sie aufgeblasener Scheißkerl! Sie haben offensichtlich noch immer nicht kapiert, dass Sie hier nicht in der Ministeriumshölle sind, sondern in meiner Hölle. Und in meiner Hölle habe ich Heimvorteil!"

Sie kniff mit voller Kraft Lörrs Wangen zusammen: „So, und jetzt halten Sie mal die Luft an! Jetzt spreche ich. Jedes Mal, wenn Sie mich unterbrechen, gibt's meine legendäre Wangenmassage oder die Sushi-Fressfolter. Dass Sie Sushi so hassen, hat mir übrigens eine Ex-Sekretärin von Ihnen erzählt – eine der vielen, die Sie rausgeekelt haben – und auch, dass Sie und Ihre Frau Roland Kaiser lieben. Der harte Lörr ein SchlagerSoftie, wer hätte das gedacht! Ich weiß alles über Sie."

Seit 19 Jahren leitete Monika Wieland inzwischen den Bürgerservice. Rund 25.000 Bürgeranfragen beantwortete ihr Team jedes Jahr, per Mail oder Brief und am Bürgertelefon. Darüber hinaus führte die Regierungsdirektorin höchstpersönlich zahlreiche Besuchergruppen durch das historische Haus, pro Legislaturperiode mindestens 100.000 Gäste.

Im vergangenen Jahr gab es 287 Beschwerden über sie, durchwegs von Besuchern, die es gewagt hatten, den Pannen-Minister oder die konservative Ministeriumspolitik zu kritisieren. Monika Wieland ging mit Kritik ähnlich souverän um wie Wladimir Putin oder Xi Jinping. Um Missverständnissen vorzubeugen: Monika Wieland war eine ausgesprochen liebenswerte Gastgeberin, solange die Bürger ihre Meinung teilten. Auch als Chefin war sie eine Wucht, sofern die Mitarbeiter zustimmten, einwilligten und beipflichteten. Widerworte allerdings lösten eine allergische Reaktion bei ihr aus, tränende Augen, Fließschnupfen und Tourette.

„Ich habe Sie sieben Tage in Ungewissheit gelassen, warum Sie hier gefangen gehalten werden und von wem", sagte Regierungsdirektorin Monika Wieland. „Weil Sie mich 19 Jahre lang ignoriert haben! 19 Jahre! Das ist psychische Folter. Wenn ich einen Termin bei Ihnen wollte, haben Sie mich von Ihrem schrecklichen Vorzimmer abwimmeln lassen. Sobald mich eine Sekretärin auf den Überwachungskameras der Leitungsebene sah, hat sie Alarm geschlagen: ,Achtung, die Wieland kommt!' Im Telefonregister haben Sie mich mit ,Achtung Wieland' eingespeichert, auch das hat mir eine Ihrer Ex-Sekretärinnen erzählt.

Ich wäre so gerne von der Referatsleiterin zur Unterabteilungsleiterin aufgestiegen, mein ganzes Beamtenleben habe ich davon geträumt. Wie stolz wären meine Eltern auf mich gewesen, wenn Sie das erleben hätten dürfen! Doch Sie haben mir keine Chance gegeben. Sie haben mich nie vom Bürgerservice weggehen lassen.

Ich kann die ewig gleichen Fragen und ständigen Beschwerden der Bürger nicht mehr hören! Wenn ich am Bürgertelefon sitze, Montag bis Freitag von 9 bis 12 Uhr, würde ich am liebsten in den Hörer reinspringen, so fertig machen mich die Querulanten, Besserwisser, Klugscheißer und Meckerfritzen. Nichts kann man denen recht machen.

Neulich hat einer zu brüllen begonnen, weil ich ihm nicht die Handynummer des Ministers geben wollte. ,Du Fotze', hat er gesagt, worauf ich ihn mit folgenden

Worten aus der Leitung geworfen habe: ‚Bitte über-
denken Sie Ihre Wortwahl, Sie fortpflanzungsunfähi-
ger Fotzen-Alptraum!'

Eine Anruferin glaubt, wir sind hier die Telefon-
seelsorge, und klingelt täglich durch, weil ihre Katze
gestorben ist. Ein Mann aus dem Erzgebirge meinte,
beim Bürgerservice einen Porsche bestellen zu können,
aber ohne Ledersitze, weil er Veganer sei. Eine Bran-
denburgerin wollte, dass ich ihr ein Paar Schuhe der
Kanzlerin besorge, für ein Schuh-Museum!

19 Jahre mache ich die Scheiße jetzt. 19 Jahre Kum-
mer-Nummer! Ich bin nervlich am Ende. So gerne
wäre ich in ein anderes Referat oder eine andere Abteilung gewechselt, ich wäre für das Ministerium auch
nach Bonn gezogen, sogar nach London, Toronto oder
Washington wäre ich gegangen, ja, selbst Aurich in Ost-
friesland hätte ich in Kauf genommen, nur um vom
Bürgerservice flüchten zu können. Doch Sie, Herr Lörr,
haben mich nicht fliehen lassen.

Mit sadistischer Freude haben Sie Jahr für Jahr
meine Anträge abgelehnt – alles schriftlich, weil gesprochen haben Sie ja mit mir nicht. In der Leitungs-
runde kursiert schon seit Langem ein grausamer Witz,
den Sie auf meine Kosten gemacht haben: ‚Erst wenn
es die Wieland schafft, in einem Jahr mehr als 300 Beschwerden von Besuchergruppen zu kassieren, darf
sie woandershin!'

Sogar der Streif ist als Quereinsteiger an mir vorbeigezogen und Unterabteilungsleiter geworden. Ein
ehemaliger Boulevardjournalist wird mir vorgezogen,
mir, der studierten Onomastikerin! Jetzt habe ich einen
Vollhonk als Chef, obwohl ich tausendmal kompetenter

wäre. Warum haben Sie mich nie befördert? Sagen Sie mir endlich, warum!"

„Weil Sie die größte Nervensäge im Ministerium sind!", sagte Lörr gehässig und ohne zu zögern. „Ich sage Ihnen, warum Sie bei mir nie einen Termin bekommen: Ich ertrage weder Ihre penetrante Art noch Ihre schrille Stimme. Sie sind eine echte Abteilungssirene!"

Er kannte die allergische Reaktion nicht, die Monika Wieland bei Widerworten heimsuchte: tränende Augen, Fließschnupfen und Tourette. Die Regierungsdirektorin packte den Ministerialdirektor am Hemd: „Ich werde Ihnen jetzt wieder Sushi ins Maul stopfen, Sie Gesichtstaliban!"

Momo kündigt

Die Sprache der Politik konnte ich noch nie leiden, ich mag weder Scholzen (umständlich drumrumreden) noch Södern (angeben in Superlativen) noch Merkeln (überhaupt keine Äußerung von sich geben). Leider reden viele Beamte genauso geschwollen und nichts-sagend wie ihre politischen Chefs.

Im öffentlichen Dienst gilt es als größter Fehler, Fehler offen einzuräumen – weil man sich dann eine Beförderung für die kommenden zehn Jahre abschmin-ken kann. Wer einmal einen Eintrag in der Personalakte hatte, weiß: Die Behörde vergisst nie – frei nach dem Horrorfilm *Ich weiß, was du letzten Sommer getan hast.*

Aus diesem Grund verfolgen die erfolgreichen Be-amten das alte Unterwelt-Prinzip: Nur zugeben, was absolut nicht zu leugnen ist. Wer „Sorry, mein Fehler!" sagt, gilt sowohl bei der Wiener als auch bei der Ber-liner Polizei als Dumm-Cop.

Ich finde, dass sich der Staat ehrlich machen muss. Und so gestehe ich an dieser Stelle: Als Ermittler hät-ten Emily und ich den Verdacht der Social-Media-Che-fin ernster nehmen sollen, nein, *müssen!*

Doch der Reihe nach. Vier Tage nach dem Ver-schwinden des Abteilungsleiters hatte Mirna Stajić an die Tür des Besprechungsraums geklopft und ge-fragt: „Haben Sie zwei Minuten für mich?"

Wir waren ein bisschen überrascht: Die Social-Me-dia-Chefin war in diesem Haus die erste Person, die von sich aus auf uns zukam. Ihr Name stand nicht auf der Verdächtigenliste.

Ich habe Ihnen ja zuvor schon meinen ersten Ein-druck vom Ministerium geschildert. Die vielen grauen

Herren mit ihren grauen Anzügen erinnerten mich an *Momo*. Ich habe dieses Buch als Kind geliebt, obwohl mir die Agenten der Zeitsparkasse so sehr Angst machten, dass ich manchmal nicht einschlafen konnte. Aber die Hauptfigur Momo war meine Heldin, ich bewunderte sie für ihren großen Mut, anders zu sein. Und ich hätte nie gedacht, dass ich ausgerechnet in dieser grauen Behörde eine bunte Ministeriums-Momo treffen würde: die 27 Jahre alte Mirna Stajić.

Mirna Stajić scherte sich nicht um Konventionen, schon gar nicht um den Dresscode der konservativen Verwaltungsorgane. Sie trug eine grüne Cord-Schlaghose (Oversize) und ein orange-korallenrotes Herz-Sweatshirt von *Acne Studios*. Ihr Zungenpiercing sorgte intern für viel Getuschel, ihre Tätowierungen – eine Lotusblume auf dem rechten und ein Koi-Karpfen auf dem linken Arm sowie das Fingertattoo „Be conscious" – führten in der Kantine zu Grundsatzdiskussionen: Dürfen Ministeriumsmitarbeiter einen Stich haben? Falls Sie sich fragen, woher ich das alles weiß: Ich bin in diesem Ministerium bekanntlich gut vernetzt, und Dirk Lindemann, der Leiter des Ministerbüros, hat das Ohr immer am Beamtenvolk.

Noch mehr erregte den Flurfunk, dass die Tarifangestellte Mirna Stajić das Angebot ausgeschlagen hatte, ins Beamtenverhältnis übernommen zu werden. Sie lege Wert auf ihre Unabhängigkeit und wolle sich nicht lebenslang binden, hatte sie dem Referatsleiter Personal mitgeteilt. „Lebenslang" hatte sie wörtlich gesagt. Was für ein gruseliger Begriff!

Wenn jemand zu einem Beamten auf Lebenszeit ernannt wird, endet das Beamtenverhältnis in der Regel erst mit dem Tod. Wenn ich einmal in den Ruhestand versetzt werde, geht nur mein aktives Beamtenverhältnis zu Ende, ich bleibe so lange mit dem deutschen Staat verbunden, bis der Tod uns scheidet, und das als Österreicher!

Ich kann mich noch genau an unseren Dialog mit Mirna Stajić erinnern.

Emily: „Wie lange sind Sie schon im Ministerium?"

„Zweidreiviertel Jahre. Wenn ich das Haus verlasse, werde ich genau drei Jahre hier gewesen sein. Ich habe heute gekündigt."

Ich: „Wieso das?"

„Als Kommunikationsprofi will ich mir nicht von analogen Chefs sagen lassen, was ich zu machen habe. Darum werde ich in Zukunft als Freelancerin arbeiten. Unsere Hausleitung wünscht sich statt Kreativität kontrollierte Langeweile, dafür bin ich nicht die Richtige. Ein Staatssekretär – 42 Jahre alt, aber im Kopf gefühlt 109 – hat von mir mehrere Male verlangt, dass ich auf unseren Ministeriumskanälen Werbung für seinen Wahlkampf mache und Posts aus seinem Wahlkreis teile. Ich sagte ihm immer wieder, dass ein Ministerium zu staatlicher Neutralität verpflichtet ist und keine parteipolitischen Inhalte verbreiten darf. Der Staatssekretär ist fast durchgedreht und hat mich wörtlich gefragt, ob ich linksgrünversifft bin. Dann hat er sich sowohl beim Minister als auch bei Abteilungsleiter Lörr über mich beschwert."

Emily: „Wie ist Ihr Verhältnis zu Abteilungsleiter Lörr?"

„Er ist ein Spalter mit maximaler Vernichtungskraft. Einmal hat der Minister überlegt, mich zu seiner Persönlichen Referentin zu machen. Ihm hat gefallen, dass ich offen meine Meinung sage. Lörr ist daraufhin wütend zum Minister gegangen: ‚Denken Sie doch an die

Außenwirkung, wenn Sie bei Veranstaltungen mit einer Tätowierten auftauchen, die eine durchstochene Zunge hat. Ihr Hallodri-Image, Herr Dr. Rohr, ist ohnehin schon schlimm genug.'"

Ich: „Gibt es jemanden, dem Sie ein Verbrechen an Hans-Joachim Lörr zutrauen?"

„Ich habe lange überlegt, ob ich zu Ihnen kommen soll, weil ich es nicht mag, Kollegen anzuschwärzen. Aber wenn ich einem Menschen in diesem Haus so eine Tat zutraue, dann ist es Monika Wieland, die Bürgerservice-Chefin. Ich halte sie für einen bösen Menschen."

Emily: „Was tut Frau Wieland denn Böses?"

„Sie macht meinen Leuten und mir das Leben schwer, wo immer sie kann. Frau Wieland ist der Meinung, dass Bürgeranfragen nur über Telefon, Fax und E-Mail beantwortet werden sollen, nicht aber über Social Media. Manchmal brüllt sie uns ohne Grund nieder: ‚Ihr glaubt wohl, ihr seid was Besseres, ihr Digital-Schnösel!' Sie ist grundfrustriert und verbittert. Die Leiterin Bürgerservice mag keine Menschen."

Ich: „Na ja, das scheinen eher fachliche Streits zu sein. Gibt es handfeste Beweise, dass Frau Wieland gefährlich ist?"

„Einmal hat sie mich auf dem Gang gesehen und ist mit irrem Blick auf mich zugelaufen. Sie hat meinen linken Arm gepackt und gedroht: ‚Wenn Sie noch einmal in einem Podcast schlecht über mein analoges Referat reden, werden Sie das nicht überleben!' Ich habe daraufhin nur gemeint, dass ich im Podcast kein negatives Wort über ihr Team verloren habe, und sie gefragt, welche Stelle sie konkret stören würde. Wieland konnte mir darauf nicht antworten, weil sie sich den Podcast gar nicht selbst angehört hatte. Sie war von einer Vertrauten im Haus aufgehetzt worden. Seit dem Augenblick, als Wieland mich angriff, wusste ich, dass diese Frau zu allem fähig ist."

Wir informierten unsere BAO-Kollegen über den Verdacht der Social-Media-Chefin. Aber ernst nahmen wir die Anschuldigung nicht, weil sie nur auf Mutmaßungen basierte. Und natürlich auch, weil es eher nach Mitarbeiterquerelen klang, nicht aber nach einer tiefsitzenden Abneigung gegenüber Lörr. Aus heutiger Sicht ein schwerer Fehler. Erklären kann ich mir unsere Nachlässigkeit nur so, dass die Bürgerservice-Chefin eine Arbeitsunfähigkeitsbescheinigung wegen Corona vorgelegt hatte und wir ärztlichen Attesten aus Prinzip vertrauen. Ich werde mich bei keinem meiner Fälle mehr auf Hausärzte verlassen.

Wie oft habe ich mir seither die Frage gestellt: Warum bin ich mit Emily nicht direkt zu Monika Wielands privater Adresse gefahren, um das Alibi zu überprüfen?

Wiener Schmäh

Vielleicht wollen Sie wissen, wie mein Anbandelungs-versuch ausgegangen ist. Caro Himmler hatte meine Essenseinladung sofort angenommen – für mich das größte Wunder seit Córdoba! Nun saß ich mit ihr bei der *Nußbaumerin*, dem meiner Meinung nach besten österreichischen Restaurant der Stadt. Für mich war es das dritte Date seit meiner Scheidung vor drei Jahren – aber war es überhaupt ein Date?

Ich hatte bewusst dieses Lokal gewählt, weil ich so einen guten Aufhänger fand, um von meinen Wiener Wurzeln zu erzählen. Oft werde ich gefragt, was der Unterschied zwischen Berlin und Wien ist. Dann antworte ich immer: Wenn Sie in Berlin bei einem geschäftlichen Mittagessen *ein* Glas Wein bestellen, denken sich die Tischnachbarn: „Oje, der fängt aber sehr früh mit dem Bechern an, hat wohl ein Alkoholproblem." Wenn Sie in Wien zum Business Lunch *kein* Achterl Wein trinken, glaubt jeder: „Oje, der darf nicht, hat wohl ein Alkoholproblem."

In meiner österreichischen Heimat ist eben alles ein bisschen entspannter und lockerer. Neulich haben sogar zwei Personenschützer der Kanzlerfamilie am frühen Nachmittag mit dem Tanken begonnen, in der Kanzlerwohnung, im Beisein der Kanzlergattin! Die Frau des Regierungschefs wollte angeblich unbedingt anstoßen, weil einer der Bodyguards Geburtstag hatte. Schnaps, Bier und Wein, das lass sein, habe ich schon in der Volksschule gelernt, aber offensichtlich hatten die zwei Beamten der Wiener Eliteeinheit *Cobra* eine andere Volksschullehrerin als ich. Nach dem Gelage sind die benebelten Leibwächter mit ihrem Dienstwagen beim Ausparken in andere Autos gekracht, weshalb ihr kräftiger Umtrunk mit ihrer Schutzperson aufgeflogen ist. Bodyguard auf Österreichisch, das kannst du nicht erfinden. In mehreren Wiener Bars heißt „Cuba Libre" nun nur noch „Cobra Libre".

Wiener Charme fanden die Berliner Preußinnen, wie ich mehrfach erlebt hatte, jedenfalls immer zum Dahinschmelzen, wie das „Zitronensorbet mit Grüner Veltliner Winzer-Sekt" auf der Speisekarte oder das Vanilleeis, das zu den „Marillenknödeln mit süßen Butterbröseln" serviert wurde; mal abgesehen davon, dass Caro Himmler keine Berliner Preußin, sondern ein Thüringer Dorfkind war. Und so gut wie jedes Dorfkind liebt das Original Wiener Schnitzel, weil Dorfkinder so gut wie nie Vegetarier sind.

Tatsächlich: Caro Himmler bestellte das „kloane (übersetzt: kleine) Wiener Schnitzel", ich hatte Lust auf „Mamas Rinderroulade". Hoffentlich lernt meine Traumfrau nie meine echte Mutter kennen, dachte ich. Die ist nämlich eine echte Bissgurn, wie man in Wien sagt. Meine Mutter ist Wiener Meisterin im Sticheln, sie schafft es, mich in 2,72 Sekunden von null auf hundert zu bringen. Ihre Fragen machen selbst aus einem Pazifisten wie mir einen Putin: „Burli, warum hat dich die Hanna nochmal verlassen?"

„Ist Hannas neuer Polizist fescher als du?"

„Kannst du bitte zum Fruchtbarkeitsdoktor gehen, damit du endlich Papa wirst und ich süße Enkerln habe?"

Kein Wunder, dass mein älterer Bruder Joschi gleich nach der Matura nach Ibiza ausgewandert ist, er betreibt in Santa Eulària einen Esoterik-Verlag. Ich bin mir sicher, dass seine Berufswahl mit unserer

Mutter zusammenhängt. Joschis spanische Frau Alesia hat nach unserem ersten – und letzten – Familientreffen eine Panikattacke bekommen. Ein Arzt hat bei Alesia „Pentheraphobie" diagnostiziert, Angst vor der Schwiegermutter.

Joschi und ich sind ohne Vater aufgewachsen, er ist gleich nach meiner Geburt aus unserer Erdgeschosswohnung in der Wurlitzergasse geflüchtet und hat eine neue Familie gegründet. Mein Vater Benno war Luftballonverkäufer im Wiener Prater, aber in erster Linie Wirtshausbruder, wie meine Mutter gehässig sagt. Joschi und ich haben weder zu ihm noch zu unseren zwei Halbgeschwistern Kontakt. Zumindest meinen Halbbruder und meine Halbschwester würde ich gerne einmal sehen, dachte ich.

Caro Himmler riss mich aus meinen Gedanken, hob ihr Glas „Falko Muskateller Cuvée" und stieß mit mir an. „Warum wollen Sie mich eigentlich verhören?", fragte sie verschmitzt.

Mein Gesicht nahm die Farbe der Rote-Bete-Suppe am Nachbartisch an, bis mir die erlösende Antwort einfiel: „Mit meiner ganz speziellen Verhörtechnik werde ich herausfinden, ob Sie den berühmten Wiener Schmäh kennen." Sie lachte.

„Ich bin übrigens der André", sagte ich und griff nach ihrer Hand.

„Caro", hauchte sie. Ich bilde mir zumindest ein, dass sie ihren Namen tatsächlich gehaucht hat, mit zunehmendem Alter wird die positive Verzerrung des Gedächtnisses stärker, habe ich in der *Süddeutschen Zeitung* gelesen.

Jetzt war ich mir sicher, dass ich mich mitten in einem Date befand.

Operation Ministeriumsschreck

Nach Monika Wieland zeigte auch der Henker Gesicht und nahm FFP2-Maske und Schutzbrille ab. Björn Wieland, 26, blond, hatte ein attraktives Äußeres, das neben einem großen Bizeps auch ein Sixpack schmückte. Er war der Neffe der Regierungsdirektorin und nun auch ihr Komplize. Die Tante hatte ihm 12.000 Euro versprochen und den ersten Platz im Testament, wenn er ihr bei der Entführung „des größten Ekelpaketes der Ministeriumsgeschichte" zur Hand ginge.

Björn Wieland war Sanitäter und Rettungsfahrer auf seiner Heimatinsel Rügen und wusste: Nichts ist unverdächtiger als ein rotes Kreuz auf weißem Grund, ein weltweites Symbol für Hilfe, Schutz und Respekt – höchste Zeit, dass auch seine Tante Hilfe, Schutz und Respekt im Ministerium bekam und die Internationale Rotkreuz-Bewegung dem Beamtenfiesling Lörr eine ganz spezielle Behandlung zukommen ließ.

Monika und Björn Wieland hatten die Tat minutiös geplant und dafür zwei To-do-Listen erstellt.

To-do-Liste für Monika Wieland:
- Rausfinden, wann das Ehepaar Lörr ohne seinen Schutzengel – nämlich Stammfahrer Herbert Brandner – unterwegs ist. (Monika Wieland hatte im Ministerbüro eine Vertraute, die bis vor zwei Jahren ihre Untergebene im Referat Bürgerservice gewesen war und sowohl den Minister- als auch den Abteilungsleiterkalender einsehen konnte. So wusste die Regierungsdirektorin, dass die Lörrs am

Montagabend im Nobelrestaurant *Cordo* aßen und Herbert Brandner frei hatte.)

- Caro Himmler anrufen und mit der App *TapeACall* ihre Stimme aufnehmen. Lörrs Büroleiterin dazu bringen, folgende Worte zu sagen: „Wir müssen dringend vertraulich reden, so dass uns niemand hört, am besten jetzt!" (Der Bürgerservice-Leiterin gelang dies mit dem Uralt-Trick, indem sie vorsprach und Caro Himmler bat, alles zu wiederholen und wortwörtlich ihrem Chef auszurichten. Caro dachte sich nichts weiter dabei, weil sie nervige Anrufe von Monika Wieland gewohnt war und es immer um dasselbe hoffnungslose Thema ging: die erträumte Flucht aus dem Bürgerservice. Monika Wieland war überzeugt: Mit Caro Himmlers Stimme konnte sie den verfressenen Abteilungsleiter aus jedem Gourmettempel locken.)

- Die Umgebung des *Cordo* checken:
  - Wo kann der Rettungswagen parken? (Auf dem Gehweg! Aber so, dass das Fahrzeug vom Lokal aus nicht zu sehen ist und auch nicht von einer Überwachungskamera erfasst wird.)
  - Was tun, wenn ein lästiger Bürger beziehungsweise Augenzeuge daherkommt? Folgende Ansage: „Bitte stören Sie hier nicht unseren Noteinsatz! Dieser Herr hat eine Herzattacke erlitten."
  - Während der Entführung die ganze Zeit FFP2-Maske tragen (herzliche Grüße an den Phantombildzeichner der Polizei)!

- Für 14 Tage online unter falschem Namen eine Ferienwohnung in Prora buchen (das perfekte Urlaubsgefängnis! Gibt es ein besseres Versteck als eine anonyme Bettenburg, die um diese Jahreszeit kaum besucht ist?). Preis pro Nacht für 90 Quadratmeter: 180 Euro.

- Alibi besorgen: Sich von einem befreundeten Arzt zwei Wochen krankschreiben lassen. Diagnose: Corona. Symptome: Fieber, Schüttelfrost, allergische Bürgerreaktion.

To-do-Liste für Björn Wieland:

- Für die „Operation Ministeriumsschreck" zwei abhörsichere Kryptohandys im Internet bestellen: Die Smartphones eines kanadischen Herstellers hielt Björn Wieland für am besten geeignet. Die Firma garantierte „Schutz vor Lauschangriffen bzw. Verfolgungsmaßnahmen" und pries die „selbstzerstörenden SMS-Nachrichten, die nach gewisser Zeit automatisch gelöscht werden". Ein Kaufargument überzeugte Björn besonders: „Das Kryptohandy muss nicht registriert werden, der Käufer braucht keinen Vertrag abzuschließen." Den Preis – pro Gerät 2.550 Euro – empfand er zwar als hoch, aber da ohnehin „Tante Moni" für die Kosten aufkam, machte er sich keine weiteren Gedanken. Hauptsache, er konnte mit seiner Komplizin von Beginn an verschlüsselt kommunizieren.

- Dem DRK-Kreisverband Rügen-Stralsund mitteilen, dass der Rettungswagen einen Motorschaden hat. Einen befreundeten Werkstattbesitzer bitten, eine fingierte Rechnung für die Reparaturarbeit zu schreiben und das Fahrzeug für kurze Zeit auf dem Parkplatz abstellen zu dürfen.

- Rettungsoutfit für die Tante kaufen: Einsatzjacke rot-grau für 134,95 Euro, Einsatzhose grau für 38,95 Euro und weißes Poloshirt mit Rotem-Kreuz-Emblem für 22 Euro.

- Das Betäubungsmittel Disoprivan besorgen, das Millionen Menschen unter dem Namen Propofol kennen. Michael Jackson wurde von seinem Leibarzt mehr als 60 Tage lang mit Propofol versorgt – bis er an einer Überdosis starb. Nach dem „King of Pop" sollte auch der „King of Pobüll" das Narkotikum in die Vene bekommen.

  Nun ist es leider so, dass man Propofol nicht einfach in jeder Dorfapotheke besorgen kann. Da traf es sich gut, dass Björn Wieland eine Verehrerin hatte, die als Anästhesistin im Krankenhaus Rügen arbeitete und für ihn drei volle Spritzen vorbereitete. „Du musst sie im Kühlschrank lagern, dann halten sie bis zu einer Woche", empfahl sie. Zusätzlich besorgte sie auf seinen Wunsch Chloroform, eine süßlich riechende Flüssigkeit, die als Rauschmittel und Betäubungsmittel missbraucht werden kann. Die Anästhesistin bekam dafür von Björn Wieland einen feurigen Chippendales-Tanz inklusive Sixpack-Revue, das wirksamste Reiz-Mittel überhaupt gegen ihre neugierigen Fragen, wozu er Propofol und Chloroform benötige.

- Bei der Fahrt von Binz nach Berlin und zurück sich streng an die zulässige Geschwindigkeit halten (ein Blitzerfoto, und er wäre rettungslos verloren).

- Eine Ausrede parat haben, falls jemand in Berlin wegen des Nummernschildes „RÜG" stutzig werden sollte: „Heute treffen sich in der Hauptstadt Rot-Kreuz-Mitarbeiter aus ganz Deutschland. Wir feiern 100 Jahre Rotes Kreuz. Wir sind wie eine Familie!"

Bei der Entführung selbst lief alles nach Plan. Der eiskalte wolkenlose Oktobermontag war kein guter Tag für die Berliner Lokalbesitzer, weil die Menschen lieber zuhause in ihren warmen Wohnungen blieben, aber eine Sternstunde für Entführer: so gut wie keine Zeugen, dachten Tante und Neffe. Um 21.55 Uhr parkte Björn Wieland den Rettungswagen auf dem Bürgersteig neben dem *Cordo*.

Um 22.04 Uhr rief Monika Wieland mit ihrem Kryptohandy Hans-Joachim Lörr an und spielte Caro Himmlers Botschaft ab: „Wir müssen dringend vertraulich reden, so dass uns niemand hört, am besten jetzt!"

Eine Minute später kam Hans-Joachim Lörr aus dem Lokal. Die als Rettungssanitäterin verkleidete Regierungsdirektorin lockte den – dank Weinbegleitung nicht mehr ganz reaktionsschnellen – Ministerialdirektor aus dem Sichtfeld der Überwachungskamera: „Können Sie mir bitte kurz helfen?"

Da kam schon ihr Mucki-Neffe von hinten und drückte dem Abteilungsleiter ein mit Chloroform getränktes Tuch gegen Mund und Nase. Um sich auf seinen Gift-Einsatz vorzubereiten, hatte Björn Wieland im Internet mindestens 100 Artikel über CHCI3 gelesen: *„In Filmen wird oft ein Taschentuch mit einigen Tropfen Chloroform beträufelt, welches dann dem Opfer vor den Mund gehalten wird, wodurch dieses in wenigen Sekunden bewusstlos wird. In der Realität hingegen würden die Dämpfe von ein paar Tropfen und die kurze Inhalation das Opfer in einen ca. 15-minütigen Rausch versetzen."* Ein Taschentuch verwenden nur Dilettanten, wusste der Rot-Kreuz-Mann; wenn nämlich das Opfer durch die dünne Papierschicht atmen kann, wird es niemals bewusstlos, das würde höchstens einen altersschwachen Marienkäfer umhauen. Und so empfing er den Ministerialdirektor mit einem festen Lappen, auf den er ein ganzes Fläschchen Chloroform gekippt hatte.

Mit dem dicken Stofffetzen umschloss er – so fest er konnte – Mund und Nase. Ich gebe dir keine Gelegenheit zum Durchatmen, du Ministeriumsschreck, dachte sich der Täter.

Hans-Joachim Lörr wurde innerhalb einer Minute bewusstlos, seine Muskeln versagten, er sackte zusammen. Björn Wieland schob den Ohnmächtigen auf einer Trage in den Rettungswagen. Er schloss die Fahrzeugtür. Dann fixierte er Lörr mit Gurten, sicher ist sicher.

Chloroform wirkt in der Regel nicht lange, in diesem Fall reichte die Zeit aus, um Lörr eine Kanüle in die Vene zu legen und das Propofol zu injizieren. Alte Anästhesisten-Weisheit: Zu große Dosis – Patient tot! Zu kleine Dosis – Patient wacht auf und schreit!

Die Einleitungsdosis für gesunde Patienten beträgt zwei Milligramm Propofol pro Kilogramm Körpergewicht. Um den 88-Kilo-Mann Lörr zu narkotisieren, bräuchte es also 176 Milligramm. Doch so viel war für den unverwüstlichen Ministerialdirektor gar nicht nötig. Neffe und Tante wollten ihr Opfer schließlich nicht in einen künstlichen Tiefschlaf versetzen, sondern nur zum Schlummern bringen.

Die verliebte Anästhesistin hatte dem Sanitäter ihres Herzens drei 20-Milliliter-Spritzen mit jeweils 200 Milligramm Propofol geschenkt. Björn Wieland injizierte Hans-Joachim Lörr 50 Milligramm, also ein Viertel eines Spritzeninhaltes. Bei der Menge, die er ihm verabreichte, würde Lörr in etwa 30 Minuten langsam aufwachen und sofort die nächste Dosis bekommen.

Vor der Abfahrt zertrümmerte Björn Wieland so leise wie möglich Lörrs Dienst-iPhone mit einem Hammer und entsorgte die Handyteile im nächsten

Mülleimer. Um Fingerabdrücke zu vermeiden, hatte er das Mobiltelefon mit medizinischen Handschuhen angefasst.

Es war 22.17 Uhr. Die Aktion hatte 12 Minuten gedauert. „Wir könnten bei ‚Wetten, dass …?' auftreten", meinte die Tante zufrieden.

„Hoffentlich nicht bei der Gefängnis-Wette", antwortete der Neffe.

Nach Prora waren es 307 Kilometer. Erwartete Ankunftszeit: 1.41 Uhr. Während der 204 Fahrminuten sollte Hans-Joachim Lörr insgesamt sieben Propofol-Injektionen bekommen. Da Björn Wieland am Steuer saß, spritzte seine Tante. Monika Wieland liebte Doktorspiele, mit Lörr, dem Abteilungsleiter ohne Doktortitel, machte es der Referatsleiterin besonderen Spaß.

Keine Rettung für Tätowierer

Während Tante Monika hinten neben ihrem fixierten Chefpatienten wachte, hatte Björn Wieland viel Zeit, nachzudenken. „Wahnsinn, was ich da riskiere, meinen Job, meine Zukunft, alles!"

Es ist nämlich so, dass man für den Rettungsdienst ein Führungszeugnis ohne Eintragung braucht. Björn Wieland hatte im Alter von 18 mit der Polizei ein Problem, das ihn beinahe die Karriere beim Roten Kreuz gekostet hätte. Sechs Monate wegen gefährlicher Körperverletzung, ein einschneidendes Erlebnis für ihn und sein Opfer gleichermaßen.

Das Opfer war ein Klassenkamerad: Flip Dammtor, ein selbstverliebter Aufschneider, der die Haare wie Draco Malfoy gelte, in Boss-Anzügen mit zu langen Ärmeln umherstolzierte und als Lebenstraum definierte, für die CDU im Bundestag zu sitzen und irgendwann als Ministerpräsident Mecklenburg-Vorpommern zu regieren. Björn Wieland wollte ihm anschaulich die Politik der Nadelstiche erklären, was er recht wörtlich nahm.

Mit einem Kumpel besuchte er in einer warmen Sommernacht Dammtors Lieblingsbar *Zur Zitterbacke* und mischte heimlich K.-o.-Tropfen in den Baileys des Jungpolitikers. Als dieser kurz darauf über extremes Unwohlsein, Übelkeit, Kreislaufprobleme und Schwindel klagte, boten die Freunde an, ihn nach Hause zu begleiten. Flip Dammtor nahm dankend an.

Draußen ging es ihm derart schlecht, dass er sich auf einen Grasstreifen legen musste. Die Freunde zogen dem Wehrlosen Anzughose und Boxershorts runter. Björn hielt ihn fest, damit der Kumpel, ein

Amateur-Tätowierer, mit ruhiger Hand 12 Buchstaben und ein Herz auf den Po des zukünftigen Ministerpräsidenten ritzen konnte: „I ♥ Saskia Esken". Dazu muss man wissen, dass junge Unionsleute die linke SPD-Politikerin Saskia Esken ähnlich wertschätzen wie ein Furunkel am Gesäß.

Das Opfer erstattete noch in der Nacht Anzeige. Der Jugendrichter sah den Tatbestand der gefährlichen Körperverletzung gleich in zwei Fällen erfüllt, wegen der K.-o.-Tropfen und der Tätowierung. Björn Wieland musste als „Heranwachsender" für sechs Monate in den Jugendknast, sein Tätowierer-Kumpel ebenfalls.

Glücklicherweise werden Jugendstrafen von nicht mehr als einem Jahr nach fünf Jahren aus dem Register getilgt. Mit 23 begann Björn Wieland beim Deutschen Roten Kreuz. Im selben Jahr wurde Flip Dammtor in den Bundestag gewählt, wo er als erste Amtshandlung mit ostdeutschen Abgeordneten die WhatsApp-Gruppe „Würstchengulasch" erstellte. Das Saskia-Esken-Tattoo hatte er sich mit dem Laser entfernen lassen müssen. Vier schmerzhafte Sitzungen waren im Studio „Hell of Color's" nötig, bis vom Namen der Genossin nur noch rote Haut übrig war.

Wenn du gehst, verlieren
die Blumen ihren süßen Duft

Genau eine Woche war ihr Hans-Joachim nun schon weg. In drei Tagen sollte sein großes Abschiedsfest stattfinden. Hiltrud Lörr hatte noch immer nicht gewagt abzusagen. Wie immer, wenn es ihr nicht gut ging, gab ihr *ein* Mann Hoffnung: der große Roland Kaiser, ihr Kaiser! Mindestens zehnmal pro Tag hörte sie seinen Hit „Wenn du gehst", weil sie die Worte so berührten:

Wenn du gehst, verlieren die Blumen ihren süßen Duft /
Und das Meer sein Blau im Sonnenschein. /
Jedes Wort bringst du zum Schweigen. /
Über Nacht verklingen die Geigen /
Darum lass mich nicht allein. /
Wenn du gehst, wenn du gehst /
Geht mit dir die Liebe. /
Wenn du gehst, wenn du gehst /
Geht mit dir mein Glück. /
Was mir bleibt, ist die Erinnerung, die ich kaum ertragen kann /
Voller Hoffnung, voller Sehnsucht, denk daran.

Roland Kaiser ließ Hiltrud Lörr nie allein. Er war immer für sie da. Er war ihr Zuhörer, ihr Freund, ihr Herzensmensch, ihr heimlicher Geliebter, ihr Paradiesmann und ihr Ehetherapeut. Seine Schlager waren für sie Wärme- und Romantikspender in ihrer emotional unterkühlten Ehe. Im Hause Lörr hatten die Gefühle Schweigepflicht, um es mit der guten alten Andrea Berg zu sagen. Und so beamte sich die Sekre-

tärin mehrmals pro Woche weit weg von ihrem Eis-
mann zu Sonne, Strand und Sehnsucht, nach *„Santa
Maria, Insel, die aus Träumen geboren"*.

Hiltrud Lörr konnte nicht ahnen, dass ihr Mann auf
einer realen Trauminsel gefangen war: weiße Sand-
strände, malerische Buchten, spektakuläre Kreide-
felsen. Doch was bringt einem schon die herrlichste
Landschaftskulisse, wenn man wie Hans-Joachim Lörr
ein verdunkeltes Zimmer ohne Aussicht hat.

Insel, die aus Träumen geboren

„Ich gebe Ihnen jetzt die einzigartige Möglichkeit, mich glücklich zu machen", sagte Regierungsdirektorin Monika Wieland zu ihrem gefesselten Gefangenen, „indem Sie mich befördern!"

„Vergessen Sie es! Psychopathinnen befördere ich nicht."

„In drei Tagen ist Ihr großes Abschiedsfest, leider ohne die Hauptperson, leider ohne Sie! 100 Gäste werden kommen, darunter mindestens drei Bundesminister, ein Ministerpräsident, fünf Staatsminister, acht Staatssekretäre und zwölf Bundestagsabgeordnete – oder sind es fünfzehn? Sogar aus Ihrem Heimatort reisen Menschen an, vielleicht hätten sie Ihnen als Überraschung ein Straßenschild mitgebracht, ‚Hans-Joachim-Lörr-Straße' in Pobüll, das wäre ein Traum, oder? Schade, dass Ihr Lebenswerk jetzt nicht gewürdigt werden kann. Schade um die rührenden Abschiedsreden und Laudationes, die Sie nie hören werden. Schade um die Standing Ovations, die Sie nicht mitbekommen. Schade um das Party-Büfett, das Sie schon bezahlt haben. Schade um die vielen schönen und großzügigen Geschenke, die Sie nun nicht bekommen, weil Sie ja hier bei mir sind, auf Rügen, Insel, die aus Träumen geboren."

Sie gab ihm lachend einen festen Klaps auf den Kopf und sagte: „Hey Siri, spiel bitte ‚Santa Maria' von Roland Kaiser!" Monika Wieland hatte ihre Hausaufgaben wirklich gründlich gemacht. Sie wusste ganz genau, womit sie Lörr provozieren konnte.

„Hören Sie auf!", brüllte Lörr. „Verdammt! Hören Sie auf!"

„Ich gebe Ihnen die einzigartige Möglichkeit, mich glücklich zu machen", wiederholte sie.

Lörr dachte nach. Er könnte ja zum Schein auf das Angebot eingehen und die irre Wieland sofort nach seiner Befreiung hopsnehmen lassen. „Was fordern Sie konkret?"

„Gleichzeitig mit Ihnen geht unser Unterabteilungsleiter Falk Riedel in Pension. Ich will seinen Job!"

„Das geht nicht. Ich habe diesen B6-Posten bereits Thomas Bartenstein versprochen, einem treuen und zuverlässigen Unionsmann."

„Echt schade um Ihr Abschiedsfest. Aber wir können diesen Donnerstag hier eine kleine Gefängnisparty machen: Sie, mein Neffe und ich. Wenn Sie wollen, halte ich eine feierliche Laudatio: ‚In meinem ganzen Berufsleben habe ich keinen größeren Dreckskerl getroffen als Sie, Hans-Joachim Lörr!' Und mein Neffe und ich organisieren eigens für Sie ein leckeres Büfett, eine große Sushi- und Sashimi-Platte mit einer Extraportion superscharfem Wasabi, der Ihre Nasenschleimhaut angreift."

Der Schattenminister hatte in seiner siebentägigen Gefangenschaft bereits 20 Sushi-Mahlzeiten eingenommen und mindestens drei Kilo abgenommen. Er hätte in diesem Moment alles gegeben, um von Prora, diesem Monster am Meer, und vor Monika Wieland, diesem Monster aus dem Ministerium, flüchten zu können. „Wenn Sie mich freilassen, können wir über Ihre Beförderung reden", sagte Hans-Joachim Lörr.

„Sie glauben wohl ‚Alle doof außer mich', oder was? Sie kommen hier nur unter drei Bedingungen raus. Erstens: Ich möchte von Ihnen schriftlich, dass ich Unterabteilungsleiterin werde. Zweitens: Wir nehmen ein kleines Video auf, in dem Sie sich bei allen namentlich entschuldigen, die Sie als Ministeriumsmenschenfresser gegrillt haben. Wenn Sie Ihr Wort nicht halten oder mich und meinen Neffen anzeigen, wird dieses Video in allen sozialen Netzwerken gepostet. Drittens: Ich möchte bei Ihrem Abschiedsfest in der ersten Reihe sitzen, selbstverständlich nicht am Rand, sondern in der Mitte. Und ich verlange, dass Sie mich in Ihrer Dankesrede als Erste lobend erwähnen, vor allen Politikern!"

„Sonst geht es Ihnen gut?" Lörr vergaß angesichts der Absurdität dieser Forderungen wieder einmal die Position, in der er sich gerade befand.

„Mir geht es jedenfalls besser als Ihnen! Überlegen Sie erstmal in aller Ruhe, ob Sie zu Ihrem Fest möchten oder die ersten Monate Ihrer Pension hier in Prora verbringen wollen."

Monika Wieland ging aus dem Raum. Sie genoss die Hierarchie-Umkehr. Der große Abteilungsleiter war ans Bett gebunden und somit im wahrsten Wortsinn weisungsgebunden, und zwar ihr, der kleinen Referatsleiterin. Die Führungspyramide in diesem patriarchalen Ministerium, wo alte weiße Männer die Spitzenjobs unter sich ausmachen, gehört auf den Kopf gestellt, dachte Monika Wieland. Einzig und allein die Wieland'sche Entführungs-Pyramide ermögliche „Female Leadership".

Soko erfolglos wie die GroKo

In diesem nachrichtenarmen Oktober gab es nach wie vor nur eine Top-News: Der Fall des verschwundenen Ministerialdirektors lieferte die bestverkauften Schlagzeilen und die meistgeklickten Artikel.

BAO-Chef Josef Rawalski mutmaßte in einer Pressekonferenz, dass das Tatfahrzeug ein Rettungswagen sein könnte, und zitierte die bayerische Berlin-Touristin, die ein Kennzeichen mit dem Buchstaben „Ü" beobachtet haben wollte – entweder „RÜD" (Rüdesheim), „RÜG" (Rügen) oder „ÜB" (Überlingen).

Kai Brüggemeier kontaktierte die betroffenen Orts- und Kreisverbände des Roten Kreuzes und fragte, ob am Montagabend eines ihrer Autos in Berlin gewesen sei.

„Glauben Sie mir, kein Kollege würde jemals freiwillig in so eine dreckige Stadt fahren", sagte ein DRK-Angestellter aus der schwäbischen Bodensee-Stadt Überlingen.

Eine Mitarbeiterin des DRK-Kreisverbandes Rügen meinte: „Wir könnten gar keinen Rettungswagen in die Hauptstadt schicken, weil wir derzeit ein Fahrzeug weniger haben. Nach einem Motorschaden steht es in der Werkstatt." Auch dieser Hinweis führte uns vorerst nirgendwohin.

Emily und ich verwarfen die Einzeltäter-Theorie endgültig: „Für so ein Verbrechen braucht es mindestens zwei", sagte Emily. Entweder hatten wir es mit Profis zu tun – oder mit Amateuren, die mehr Glück als Verstand hatten.

Mehrere Medien rüffelten uns, die erfolglosen Ermittler. Eine Boulevardzeitung titelte hämisch in

Reimform: „Soko erfolglos wie die GroKo!" (Korrekt wäre „BAO" gewesen, doch darauf hätte sich nur Nonsens gereimt, etwa „Tao" – chinesischer Begriff für „Weg" – oder „Mao", Mao der Massenmörder, der in China wie ein Heiliger verehrt wird. Nur so konnte ich mir diese fachliche Ungereimtheit erklären. Schlagzeilen-Macher reimen sich nämlich die Wahrheit hin und wieder nach eigenen Regeln zusammen.) Die Große Koalition galt als Sinnbild für Versagen, für uns Ermittler war dieser Vergleich eine bodenlose Frechheit.

Anders als sonst drückten fiese Headlines wie diese meine Stimmung nicht. Seit dem Abendessen mit Caro Himmler überschwemmte das Glückshormon Dopamin mein Gehirn. Meine Gedanken kreisten fast nur noch um sie und weniger um ihren Chef, den verschollenen Abteilungsleiter.

Emily sah mich beim Mittagessen in der Ministeriumskantine vielsagend an und meinte: „Dein Strahlen blendet ja richtig. Woran das wohl liegt?" Wir mussten beide lachen.

Ein Titel für die Freiheit

„Lassen Sie uns reden", sagte Hans-Joachim Lörr Dienstag früh zu Monika Wieland. „Wie kann ich mir sicher sein, dass Sie mein Entschuldigungsvideo nicht trotzdem veröffentlichen, sobald Sie Unterabteilungsleiterin sind?"

„Ich werde es vor Ihren Augen löschen."

„Damit Sie Unterabteilungsleiterin werden können, muss ich Sie erst von der Regierungsdirektorin zur Ministerialrätin und dann von der Ministerialrätin zur Ministerialdirigentin befördern. Dafür brauchen Sie dringend eine bessere dienstliche Beurteilung. Bisher bestand ja Ihre Leistung vorwiegend darin, mein Vorzimmer und mich zu nerven oder harmlose Besuchergruppen anzuschreien."

„Soll ich Ihnen wieder eine Wangenabreibung verpassen?"

„Nein danke. Aber ich brauche das Formular für Ihren Beurteilungsbeitrag. Für die Fertigung ist in unserem Ministerium die elektronische Ausfüllhilfe für den Beurteilungsbogen zu verwenden. Wie soll ich das hier mit meinen Kabelbindern machen? Ich könnte mit Ihnen ins Ministerium fahren, wo wir alles sofort erledigen."

„Vergessen Sie es! Ihnen traue ich nicht über den Weg, schon gar nicht über den Aktenweg. Sie rufen jetzt Caro Himmler an und sagen ihr, dass sie sofort mit dem Dienst-Laptop nach Prora kommen muss. Wenn Ihre Büroleiterin der Polizei oder jemand anderem nur ein Wort sagt, drehe ich Sie durch den Reißwolf, Herr Lörr!"

Lörr dachte kurz nach und nickte dann. Die Referatsleiterin Bürgerservice war offenbar so scharf auf ihre Beförderung, dass sie dafür bereit war, eine weitere Person in die Entführung hineinzuziehen. Björn Wieland nahm sein Kryptohandy und wählte Caro Himmlers Nummer. Als sie abhob, sagte er: „Hallo, hier spricht ein Freund Ihres Chefs. Können Sie bitte an einen Ort gehen, wo Ihnen niemand zuhört? Ich habe hier jemanden für Sie."

Er hob das Mobiltelefon an das rechte Ohr des gefesselten Abteilungsleiters: „Hallo Caro! Du musst mir hoch und heilig versprechen, dass du niemandem von diesem Telefonat erzählst, auch nicht meiner Frau und schon gar nicht der Polizei. Niemandem, hörst du? Setz dich bitte in den nächsten Zug nach Binz. Nimm deinen Dienst-Laptop mit und alles, was man sonst für einen Beurteilungsbeitrag braucht. Ja, du hast richtig gehört: Beurteilungsbeitrag! Sag niemandem, wohin du fährst, niemandem! Sag, dass es dir nicht gut geht und du nach Hause musst. Am Bahnhof wird dich jemand abholen. Kann ich mich auf dich verlassen?"

„Wie immer, Hans-Joachim, wie immer. Geht es dir denn gut?"

„Für Sentimentalitäten habe ich jetzt wirklich keine Zeit."

In diesem Moment wusste Caro Himmler, dass ihr Chef ganz der Alte war. Sie googelte den nächsten Zug nach Rügen: Abfahrt 12:32 Uhr Berlin-Hauptbahnhof. Ankunft 16:55 Uhr Ostseebad Binz.

100-mal Sorry

„Jetzt drehen wir mit Ihnen ein Kult-Video", sagte Monika Wieland zu ihrem Chef. Und zu ihrem Neffen: „Kannst du bitte den Herrn Abteilungsleiter kurz von seinen Kabelbindern befreien? Wenn er sich nicht benimmt, gibt's zur Strafe eine feine Spritze mit Propofol, Michael-Jackson-Dosis."

Sie drückte Lörr 36 Din-A-4-Seiten in die Hand: „Ich habe mir drei Arbeitswochen lang die Mühe gemacht, die Leidensgeschichten von 100 Ihrer Opfer zu recherchieren. Sie müssen alle Ministeriumsbediensteten auf der Liste um Verzeihung bitten – ohne Ausnahme! An erster Stelle stehe ich. Mir sind die anderen zwar egal, aber es sollen nur alle wissen, was für ein Drecksschwein Sie zu Ihren Mitarbeitern sind."

Es war ein sonniger, windstiller Tag. Der Neffe beschloss, das Handy-Video auf der Terrasse zu drehen. Lörr durfte seinen Kaschmirmantel anziehen, den Björn Wieland draußen im Sand gefunden hatte.

„Sind Sie bereit?"

Lörr nickte und las den Text:

Ich, Abteilungsleiter Hans-Joachim Lörr, habe im Ministerium viele Mitarbeiter schlecht behandelt. Ich habe Menschen Leid zugefügt, indem ich sie in Besenkammern verbannte, ihre Beförderung verhinderte oder sie mit Lügen beim Minister anschwärzte. Mir ist bewusst, dass meine Intrigen das Klima im Haus vergiftet haben. Ich möchte folgende Beamte und Tarifbeschäftigte aus tiefstem Herzen um Entschuldigung bitten:

Liebe Frau Regierungsdirektorin Wieland, ich habe Ihre Arbeit nie wertgeschätzt. Sie führen jedes Jahr

Tausende Gäste durch das Ministerium und beantwor-
ten Zigtausende Bürgeranfragen. Alle Menschen lieben
Sie! Sie sind immer freundlich und haben stets ein Ohr
für die Sorgen und Nöte der Bürgerinnen und Bürger. Sie
sind unsere Visitenkarte der Menschlichkeit!

In diesem Moment begann Hans-Joachim Lörr laut los-
zuprusten: „Sie wollen immer freundlich sein? Was ist
denn mit den 287 Beschwerden, die Sie in nur einem
Jahr kassiert haben? Ist das etwa unsere Visitenkarte der Menschlichkeit?" Der Abteilungsleiter konnte nicht aufhören zu lachen – psychologisch war das
wohl nur damit zu erklären, dass beim Lachen Angst
und Stress wie durch ein Sicherheitsventil abgelassen
werden. Angst verspürte der Ministerialdirektor vor
seiner Entführerin in diesem Moment kein bisschen
mehr – zu absurd war ihre Selbsteinschätzung.

Monika Wieland ging auf den Abteilungsleiter zu
und gab ihm ohne Vorwarnung links und rechts eine
Ohrfeige: „Wenn Sie nicht kooperieren, bekommen Sie
die Michael-Jackson-Gedächtnisspritze, das schwöre ich Ihnen!"

Hans-Joachim Lörr wurde blass. Seine Angst war
zurück. Er startete von Neuem. Nachdem der Ministerialdirektor Monika Wieland unfallfrei gewürdigt hatte (*„Wegen ihrer großen Verdienste befördere ich Frau*
Wieland hiermit zur Unterabteilungsleiterin"), folgten
die restlichen 99 Sorry-Erklärungen:

- *Ich bitte Unterabteilungsleiter Steffen C. Jäger um*
  Verzeihung. Lieber Herr Jäger, ich muss an dieser
  Stelle zugeben, dass ich Ihnen absichtlich ein Büro
  zugewiesen habe, das 400 Meter vom Ministerbüro
  entfernt ist. Aufgrund der räumlichen Distanz konnten

Sie mit dem Minister nicht vernünftig kommunizieren, was der einzige Sinn dahinter war. Ich habe außerdem den Ministerkalender mit unnötigen Terminen überhäuft, weil ich wusste, dass der Chef dann sauer ist und Sie irgendwann strafversetzt. Herr Jäger, es tut mir leid, dass ich Sie weggeekelt habe!

- Zu Unterabteilungsleiterin Astrid Eberl möchte ich ebenfalls „Entschuldigung" sagen. Liebe Frau Eberl, ich habe dem Minister jeden Tag eingeredet, dass Sie faul, überfordert und noch dazu illoyal sind. Ich habe dafür gesorgt, dass der Chef glaubt, Sie hätten ihn hinter seinem Rücken einen „inkompetenten Schwachmaten" genannt. Sorry, Frau Eberl!

- Auch Ministersprecher Simon Streif habe ich laufend beim Minister denunziert. Lieber Herr Streif, ich habe Felix Rohr den Bären aufgebunden, dass er mit einem neuen Kommunikationschef statt der alltäglichen Shitstorms so viel Fanpost wie der Schauspieler und Frauenschwarm Elyas M'Barek bekommen würde! In Wahrheit wollte ich Sie loswerden, weil Sie mit Hilfe des Ministers einen Witz auf meine Kosten gemacht haben. Verzeihung, Herr Streif!

- Ich habe mit unlauteren Mitteln verhindert, dass Regierungsdirektor Nils Alber Leiter des Ministerbüros wird. Sorry, lieber Herr Alber, dass ich Sie mit Disziplinaranzeigen zugeschüttet habe, obwohl es keinen Grund dafür gab. Dass Sie zwei Jahre lang ohne Aufgabe in einer Besenkammer dahinvegetieren mussten, bedauere ich aufrichtig. Ich freue mich, dass Ihre Gesichtslähmung vollständig ausgeheilt ist.

- Ich bitte meine ehemalige Sekretärin Lisa Thaler um Vergebung, dass ich sie mit Blondinen-Witzen mobbte und in den Burnout getrieben habe. Liebe Frau Thaler, wenn ich könnte, würde ich alles ungeschehen machen!

*Mit Bedauern ziehe ich meine Behauptung zurück:
„Sie sind wirklich für alles zu dumm, besonders zum
Arbeiten!" Ich hatte tatsächlich schon schlechtere Sekretärinnen als Sie, Frau Thaler.* (Der letzte Satz hatte
nicht auf Monika Wielands Manuskript gestanden,
sondern war eine launige Ergänzung Lörrs.)

- *Ich hoffe zudem, dass Amtsrat Erik Holstein meine Entschuldigung annimmt. Lieber Herr Holstein,
ich habe Ihre Beförderung verhindert und Sie in den
Fuhrpark abgeschoben, weil Sie Sozialdemokrat sind.
Das war nicht richtig von mir. Über viele Jahre dachte ich: Einen guten Roten erkennt man am Abgang.*[15]
*Jetzt bin ich zur Einsicht gekommen: Sozis sind eben
doch auch Menschen! Sorry für alles, Genosse Holstein.* (In dieser Passage war Hans-Joachim Lörr
erneut von Monika Wielands vorgegebenem Text
abgewichen.)

- *Mein Stammfahrer Herbert Brandner ist für mich
fast jeden Abend unterwegs. Lieber Herr Brandner,
ich habe mich nie für Ihren großen Einsatz bedankt,
sondern meine schlechte Laune an Ihnen ausgelassen.
Das tut mir von Herzen leid. Wenn ich nicht schon
bald meine Pension antreten müsste und weiter als
Abteilungsleiter arbeiten könnte, würde ich Sie bei
meinen Essensterminen kein einziges Mal mehr draußen in der Hitze oder Kälte warten lassen, sondern die
einladenden Lobbyisten bitten, Ihnen ein Kalt- oder
Heißgetränk zu spendieren.* (Die fremdfinanzierten
Kalt- und Heißgetränke für den Fahrer waren ein

---

15 Mit diesem Satz verabschiedete sich der ehemalige österrei-
    chische Bundeskanzler Christian Kern (SPÖ) selbstironisch
    aus der Politik.

spontaner Einfall Lörrs gewesen, eine brillante Idee, wie er fand.)

Zum Schluss war Abteilungsleiter Hans-Joachim Lörr von seiner Bußrede so erschöpft, dass er die erklärenden Worte wegließ und nur noch die Namen seiner Opfer auf Lebenszeit nannte.

Das Handy-Video dauerte knapp 60 Minuten. „Sehr guter Stoff für YouTube", sagte Björn Wieland, „das wird sich garantiert das ganze Regierungsviertel angucken, wenn Sie meine Tante nicht befördern." Für Hans-Joachim Lörr war es eine der demütigendsten Stunden seines Lebens.

Kleine Titelkunde – ein Exkurs

Im Nachhinein muss ich als Polizeioberkommissar sagen: Ach, hätte ich doch nur geahnt, dass es auch in Deutschland Menschen gibt, die für einen Titel über Leichen gehen! In meiner Heimat Österreich wäre ein Verbrechen für eine klangvollere Anrede keine große Sensation gewesen, wir Österreicher sind seit der Monarchie (und noch viel mehr seit ihrem Untergang) wegen unserer Titelverliebtheit weltweit gefürchtet, aber in Deutschland! Ich fasse es noch immer nicht.

Um in Wien mit Frau oder Herr Doktor angesprochen zu werden, reicht es schon, dass der Urgroßvater Doktor war, völlig egal, wenn man selbst nur den Abschluss an der „Bio-Baumschule Schafnase" in Eisenberg geschafft hat. Zum Rektor einer Universität sagt man bei uns „Eure Magnifizenz", zu einem Gymnasiallehrer „Herr Professor". „Professor" wird als Ehrentitel auch vom Bundespräsidenten höchstpersönlich verliehen, mein Lieblingsprofessor war „Prof. Udo Jürgens".

In den *Salzburger Nachrichten* habe ich gelesen, dass in Österreich rund 1.500 Titel und Berufsbezeichnungen offiziell per Gesetz geregelt sind, das müssen Sie sich einmal vorstellen! Auf unseren Visitenkarten stehen „Hofrat", „Wirklicher Hofrat", „Vortragender Hofrat", „Bergrat", „Magister", „Ingenieur", „Militärerzdekan", „Kommerzialrat", „Kammerschauspieler", „Oberbrückenbaumeister", „Obermedizinalrat", „Oberkindergärtner", ja sogar als „Oberbereiter" ist man bei uns ein hohes Tier.

In Wien verzichten viele Menschen auf Geld, wenn sie sich dafür mit einem Titel aufpudeln können. Ich kann mich noch gut an das Impressum eines österreichischen Wochenmagazins erinnern: Dort waren gleich 18 der insgesamt 60 Journalisten als „Mitglieder der Chefredaktion" angeführt, die restlichen 42 hießen „Chefreporter", „Chefautoren", „Chefkorrespondenten", „Textchefs", „Ressortleiter" oder „leitende Redakteure"! Eine Polizei-Chefreporterin hat mir vor Jahren bei einem Almdudler erklärt, warum bei ihrem Blatt so viele Wichtige arbeiten: „Wenn ein Redakteur vom Verlagseigentümer eine Gehaltserhöhung will, sagt dieser fast immer: ‚Mehr Geld ist nicht drin – aber ich spendiere dir eine neue Visitenkarte!' Mit diesem Spar-Trick ist unser Oberboss Multimillionär geworden." Nachsatz: „Wir leider nicht."

Mir fällt nur ein einziger Titel ein, den die Deutschen haben und wir nicht: „Ministerialdirigent". Küss die Hand, Frau Ministerialdirigentin Wieland.

Darf man am Anfang einer Beziehung lügen?

„Verliebtsein ist ein tolles Gefühl, aber nicht, wenn man gleich zu Beginn den neuen Traummann anlügen muss", dachte Caro Himmler im Zug. In genau diesen Worten hat sie mir später alles gebeichtet. Ich bin erleichtert, dass sie sich trotz der jahrelangen Zusammenarbeit mit ihrem Chef ein Gewissen bewahrt hat.

Drei Mal hatte Caro mich am Handy weggedrückt und mir schließlich eine SMS geschrieben:

„Mein Lieblings-Kommissar,
mir geht es leider nicht gut.
Liege jetzt zuhause.
Magenverstimmung.
Muss für heute Abend schweren Herzens absagen.
Bitte sei nicht böse, ja?
Ich melde mich morgen, sobald es mir besser geht.
Drücke dich ganz fest!
Caro."

Diesen Abend wäre sie mit mir erneut verabredet gewesen, im edelsten Kino Berlins, der *Astor Lounge* am Kurfürstendamm. Ich hatte die romantische Komödie *Marry me* vorgeschlagen – ein etwas draufgängerischer Titel, wie sie fand. Jetzt musste sie schon wieder für das Ministerium, dieses Beziehungskillerministerium, privat zurückstecken, schon wieder musste sie für ihren diktatorischen Boss springen, diesen Liebestöterchef, der ihr nie ein Privatleben gönnte und ihr schon drei kaputte Beziehungen beschert hatte, mindestens.

War sie zu hartherzig? Vielleicht, dachte sie. Immerhin war ihr Chef entführt worden und machte sie ausnahmsweise nicht absichtlich zum „Lörrkaholic" (diesen Spitznamen hatte sich eine von ihr vernachlässigte Freundin ausgedacht, weil Caro Himmler für Hans-Joachim Lörr wie ein Workaholic schuften musste). Hätten sich die Kidnapper kein besseres Timing aussuchen können? Denkfehler, Caro, sagte sie zu sich selbst: Wenn Hans-Joachim nicht verschwunden wäre, hätte sie den „smarten Polizeioberkommissar" (also mich) garantiert nie kennengelernt. Aus Entführung wird Liebe – perfekter Stoff für einen Kitschroman.

Pünktlich kam sie in Binz an. Ein junger großer Mann sprach sie auf dem Bahnsteig an: „Sind Sie Caro Himmler?" Sie hatte Angst und bereute, niemanden über ihre Reise informiert zu haben.

Entführerservice

In seinem silbernen Toyota fuhr Björn Wieland Lörrs Büroleiterin nach Prora. Als Caro Himmler in der Ferienwohnung Monika Wieland sah, meinte sie erstaunt: „Ich habe mit allem gerechnet, nur nicht damit, hier den Bürgerservice anzutreffen. Oder muss ich sagen: ‚Entführerservice'?"

„Das bleibt bitte unser Geheimnis, sonst lade ich auf YouTube sofort den peinlichen Film hoch, den ich eben mit Ihrem Chef gedreht habe." Sie zeigte auf Hans-Joachim Lörr, der nun keine Kabelbinder mehr tragen musste. Mit dem Sorry-Video hatte sie ihn auch ohne Fesseln für immer an sich gebunden, das wusste sie, und die fremdbestimmte Büroleiterin war ihrem Chef so hörig, dass sie niemals etwas ohne seinen Segen unternehmen würde.

„Hallo, Caro", sagte Lörr. „Wo ist das Formular für den Beurteilungsbeitrag? Wir haben wenig Zeit. Bis zu meinem Abschiedsfest sind es gerade mal 48 Stunden."

„Damit wir schneller sind, habe ich alles ausgedruckt", sagte Caro Himmler. „Es sind 18 Seiten, die du ausfüllen musst." Dass Lörr sich verhielt wie immer und sie eine Arbeitsroutine mit ihm durchgehen konnte, half ihr dabei, ihre Nervosität in den Griff zu bekommen.

Normalerweise bewerten ein „Erstbeurteiler" (meist der Referatsleiter oder Unterabteilungsleiter) und ein „Zweitbeurteiler" (häufig der Abteilungsleiter) die dienstliche Leistung eines Ministerialbeamten. Für Hans-Joachim Lörr zählte jedoch nur eine Stimme: jene des Ministeriumsgottes, seine Stimme.

Wenn ein Referatsleiter oder Unterabteilungsleiter einen Mitarbeiter gut fand, der Abteilungsleiter diesen aber nicht leiden konnte, hieß es: Ober sticht Unter. Der Betroffene bekam dann eine unterirdische Bewertung (was eine Beförderung für gleich mehrere Jahre ausschloss).

Je höriger und devoter ein Untergebener war, desto besser fiel seine Beurteilung in Lörrs Ministerium aus. Belohnt wurde zuallererst, wer bei Lörr als Spitzel über die eigenen Kollegen auspackte (der fleißigste Zuträger war Jasper Herbst). Als Leistungsträger zählte ein Beamter automatisch, wenn er dem schwarzen Parteiadel angehörte – Taufkind von, Großneffe von, Urgroßenkel von. Ein Ministerpräsident a. D. brachte beim Abteilungsleiter persönlich fruchtige Konditoreiwaren vorbei, um seinen hochbegabten Protegé – IQ: 95 – von Büro B 2012 anzupreisen. Das alles hat der Leiter des Ministerbüros Emily und mir bei sechs Tassen Filterkaffee erzählt, „streng vertraulich" natürlich. Ich habe vergessen, Dirk Lindemann zu fragen, wieso um alles in der Welt er den Intelligenzquotienten seines Kollegen kennt.

Wer dem Allmächtigen nur ein einziges Mal widersprach oder gar seinen Geburtstag (24. Dezember) vergaß, konnte die Aufstiegsträume für alle Zeiten begraben. „Im Ministerium bekommen gefallene Engel keine Weihnachtsamnestie", sagte Dirk Lindemann so leise, als ob ihn sein vermisster Chef hören könnte. Möglicherweise fürchtete er auch die langen Ohren Caro Himmlers und hatte ihre Abwesenheit nicht mitbekommen. Wir ahnten nicht, dass etwa um dieselbe Zeit der zürnende Ministeriumsgott und sein – wie ich finde – himmlischer Erzengel an der kalten Ostsee ihr blaues Wunder erlebten, in der Gestalt von Monika Wieland. Der Name „Monika" bedeutet übrigens „die Warnende" oder „die Mahnende". (Ich weiß das, weil meine Wiener Cousine so heißt. Sie arbeitet bei

der „GIS", jenem Dienstleister, der die Rundfunkge-
bühren für den ORF eintreibt. Wenn der Name Pro-
gramm ist ...)

Dienstliche Beurteilung

Persönliche Angaben:

Name: Monika Wieland
Geburtsdatum: 26.07.1967
Besoldungsgruppe: A 15
Amtsbezeichnung: Regierungsdirektorin

Im Rahmen der dienstlichen Beurteilung ist bei der
Leistungsbeurteilung folgende Skala zu verwenden:

- *Stufe AA:*
  *Die Leistungen <u>übertreffen</u> die Anforderungen des
  Statusamts <u>durchgehend in signifikanter Art und
  Weise:</u> Im gesamten Beurteilungszeitraum sind <u>au-
  ßergewöhnliche Leistungen</u> zu beobachten.*
- *Stufe A:*
  *Die Leistungen entsprechen den Anforderungen des
  Statusamts <u>voll und ganz</u> während des gesamten Be-
  urteilungszeitraums. <u>In weiten Teilen</u> werden die An-
  forderungen sogar <u>übertroffen</u>, dabei sind <u>bisweilen
  auch außergewöhnliche Leistungen</u> zu beobachten.*
- *Stufe AB:*
  *Die Leistungen entsprechen den Anforderungen des
  Statusamts <u>voll und ganz</u> während des gesamten Be-
  urteilungszeitraums. <u>In einzelnen Punkten</u> werden die
  Anforderungen sogar <u>übertroffen</u>.*
- *Stufe B:*
  *Die Leistungen entsprechen den Anforderungen des
  Statusamts <u>voll und ganz</u> während des gesamten*

Beurteilungszeitraums. Die Anforderungen werden
konsequent und zu jedem Zeitpunkt voll erfüllt.
- *Stufe BC:*
  Die Leistungen entsprechen den Anforderungen des
  Statusamts fast vollständig während des gesamten Be-
  urteilungszeitraums. Nur in einzelnen Punkten wer-
  den die Anforderungen nicht ganz erfüllt.
- *Stufe C:*
  Die Leistungen entsprechen nicht über den gesamten
  Zeitraum hinweg den Anforderungen des Statusamts,
  aber die Bereitschaft, an einer kontinuierlicheren an-
  forderungsgerechten Leistung zu arbeiten, ist erkenn-
  bar. Die Anforderungen werden nicht fortwährend
  erfüllt.

Aus dem Amtsdeutsch in leichte Sprache übersetzt: Wer
mit „C" beurteilt wird, ist eine Beamtenschnarchnase,
quasi der Ministeriumsdepp. Das „C" steht ministeri-
umsintern für Cretin. Für die Bewertung musste der
Abteilungsleiter eine Liste mit 84 Punkten durchgehen:
„Das sind ja fast so viele Fragen wie beim Psychotest
der Scientology-Bewegung", nörgelte er und las vor:

- *Verwendet auch im Umgang mit wenig vertrauten An-*
  sprechpartnern eine adressatengerechte Ausdrucks-
  weise und passt die eigene Ausdrucksweise zügig und
  flexibel an sehr unterschiedliche Gesprächspartner
  und heterogene Gruppen an.
  (Lörr musste an die Beschwerde eines Ministeriums-
  besuchers denken, der behauptete, von Frau Wieland als „Sie Vollspast!" beleidigt worden zu sein.
  Sie selbst schwor, den „Fridays for Future"-Sym-
  pathisanten nur „Sie Fantast!" genannt zu haben.)
- *Lässt sich von Hindernissen nicht entmutigen.*

(Um befördert zu werden, räumt die Wieland sogar ihr größtes Hindernis aus dem Weg, nämlich mich, dachte Lörr.)

- *Ist offen für (Veränderungs-)Vorschläge der Mitarbeiterinnen und Mitarbeiter und fördert diese.*
  (Wie war das noch mit der Bürgerservice-Referentin, die Monika Wieland einen autoritären Führungsstil vorgeworfen hatte und zur Strafe sechs Monate lang die Mails und Briefe sämtlicher Querulanten beantworten musste?)

„Immer schön AA machen", sagte Monika Wieland zu ihrem Abteilungsleiter. Der Chef gehorchte:

- *Denk- und Urteilsfähigkeit: außerordentlich stark ausgeprägt! AA*
- *Entscheidungskompetenz: außerordentlich stark ausgeprägt! AA*
- *Flexibilität: außerordentlich stark ausgeprägt! AA*
- *Interkulturelle Kompetenz: außerordentlich stark ausgeprägt! AA*
- *Selbstständigkeit: außerordentlich stark ausgeprägt! AA*
- *Verantwortungsübernahme: außerordentlich stark ausgeprägt! AA*

Zuletzt diktierte Monika Wieland ihrem Chef, wie er die famose dienstliche Beurteilung zu begründen hatte: „*Frau Wieland ist für mich die mit Abstand größte Leistungsträgerin in unserem Haus und die hochqualifizierteste Beamtin, die ich in meinem ganzen Berufsleben getroffen habe. Ihre brillante Arbeit dient als Vorbild für andere Bundesministerien. An jeder Verwaltungsakademie wird über die herausragenden Reformen doziert,*

die Frau Wieland in unserem Referat Bürgerservice ge-
glückt sind. Gesamturteil: AA.“

„Ich kann mich nicht erinnern, wann ich das letzte Mal
so gelogen habe“, sagte Hans-Joachim Lörr. „Darf ich
jetzt meine Frau anrufen?“

„Nein“, sagte Monika Wieland. „Davor will ich noch
meine Ernennungsurkunde als Ministerialdirigentin
sehen.“

„Also, zaubern kann ich nicht. Bei einer so hoch-
dotierten B6-Stelle – Sie verdienen 7.200 Euro netto,
netto! – muss zuerst der Minister zustimmen, aber der
macht ohnehin alles, was ich will. Dann prüft das Bun-
desinnenministerium den Ernennungsvorschlag. Und
wenn keine Bedenken bestehen, wird das Ganze an
den Chef des Bundeskanzleramts zur Beschlussfas-
sung durch das Kabinett weitergeleitet. Zuletzt muss
noch der Bundespräsident unterschreiben, aber der
unterschreibt sowieso alles, der hat sogar bei Simon
Streif, diesem Verrückten, seinen Sanktus gegeben.“

Monika Wieland war klug genug, das alles zu wissen. Dennoch sagte sie kalt: „Wenn ich bis zu Ihrem
Abschiedsfest nicht Ministerialdirigentin und Unterabteilungsleiterin sein sollte, veröffentliche ich Ihr
Fremdschäm-Video. Die Zeit tickt für Sie. Ich würde
mich an Ihrer Stelle beeilen.“

Applaus für deine Lügen

Wer immer ehrlich ist, gefährdet die Liebe, sagen Psychologen. Hans-Joachim Lörr beschloss deshalb, seiner Frau die Wahrheit zu verschweigen, weil sie sich sonst garantiert irgendwo verplappern würde. Björn Wieland lieh ihm sein Kryptohandy, nachdem er ihm vorgegeben hatte, was er zu sagen hatte.

„Hallo Hiltrud, ich bin's. Du musst mir jetzt bitte genau zuhören. Hast du etwas zum Schreiben? (*Pause*) Hör bitte auf zu heulen, das kann ich jetzt gar nicht gebrauchen. (*Pause*) Ich hatte einen Unfall und lag bewusstlos im Krankenhaus. (*Pause*) Ja, mir geht es wieder halbwegs gut. (*Pause*) Hör jetzt bitte endlich auf zu heulen und hör mir zu: Das Abschiedsfest übermorgen muss stattfinden. Ich sehe keinen Grund, auf die vielen Geschenke und Ehrungen zu verzichten. Du hast doch nicht etwa abgesagt, oder? (*Pause*) Na dann ist ja alles gut. Das wäre ja noch schöner, wenn ich das Büfett umsonst bezahlt hätte. (*Pause*) Gib bitte allen Gästen Bescheid, dass sie unbedingt kommen sollen. Jeder Gast bedeutet mindestens ein Geschenk! Caro wird dir beim Durchklingeln helfen. (*Pause*) Ich darf leider erst morgen früh das Krankenhaus verlassen. (*Pause*) Ja, dann komme ich heim zu dir. Tschüss!"

„Und vergessen Sie ja nicht den Teil unseres Deals, dass ich in der ersten Reihe sitze und bei Ihrer Dankesrede als Erste erwähnt werde", sagte Monika Wieland, sobald Lörr aufgelegt hatte.

Fast zeitgleich rief mich Caro Himmler an: „Hallo André! Wie geht es dir? (*Pause*) Ja, mir geht es wieder besser, danke. (*Pause*) Ich wollte dir nur sagen, dass ich dich ganz doll vermisse und ich dich morgen Abend unbedingt sehen möchte. *(Pause)* Nein, übermorgen geht es nicht, weil ich da auf dem Abschiedsfest meines Chefs bin."

Verdammt, verdammt, verdammt, nur einen Moment war sie unkonzentriert gewesen, und schon war ihr ein riesiger Fehler passiert! Einem Polizisten, der jeden Tag mit Fangfragen kleine und große Verbrecher in die Falle lockt, kann man nichts vorschwindeln. Da hatte sie zu tausend Prozent recht. Ich checkte sofort, dass hier etwas gewaltig faul ist. Als gebürtiger Wiener habe ich für Lügen besonders feine Antennen.

„André, hör mir bitte zu. Ich kann und darf dir momentan nicht mehr sagen, Staatsgeheimnis sozusagen. Aber ich verspreche, dir alles zu erklären, wenn ich dich in meinen Armen halte. *(Pause)* Okay, dann sehen wir uns vielleicht morgen. *(Pause)* Tschüss!"

Wie kühl er (also ich) das Gespräch beendet hat, dachte Caro Himmler und kämpfte mit den Tränen. Sie schwor sich, mich nie wieder anzulügen. Gut so. Denn wer mich anlügt, geht ma gewaltig am Zaga.

307 Kilometer weit entfernt tröstete der große Roland Kaiser seinen größten Fan Hiltrud.

Applaus für deine Lügen /
Applaus für dieses Spiel /
Von mir kriegst du Standing Ovations /
Nein das ist doch nicht zu viel. /
Applaus für deine Lügen /
Applaus für deinen letzten Akt /
Befrei mich jetzt von deinem Charme und von deinem
Größenwahn /
Doch du hast mir gutgetan.

Vorzeitiger Pensionsschock

Am späten Abend fuhr Monika Wieland ihre Ex-Geisel samt Büroleiterin nach Berlin. Björn Wieland blieb auf der Insel zurück. Nach einer dreistündigen Fahrt kamen sie kurz vor Mitternacht am Finsterweg an. Hans-Joachim Lörr beschloss, auf einem Sofa im Büro zu übernachten, ein Schlafplatz, den er des Öfteren nach Marathonsitzungen nutzte. Nach Hause wollte er nicht, um sich die hysterische Begrüßungszeremonie seiner Frau zu ersparen.

Früh am Morgen zog er den Reserveanzug an, der im Büroschrank hing, und setzte sich an seinen Schreibtisch neben die Papierberge, die in seiner Abwesenheit weitergewachsen waren. Ohne mich geht hier gar nichts, stellte er zufrieden fest. Um 8.30 Uhr ging er zum Minister, den Caro Himmler über seine Rückkehr informiert hatte. Doch anders als gedacht war es kein Vier-Augen-Gespräch.

Felix Rohr hatte sieben TV-Sender eingeladen, ARD, ZDF, RTL, SAT.1, Pro7, ntv und WELT. Als der Abteilungsleiter vor dem Ministerbüro auftauchte, richteten sich die Kameras sofort auf ihn. Der Minister lief auf seinen verblüfften Abteilungsleiter zu und umarmte ihn.

„Schön, dass Sie wieder hier sind, alter Freund", sagte er und schaffte es erneut, feuchte Augen für die Kameras zu bekommen.

Hans-Joachim Lörr hasste Umarmungen, und noch mehr hasste er die PR-Aktion des Ministers. Als politischer Profi spielte er jedoch mit, ließ sich drücken und drückte zurück: „Vielen Dank, Herr Minister!" Inzwischen hatte er alle Berichte über seinen Fall gelesen. Er wusste: Nur seine naive Frau Hiltrud würde ihm die

Geschichte glauben, dass er nach einem Unfall tagelang bewusstlos im Krankenhaus gelegen habe. Bei der ersten Recherche käme raus, dass er ein schamloser Lügner sei. Aus diesem Grund hatte er bereits in Prora mit seinen Entführern an einer plausiblen Erklärung gefeilt. Vor laufenden Kameras sagte er nun folgende Worte:

„Ich möchte mich bei den vielen Menschen entschuldigen, die sich meinetwegen große Sorgen machten, allen voran bei meiner geliebten Frau, beim geschätzten Herrn Minister und bei meinen vielen Freunden hier im Ministerium.

Ich will offen und ehrlich zu Ihnen sein, auch wenn es mir schwerfällt, weil ich mich für mein Verhalten schäme. 47 Jahre habe ich als Beamter diesem Land gedient. 47 ereignisreiche und intensive Jahre. Glauben Sie mir, es hat keinen einzigen Tag gegeben, an dem ich nicht gerne zur Arbeit gegangen bin. Die Arbeit für unser Land war und ist mein Leben.

Morgen findet mein Abschiedsfest statt. Bereits übermorgen bin ich Pensionär. Um ehrlich zu sein: Ich habe Angst davor. Ich habe Angst, weil ich als Pensionär das, was ich so sehr liebe, verliere: mein Büro, in dem ich mindestens zwölf Stunden täglich sitze und wo mir jeder Gegenstand ans Herz gewachsen ist. Meinen Schreibtisch, der heute noch voller ist als sonst, weil ich eine Woche nicht da war. Die vertrauten Gespräche mit meinen Kollegen, die wie eine Familie für mich sind. Die freundschaftliche Zusammenarbeit mit den Abteilungsleitern in den anderen Ministerien. Und nicht zuletzt der enge Dialog mit den Verbänden.

Am vergangenen Montag aß ich mit meiner Frau in einem Restaurant zu Abend. Auf einmal musste ich daran denken, wie es ist, Pensionär zu sein. Ein Pensionär

ohne seinen Lebensinhalt, die Arbeit. Ich bekam eine Pa-
nikattacke, die erste Panikattacke meines Lebens, und
ging schnell nach draußen an die frische Luft. Nur noch
weg von hier, dachte ich mir. Nur noch weg. Ich stoppte
das erste Taxi, das vorbeikam, fuhr zum Hauptbahnhof
und nahm den erstbesten Zug ans Meer. Ich wollte ir-
gendwohin an die Ostsee, um über das nachdenken zu
können, was jetzt kommt.

Ich habe mein ganzes Leben funktioniert, nur dieses
einzige Mal nicht, als ich vor einer Woche einen vorzei-
tigen Pensionsschock bekam. Ich weiß nicht, was mich
geritten hat, ich weiß nur, wie sehr es mir leidtut.

Aus tiefstem Herzen bedauere ich, dass eine eigene
BAO der Polizei nach mir gesucht hat. Unsere Polizis-
ten sind ohnehin schon überlastet. Dass ich den Ermitt-
lern unnötig Hunderte Überstunden aufgehalst habe und
sie von wichtiger Arbeit abhielt, werde ich mir selbst
nie verzeihen."

Die emotionalen Worte des Abteilungsleiters berührten
Millionen Menschen. Der Hashtag #Pensionsschock
belegte mehrere Stunden Platz eins der deutschen
Twitter-Trends. Anne Will wählte für ihre Talkrunde
das Thema: „Pensionsschock: Und plötzlich bist du
niemand mehr."

Nach Lörrs letztem Satz hatte sich Felix Rohr ins
Bild gedrängt und seinen Abteilungsleiter erneut umarmt. Was für eine großartige Chance: als menschli-
cher Minister mitten in die Primetime! Gut, dass er
gleich sieben TV-Sender informiert hatte.

Lörrs Verschwinden war für ihn ein Glücksfall
gewesen: Innerhalb einer Woche hatte er sich vom
Klassenletzten im Regierungskabinett steil nach oben
gekämpft. Laut einer aktuellen *Focus*-Umfrage war er

nun Deutschlands zwölftbeliebtester Minister (von fünfzehn). Schade, dass der Bundestag nur für vier Jahre gewählt wird und meine Zeit bald abgelaufen ist, grübelte er, sonst hätte ich wie Maradona das Spiel noch einmal gedreht und wäre spätestens in sechs Monaten in den Top 3 gelandet, auf einem Champions-League-Platz, was heißt Top 3, Erster wäre er geworden, noch beliebter als die Kanzlerin, Felix „Diego" Rohr.

Nur Emily und ich ärgerten uns vor unserem alten Fernseher in der Polizeidirektion 2. An dieser Geschichte war offensichtlich etwas faul, das spürten wir genau. Wir kauften dem Menschenfresser Lörr seine plötzliche Menschlichkeit nicht ab. Unser Ober-Boss Ploß kam in unser Büro, wie immer, ohne anzuklopfen: „Gott sei Dank ist der Abteilungsleiter wohlbehalten zurück. Ich kann diesen fleißigen Ministerialdirektor irgendwie verstehen. Zum Glück sind es bei mir noch sieben Jahre bis zur Pension."

Sieben Jahre mit Ihnen sind sieben Hundejahre, also 49 Menschenjahre, hätte ich am liebsten gesagt. Doch ich schwieg.

„Nur damit auch Sie es wissen", sagte Ploß abschließend, „der Innenminister hat mich angerufen. Die ‚BAO Finsterweg' wurde vor zehn Minuten aufgelöst. Es gibt ja nichts mehr zu ermitteln. Sie brauchen Abteilungsleiter Lörr nicht zu befragen. Er hat mich soeben auf einen Kaffee zu sich ins Büro eingeladen. Ich soll Ihnen schöne Grüße und vielen Dank für Ihren Einsatz bestellen." Und an mich gerichtet: „Heidergott, können Sie sich jetzt bitte um das gestohlene Elektrofahrrad des Abgeordneten Cem Özdemir kümmern?"

Hiltrud Lörr will die Scheidung

An seinem vorletzten Arbeitstag verbrachte Hans-Joachim Lörr 14 Stunden im Büro. Er telefonierte und telefonierte und telefonierte – alles wegen dieser Bürgerservice-Hexe Wieland. Spätestens seit seiner Entführung traute er der gemeingefährlichen Referatsleiterin alles zu. Würde sie das Video veröffentlichen, wäre seine Reputation zerstört und sein Lebenswerk ruiniert.

Im Regelfall dauert der Prozess einer B6-Inthronisierung mehrere Monate. Lörrs neue TV-Popularität half ihm, die schnellste B6-Ernennung der Beamtengeschichte einzufädeln. Alle Entscheider ließen sich sofort mit ihm verbinden und versprachen dem Ministerialdirektor, den letzten Wunsch seines Berufslebens zu erfüllen. Am Abend bekam er aus dem Kanzleramt das Signal, dass das Kabinett der Personalie Wieland zustimmen werde.

Kurz nach 21 Uhr brachte ihn sein Fahrer Herbert nach Hause. Dort hatte er gleich das nächste Problem zu lösen.

„Du hast mich belogen!", schrie seine Frau weinend. „Wie konntest du mir das antun? Ich habe solche Ängste um dich ausgestanden. Und du? Du lässt mich einfach im Restaurant sitzen und vergnügst dich an der Ostsee, du Schwein! Vielleicht sogar mit einer Geliebten, oder?"

„Du weißt doch, dass mir eine Geliebte viel zu teuer wäre, liebe Hiltrud." (In diesem Punkt glaubte sie ihm.)

„Ich will die Scheidung, und zwar sofort. Du hast mich hintergangen. Pensionsschock – dass ich nicht lache! Du hast doch schon seit Jahren vorgesorgt, dass dir in der Pension nicht langweilig wird. Jede Menge gut bezahlte Aufsichtsratsposten und Beraterjobs hast du dir für den Ruhestand verschafft. Ich werde dir nie mehr vertrauen können."

„Jetzt hör mal gut zu. Ich bin entführt worden, du Intelligenzallergikerin! Da, schau her, die Striemen an meinen Hand- und Fußgelenken! Morgen erzähle ich dir die ganze Geschichte, aber nur, wenn du niemandem etwas sagst. Und jetzt lass uns schlafen gehen. Bei meinem Abschiedsfest müssen wir fit sein."

Die Scheidung war somit vom Tisch.

Sie lag neben ihm diese Nacht, *„auch wenn die Liebe mir schon oft in den Händen starb"* (Roland Kaiser).

Trust Me

Caro Himmler hatte abends gemeinsam mit Hans-Joachim Lörr das Ministerium verlassen. Sobald sie allein am Finsterweg war, rief sie mich an: „Ich muss dich sehen, jetzt. Wir müssen reden."

„Klar! Du kannst zu mir kommen. Birkenstraße 42 in Moabit."

Caro Himmler hatte selten eine so schlecht eingerichtete Wohnung gesehen und noch seltener einen so charmanten Hausherrn (das hat sie tatsächlich so gesagt). Ich half ihr aus dem Mantel, brachte ihr eine Kaffeetasse mit Rotwein (Weingläser habe ich leider nicht), begleitete sie zum abgeranzten orangen Sofa und sagte: „Was bedrückt dich?"

„Ich habe 17 Jahre lang für Hans-Joachim Lörr gearbeitet. Ich war immer loyal: Ich habe ihm bei seinen Intrigen geholfen und für ihn gelogen. André, ich habe auch dich belogen. Als ich sagte, ich kann dich wegen einer Magenverstimmung nicht sehen, war ich in Wirklichkeit in Prora, wo Hans-Joachim in einer Ferienwohnung gefangen war. Eine Referatsleiterin aus dem Ministerium hatte ihn entführt und erpresst. Ich musste schwören, nichts zu sagen, schon gar nicht der Polizei. André, es tut mir leid, ich verspreche dir, in Zukunft immer ehrlich zu sein."

Zufall oder Karma, im Radio lief der Song „Trust Me" von Janis Joplin.

Der letzte Tag

An seinem letzten Arbeitstag saß Hans-Joachim Lörr bereits um 7 Uhr am Schreibtisch. Ab 8 Uhr kamen die ersten untertänigen Beamten, um sich persönlich zu verabschieden, die meisten aus Angst vor dem langen Arm des Abteilungsleiters, der selbst als Pensionär (bei uns in Österreich heißt es übrigens „Pensionist") in der Lage wäre, so großen Schrecken zu verbreiten wie Lord Voldemort. Der Kleidungsstil der in der Schlange Stehenden – fast ausnahmslos graue Anzüge und graue Kostüme – ließ allerdings weniger auf eine Todesserversammlung beim Dunklen Lord schließen als auf eine Generalaudienz beim Papst.

Wer ein Geschenk in den Händen hielt, wurde vom Vorzimmer des Heiligen Ministeriumsvaters vorgelassen und musste sich nicht anstellen. Gnädig lächelnd genoss Lörr die Ehrerbietung und musste an den Satz denken, den er vor 41 Jahren am Rheinufer zu Hiltrud gesagt hatte: „Eines Tages werde ich mit meinen außergewöhnlichen Charaktereigenschaften im Ministerium der ‚uomo virtuoso' sein, der starke Mann."

Auch die drei Redakteure des internen Ministeriums-Newsletters *Rohrpost* machten Lörr ihre Aufwartung. Das *Rohrpost*-Team zeigte Lörr stolz den Ausdruck eines Jubelporträts mit 473 persönlichen Dankesschreiben. Auf der ersten Seite war der Abteilungsleiter in Denkerpose zu sehen, darunter stand in Großbuchstaben:

HANS-JOACHIM LÖRR – EIN DEUTSCHES GENIE!

Goethe = Literatur
Einstein = Physik

Leibniz = Logik
Gauß = Mathematik
Lörr = Verwaltung

Nur ein Besucher trübte kurz die Feierstimmung, nicht nur, weil er ohne Geschenk kam. Regierungsdirektor Thomas Bartenstein, der schon mit 14 Jahren der Jungen Union beigetreten war und mit 16 ein CDU-Parteibuch hatte, war im ganzen Haus als kommunikativer Mitarbeiter bekannt. Da er selten an seinem Schreibtisch saß und bei der Arbeitsverteilung stets untertauchte, wurde er von seinen Chefs hinterrücks „Phan-Thomas", das Phantom, genannt. An diesem Tag war der ansonsten in sich ruhende Beamte außer sich vor Zorn: „Stimmt es, dass Monika Wieland Unterabteilungsleiterin wird und nicht ich?"

„Als Mann können Sie schlecht Unterabteilungsleiterin werden", antwortete Lörr trocken.

„Aber Sie haben mir doch versprochen, dass ich Unterabteilungsleiter werde – wegen meiner Verdienste für unsere Partei, die wir beide so sehr lieben!"

„Sie wurden in unserer Kantine beim Essen mit mehreren Sozialdemokraten gesehen. Wegen dieses nicht vertrauenswürdigen Verhaltens begann ich daran zu zweifeln, ob Sie für die Besoldungsgruppe B6 moralisch geeignet sind. Leider haben Sie den moralischen Grundlagentest knapp nicht bestanden. Daher wird Frau Wieland neue Unterabteilungsleiterin. Nehmen Sie es nicht zu schwer! Wenn der nächste Unterabteilungsleiter in Pension geht, haben Sie Ihre nächste Chance – also in genau sechs Jahren."

Grußlos stürmte Bartenstein aus Lörrs Büro.

Ein letztes Mal setzte sich Hans-Joachim Lörr an seinen schwarzen Schreibtisch. Er startete Outlook und schrieb eine Mail an alle Mitarbeiterinnen und Mitarbeiter des Bundesministeriums:

Liebe Kolleginnen und Kollegen,

morgen darf ich einen neuen Lebensabschnitt beginnen, meinen Ruhestand. Ich werde eine gute Weile brauchen, um mich an meine neue Freiheit und Freizeit zu gewöhnen. Meine Pension wird aber nicht bedeuten, dass ich mich nicht weiter mit den politischen Vorgängen und den Geschehnissen im Regierungsviertel beschäftige. Ich werde die neue Regierung genauestens beobachten!

Es bleibt mir nun, Danke zu sagen für das kameradschaftliche, manchmal sogar freundschaftliche, stets konstruktive, ehrliche, faire und harmonische Miteinander in diesem Haus. Ausdrücklich möchte ich mich bei der Personalvertretung und dem Hauptpersonalrat bedanken, die bei jedem Problem bedingungslos auf meiner Seite standen.

Wir haben in den vergangenen Jahren für unser Land gemeinsam vieles erreicht und Ergebnisse geliefert, die mich stolz und glücklich machen, auch wenn die Journaille unseren Erfolg kaputtschreiben wollte. Uns ist es gelungen, den Koalitionsvertrag der Großen Koalition zu erfüllen, wir haben 55 Gesetze, 37 Verordnungen und 14 Programme durchgebracht. Eine Herkulesaufgabe, die nur gemeinsam zu schaffen war, dank Ihnen und mit Ihnen!

Ich habe in meiner Zeit im Bundesministerium viele wunderbare Menschen kennen und schätzen gelernt. Mich hat immer der offene Austausch gefreut und der ehrliche Umgang miteinander. Wegen unseres großartigen Arbeitsklimas blicken andere Bundesministerien mit Neid auf den Finsterweg. Denn unser Ministerium steht für Harmonie, Akzeptanz und Respekt. Als

Abteilungsleiter war für mich die Fürsorgepflicht ein besonders hohes Gut.

Mich hat heute berührt, dass sich so viele von Ihnen bei mir persönlich verabschiedet haben, manche sogar mit einem tollen Geschenk! Wer noch bei mir vorbeischauen möchte: Ich bin bis 18 Uhr hier, also genau zwei Stunden. Wenn Sie diese Mail erst morgen lesen sollten und für mich etwas hinterlassen wollen, können Sie die Geschenke gerne bei meiner Büroleiterin Caro Himmler abgeben. Ich liebe übrigens Whiskey (Scotch) und französischen Rotwein. Ganz besonders freue ich mich über Restaurant-Gutscheine (bitte kein Sushi!).

Es war mir eine Ehre, mit Ihnen zusammenzuarbeiten.

Alles Gute und herzliche Grüße,
Ihr und Euer
Hans-Joachim Lörr

PS: Damit die kommende Hausleitung unseren erfolgreichen Kurs fortsetzt, können Sie mich auch als Pensionär jederzeit anrufen und vertraulich um Rat fragen. Da mein altes Handy kaputtgegangen ist, habe ich eine neue Telefonnummer: 0171 122135x.

Caro kam in Lörrs Büro: „Hans-Joachim, kann ich dich kurz stören? Die Spedition ist hier, die deinen Bürosafe zu dir nach Hause bringen soll." Sechs Männer waren nötig, um Lörrs 452 Kilo schweren Giftschrank abzutransportieren. Auch im Ruhestand konnte der Ministerialdirektor den Inhalt eventuell gut gebrauchen – falls seine fünf CEO-Freunde ihr Versprechen brechen sollten, ihm einen gut bezahlten Aufsichtsratsposten oder Beraterjob zu besorgen, und die sieben Verbandschef-Kumpels sich nicht mehr erinnern konnten, ihn für 15.000 Euro als Keynote Speaker zu buchen.

Caro stand insgesamt fünf Stunden am Aktenvernichter, um Hunderte Seiten zu schreddern, die die kommende Hausleitung besser nicht sehen sollte. Sie hinterfragte auch diesmal nicht, was ihr der Chef aufgetragen hatte. Inspiriert vom österreichischen Bundeskanzleramt musste Caro zudem eine Geheimoperation durchführen, nämlich drei Computer-Festplatten plattmachen, wobei sie sich als weitaus größerer Profi im Beseitigen digitaler Spuren erwies als ihr Wiener Kollege: Der enge Mitarbeiter des über sich selbst gestürzten Wunderwuzzi-Kanzlers Sebastian Kurz hatte persönlich einen Standort der Firma Reisswolf in Niederösterreich aufgesucht, um dort unter falschem Namen fünf Festplatten vernichten zu lassen. Danach stahl er sich traurigerweise davon, ohne die Rechnung – 76 Euro und 45 Cent – zu begleichen, blöderweise hatte er die korrekte Telefonnummer angegeben, die direkt ins Kanzleramt führte, unglücklicherweise erkannten Reisswolf-Angestellte den Kurz-Vertrauten, als er im Fernsehen hinter dem Politiker zu sehen war, bedauerlicherweise wurde den Medien ein Überwachungsvideo zugespielt, das den Kurz-Spezi vor einer Schreddermaschine zeigte, unseligerweise füllte der „Schredder-Skandal" daraufhin sämtliche Titelseiten – die totale Vernichtung.

Caro vertraute deshalb lieber der brachialen Hammer-Methode in ihrem abgeschlossenen Büro: Nach nicht einmal zehn Minuten waren Lörrs Festplatten in kleinste Teilchen zertrümmert. Caro füllte die pulverisierten Reste in sieben schwarze Hundekotbeutel und entsorgte sie in sieben verschiedenen Mülltonnen in sieben verschiedenen Straßen rund um das Ministerium. „Sollte es je zu einem Untersuchungsausschuss kommen", sagte Hans-Joachim Lörr danach zu ihr,

„kann mir niemand vorwerfen, dass ich Informationen zurückhalte. Es gibt keine mehr."

Nach der Mail des Abteilungsleiters waren noch sieben Beamte gekommen, um sich zu verabschieden. Die Ausbeute war allerdings mit einer Packung *Merci*, einer *After-Eight*-Box und einer Flasche *Rotkäppchen Sekt* deutlich unter den Erwartungen geblieben. Aber die große Bescherung stand ja erst bevor. Gegen 18.30 Uhr verließ Hans-Joachim Lörr für immer das Ministerium und ließ sich von Herbert Brandner zu seinem letzten großen Auftritt als aktiver Beamter fahren.

Versöhnung mit Mario

Etwa um dieselbe Zeit traf ich Mario in unserem „Stammbeisl", in unserer Stammkneipe also. Ich war froh, dass er zuvor am Telefon meine Entschuldigung angenommen hatte. Noch vor dem ersten Schluck Veltins Pilsener meinte er: „Ich habe gegoogelt, was ‚Gewandlaus' bedeutet. Wehe, du sagst das noch einmal zu mir, du Nudlaug!"

Ich war gerührt: Meinetwegen begann Mario Deppendorf, dieser Urberliner, Wiener Schimpfwörter zu lernen – für mich der größte Freundschaftsbeweis überhaupt! Vor fünf Jahren waren wir uns das erste Mal im Bundestag begegnet. Mario hatte damals seinen letzten Tag als wissenschaftlicher Mitarbeiter, mit einer Umzugskiste hatte er im Eingangsbereich des Jakob-Kaiser-Hauses auf sein Taxi gewartet. Es goss in Strömen. Wir kamen ins Gespräch und fanden heraus, dass wir beide in Moabit wohnten. Er bot an, mich mitzunehmen.

Im Taxi erzählte er mir seine Geschichte: Elf Jahre hatte er für einen Bundestagsabgeordneten geschuftet, der seine Arbeit nie richtig wertschätzte. Nun habe er beschlossen, eine Stelle als Geschichtslehrer an einem Gymnasium in Berlin-Mitte anzutreten, sagte er mir damals schon nach wenigen Minuten und wirkte wie befreit.

Als wir uns drei Wochen später zufällig im *Dicken Engel* sahen, unserem heutigen Stammlokal, kam er sofort auf mich zu: „Schön, dass du hier bist, Ösi! Du wirst nicht glauben, was mir passiert ist: Ich unterrichte jetzt die Tochter meines doofen Ex-Chefs."

„Das Regierungsviertel ist eben ein Dorf", erwiderte ich.

Seit diesem Moment sind wir BFF, Best Friends Forever. Mario war stets mein geduldigster Liebeskummer-Tröster. Nächtelang musste er sich meine Hanna-Geschichten anhören. Ich fand deshalb, dass er es sich verdient hatte, als Erster von meinem Liebesglück zu erfahren: „Du, es gibt da jemand Neuen. Sie heißt Caro."

„Bei mir auch", sagte Mario, dem ich wegen seiner vielen Wolle-Petry-Freundschaftsbändchen eine ewige Single-Zukunft prophezeit hatte. „Sie heißt Franziska und ist Politikerin."

Berlin, die Stadt der Liebe.

Das große Fest

Um 19 Uhr startete Lörrs Abschiedsfeier im Festsaal einer Landesvertretung. Deren Leiter hatte ihm einen Gefallen geschuldet und keine Raummiete verlangt. Aus Kostengründen waren unter den 100 Gästen nur acht Ministeriumsmitarbeiter: Minister Felix Rohr, drei Staatssekretäre (Lörrs Büfett-Feind Ole Weimer war unentschuldigt ferngeblieben), Monika Wieland, Caro Himmler, eine Pressesprecherin, die (selbstverständlich ohne Gage) den Abend moderieren musste, und ein Social-Media-Manager, der vom Abteilungsleiter als Discjockey und Fotograf zwangsverpflichtet worden war. „Was ist der Unterschied zwischen dem Rapper *50 Cent* und mir?", witzelte der junge Mann über sein Honorar. „Ich heiße ‚Null Cent'!"

In der ersten Reihe saßen der Bundesminister und seine zwei Vorgänger, denen Lörr jeweils vier Jahre gedient hatte (keinem von ihnen war das Glück vergönnt gewesen, eine zweite Amtszeit zu erleben), ein Ministerpräsident, vier Landesminister, acht Staatssekretäre, der chinesische Botschafter und – direkt neben dem Gastgeber und seiner Frau – die neue Unterabteilungsleiterin Monika Wieland. Die zwölf Bundestagsabgeordneten mussten hinter ihr Platz nehmen. Ab Reihe drei drängten sich diverse Chefs staatsnaher Unternehmen, Funktionäre, Lobbyisten und weitere edle Kuchen- und Tortenspender. Ganz hinten ließ sich in aller Bescheidenheit eine siebenköpfige Delegation aus Pobüll nieder.

Die Moderatorin begrüßte die Gäste: „Ich freue mich, mit Ihnen heute eine lebende Legende hochleben zu lassen, einen Beamten, der Ministeriumsgeschichte schrieb, einen Mann, der den Papst und den spanischen König getroffen hat und drei Bundeskanzlern die Hand schüttelte. Nach 47 Jahren im Staatsdienst treten Sie, lieber Herr Abteilungsleiter Lörr, morgen Ihren wohlverdienten Ruhestand an. 100 Gäste sind heute gekommen, um Danke zu sagen für Ihr beachtliches Lebenswerk. Als Erstes darf ich den Herrn Minister auf die Bühne bitten."

Dr. Felix Rohr verneigte sich, nachdem er das Podium betreten hatte, Richtung Lörr: „Lieber Herr Abteilungsleiter, Sie haben mir einmal versprochen, dass Sie keinen Tag früher als ich abtreten werden. Sie haben nicht ganz Wort gehalten. Sie nehmen bereits heute Abschied. Die Legislaturperiode endet aber erst am Montag. Somit muss ich vier Tage ohne Sie auskommen." (Gelächter im Publikum, am lautesten lachte der Minister selbst.)

„Ich habe mir gedacht: Was kann ich einem Menschen schenken, der in seinem Leben alles erreicht hat? Na ja, fast alles – einen akademischen Abschluss haben Sie nicht hinbekommen. Und trotzdem sind Sie zum Abteilungsleiter aufgestiegen. Das muss Ihnen erst einmal einer nachmachen!" Minister Rohr lachte wieder dröhnend.

Hans-Joachim Lörr lächelte krampfhaft und versuchte, sich seinen Ärger nicht anmerken zu lassen. So ein Foul hätte er dem Abfluss-Doc nicht zugetraut.

Der Minister fuhr fort: „Und da habe ich mir gedacht: Ich schenke Ihnen einen Ehrendoktor! Vor einem Monat habe ich den Rektor der Hamburger Universität angerufen und gesagt, dass er uns etwas schulden würde, weil unser Ministerium sein Haus seit vielen Jahren großzügig mit Fördergeldern unterstützt. Er hat sofort zugestimmt. Lieber Herr Lörr, Ihnen wird die Ehrendoktorwürde dieser renommierten Universität verliehen! Dem Rektor ist es ein Bedürfnis, Ihnen die Promotionsurkunde bei einem musikalischen Festakt im Hamburger Rathaus zu überreichen. Herzlichen Glückwunsch, Dr. rer. pol. oec. h. c. Lörr!"

Alle Gäste im Saal standen auf und applaudierten. Es folgten die Reden der ehemaligen Minister, die sich in Huldigungen übertrafen – vielleicht weil sie an Lörrs Giftschrank denken mussten. Im Safe lagen mehrere ausgedruckte, schlüpfrige Mails des verheirateten Ex-Ministers an seine Sekretärin und ein – der Öffentlichkeit bis dato unbekannter – Strafbefehl, den der Ex-Ex-Minister nach einem Raser-Unfall mit Fahrerflucht ausgefasst hatte.

„Und jetzt, meine Damen und Herren, kommen wir zum berührendsten Teil des Abends", sagte die Moderatorin. „Lieber Herr Abteilungsleiter Dr. Lörr, die Bühne gehört Ihnen."

Hans-Joachim Lörr ergriff das Wort: „Ich freue mich, liebe Gäste, dass Sie mir an meinem letzten Abend als aktiver Beamter die Ehre erweisen. Als Erstes möchte ich mich bei einer Frau bedanken, die immer eine wertvolle Stütze für mich war ..." (alle Gäste blickten auf Hiltrud Lörr, die zu strahlen begann) „... und die seit heute Unterabteilungsleiterin ist: Monika Wieland ..." Die Ministerialdirigentin erhob sich und winkte in alle Richtungen, zuletzt nickte sie Lörrs enttäuschter Ehefrau zu. Als Lörr seine dreiminütige Rede beendet hatte, wollte der Applaus kein Ende nehmen: acht Minuten Standing Ovations.

Wahrscheinlich hätten die Gäste noch länger geklatscht, wenn die Moderatorin dem Fotografen kein Zeichen gegeben hätte, seinem Zweitjob als Discjockey nachzukommen. Der fotografierende DJ kannte Lörrs

Liebe zu Roland Kaiser und legte *All die Jahre* auf – ob er ganz unschuldig gerade auf diesen Song gestoßen war, ohne den Text zu kennen, oder ob es sich um eine ganz bewusste Wahl gehandelt hatte, war unklar:

Ich hab' gelogen /
Ich hab' betrogen /
Du hast nichts gesagt.
Was ich dir versprochen /
Das hab' ich gebrochen /
Du hast nichts gesagt.

Leider war Lörr an diesem Abend nicht in Kaiser-Stimmung. Er stürmte zum DJ-Tisch („Der Songtext ist nun wirklich nicht passend, Sie Dödel!") und verlangte mehr Pathos: *I did it my way* von Frank Sinatra.

And now the end is here /
And so I face that final curtain /
My friend I'll make it clear /
I'll state my case, of which I'm certain /
I've lived a life that's full /
I traveled each and every highway /
And more, much more /
I did it, I did it my way.

Um 20 Uhr wurde das Büfett eröffnet. Der „Essen auf Rädern"-Caterer *Fresstopf* hatte fünf Kategorien im Angebot: A („Einfach lecker"), B („Beliebte Klassiker"), C („Gourmet-Menü"), D („Spezialität des Tages") und E („Traditionell gut"). Die Lörrs hatten sich für A entschieden, die günstigste Variante. Die Gäste konnten wählen zwischen „traditionellen Leberklößen auf herzhaftem Sauerkraut", „Penne-Nudeln mit vegetarischer

Bolognese" und „Bratwurst vom Schwein in Soße". Der Wein kam von *Aldi*, offeriert wurden Riesling-Chardon-nay und Shiraz Cabernet (jeweils 1,99 Euro die Flasche).

Ein Blick auf den zehn Meter langen Geschenke-tisch zeigte den Lörrs, dass ihre Investitionen hohe Renditen brachten:

- 7 exklusive Gourmet-Gutscheine (unter anderem für ein Dinner im Kreuzberger Speiselokal *Nobelhart & Schmutzig*, das zum siebzehntbesten Restaurant der Welt gekürt worden ist und namensbedingt – oder auch wegen der handgeschöpften Schokolade in Vulven-Form – hohe Politiker anzieht, eine Partei-farbe ausgenommen: Am Eingang kleben vier Ver-botsschilder – keine Kameras, keine Handys, keine Waffen und keine AfD!),
- 5 Nächte für zwei Personen im Fürstenzimmer „Deluxe Hideaway" des 5-Sterne-Superior-Hotels *Schloss Elmau* (die Staats- und Regierungschefs der führenden Industrienationen haben sich an diesem abgeschiedenen Ort in den bayerischen Alpen be-reits zwei Mal zum G7-Gipfel getroffen – zum Ver-druss des Schattenministers stets ohne ihn, da nur Beamte aus dem Bundeskanzleramt und dem Bun-despresseamt die Supermächtigen betreuen durf-ten), inklusive Feel-Good-Paket „Reset & Reenergize" (gibt es einen besseren Start ins Pensionärsleben, als mit Relax-Übungen, Panoramablick und Sterneku-che den Kopf frei zu bekommen?), Wert: 8.207 Euro,
- 1 Fünf-Sterne-plus-Kreuzfahrt von Fidschi nach San Francisco, gespendet von den befreundeten Corona-masken-Fabrikanten Gero Nüsser und Fred Suter (18 Tage in der „Grand Ocean Suite" des Luxus-Liners „MS Europa 2" kosten 20.550 Euro – pro Person. Mot-to des Veranstalters: „Bula!", „Aloha!" und „Hello!"),

- 1 Flugticket (Business Class) für zwei Personen nach Rom und ein Abend im Feinschmecker-Tempel *La Pergola* (3 Michelin-Sterne) hoch über den sieben Hügeln,
- 2 kulinarische Präsentkörbe (1 Trüffel-Box und 1 Kaviar-Trio „Beluga Imperial"),
- 1 Montblanc-Füllfederhalter (Modell „Around the World in 80 Days Solitaire LeGrand") mit Namensgravur („*H.-J. Lörr*") und persönlicher Widmung des weltweiten Montblanc-Markenbotschafters Ronald Pofalla (der frühere Kanzleramtschef war in seiner Amtszeit federführend in der sogenannten „Montblanc-Affäre", deretwegen gleich 116 Abgeordnete in der Tinte steckten. Die Volksvertreter hatten sich im Deutschen Bundestag mit Luxusfüllern und Nobelkulis eingedeckt – auf Kosten der Steuerzahler. Am schreibwütigsten war mit Abstand Angela Merkels rechte Hand: Zwischen 2006 und 2009 gönnten sich Pofalla und sein Stab fünf Füller zu je 606,25 Euro, fünf Drehbleistifte zu je 525,21 Euro, elf Kugelschreiber zwischen 116,60 und 474,79 Euro, zwei Brieföffner zu je 228,45 Euro, vier Dokumentenmarker zu je 126,95 Euro sowie zwei Tintenfässer aus Bleikristall mit vergoldeten Beschlägen zum Stückpreis von 400,86 Euro. Damit war Pofallas Schreiblust aber noch immer nicht gestillt: 2010 bestellte Ronald die Edelfeder weitere 14 Montblanc-Meisterstücke für insgesamt 3.307,61 Euro. Seither frage ich mich, ob dieser Mann im Nebenjob Schriftsteller ist und unter dem Pseudonym „James Joyce" den 1.000 Seiten dicken Roman „Ulysses" verfasst hat – oder als Präsident für den deutschen PEN-Klub kandidieren wollte. Bereits im Bundestag war Ronald Pofalla als Poetry Slammer aufgefallen. Von einem langjährigen Abgeordneten

weiß ich, dass Pofalla seinem CDU-Parteifreund Wolfgang Bosbach einen emotionalen Prosatext gewidmet hat: „Ich kann deine Fresse nicht mehr sehen! Du machst mit deiner Scheiße alle Leute verrückt!"),

- 2 VIP-Tickets (ohne Backstage-Büfett) für ein Roland-Kaiser-Konzert am Dresdner Elbufer, dazu
- 1 Roland-Kaiser-Shirt mit dem Aufdruck „Warum hast du nicht NEIN gesagt?",
- 8 Flaschen Jahrgangschampagner (darunter Bollinger Champagne Brut La Grande Année 2014),
- 6 edle Bordeaux-Weine (Château La Mission Haut-Brion Rouge 1er Cru Classé 2016),
- 2 Holzkisten mit fruchtigen Rieslingen aus der Pfalz,
- 1 Original Sacher-Torte aus Wien,
- 1 Bierkrug aus Sterling-Silber,
- 1 Fotobuch mit sämtlichen VIP-Begegnungen des Schattenministers, von A wie Jassir Arafat bis Z wie Brigitte Zypries (liebevoll dokumentiert von Caro Himmler),
- 1 Straßenschild („Hans-Joachim-Lörr-Platz" in Pobüll) und
- 1 roter Umschlag der Volksrepublik China (aus Tradition verschenken die Chinesen zu feierlichen Anlässen rote Umschläge mit Geldbeträgen an Familienmitglieder und Freunde. In der chinesischen Kultur heißt es, dass Rot als Glücksfarbe vor dem bösen Geist Sui schützt).

Einem fanatischen Unionsmann wie Lörr hat Rot allerdings noch nie Glück gebracht, wie ich von Caro weiß. Der Ministerialdirektor konnte in seiner Feierstunde nicht ahnen, dass der garstige chinesische Dämon Sui bereits auf dem Weg zu ihm war: in Form einer happigen Rechnung des Bundeskriminalamtes. Am übernächsten Morgen sollte er folgendes Schreiben bekommen:

„Sie haben durch die Vortäuschung einer Gefahrenlage einen erheblichen Einsatzaufwand verursacht. Die entstandenen Kosten für die ‚BAO Finsterweg' werden gem. Art. 1, 2, 3 Abs. 1 Nr. 10 Satz 2 Buchst. c, d, Art. 6, 10 Abs. 1 Nr. 1 und 5 KG, Tarif-Nrn. 2.II.5/2 bis 2.II.5/4 KVz von Ihnen erhoben.
Rechnungsbetrag: 97.360,00 EUR
Fällig am 14.12.
Bitte halten Sie den Zahlungstermin ein. Sie ersparen sich damit die Kosten und Unannehmlichkeiten einer Mahnung und ggf. einer Zwangsvollstreckung. Im Fall verspäteter Zahlung können außerdem Säumniszuschlage anfallen."

97.360 Euro – was für eine astronomische Summe! Es kann verdammt teuer sein, uns Polizisten zum Narren zu halten – auch wenn streng genommen Monika Wieland die Quittung hätte bekommen müssen. Aber mit Hans-Joachim Lörr würde es wahrlich keinen unschuldigen Menschen treffen, wie ich fand, und schon gar keinen armen. Ich halte es für gerecht, dass jemand, der in seiner Beamtenlaufbahn so viel Leid wie Lörr angerichtet hat, ordentlich blechen muss.

Mir fielen die Worte meines Lehrmeisters ein, der als Chefermittler bei der Wiener Polizei die größten Kriminalfälle der Zweiten Republik gelöst hat: „Burli", sagte er einmal zu mir, „hin und wieder müssen wir der Gerechtigkeit auf die Sprünge helfen, indem wir etwas bewusst übersehen. Nicht ohne Grund hat die römische Göttin Justitia die Augen hinter einer Binde verborgen." Eine zutiefst österreichische Weltsicht.

Die überkorrekten Berliner Preußen-Polizisten können mit dieser Wiener Ermittlungsphilosophie allerdings rein gar nichts anfangen. Daher hatte sich meine Lieblingschefin Emily mit Lörrs Erklärung im Fernsehen („Vorzeitiger Pensionsschock") nicht zufriedengegeben und den Abteilungsleiter zu uns in die Polizeidirektion 2 vorgeladen.

„Herr Lörr, werden Sie erpresst?", wollte sie ihn fragen. „Wir haben Ihr Diensthandy völlig zertrümmert in einem Müllcontainer gefunden – waren das wirklich Sie?" „Wie kann es sein, dass Sie während Ihrer Auszeit an der Ostsee von niemandem gesehen beziehungsweise erkannt wurden – trotz der zahlreichen Fernsehberichte über Ihren Fall und des hunderttausendfach verbreiteten Vermisstenfotos auf Social Media?"

Doch der Ministerialdirektor hatte sofort Ploß angerufen. Und der Ober-Boss war mit hochrotem Kopf in unser Büro gestürmt: „Mensch, Schippmann, ich habe Ihnen doch gesagt, dass Sie den alten Herrn in Ruhe lassen sollen! Ich habe ihn auf einen Kaffee getroffen. Hans-Joachim hat mir ausführlich erzählt, wie sehr ihn seine bevorstehende Pensionierung seelisch mitgenommen hat. Er muss sich jetzt von der ganzen Aufregung erholen. Der Fall Lörr ist abgeschlossen, verstanden?"

Ich habe Emily selten so wütend gesehen. Typisch Null-Null-Ploß, dachte ich mir. Bled wia zehn Pinkel Fetzen, um es auf gut Wienerisch zu sagen.

Eine Ottakringer Schulfreundin, sie ist mittlerweile Personalchefin im berühmten Tiergarten Schönbrunn, hat mir vor Jahren die wichtigste Erfolgsregel fürs Büro erklärt: „Nicht schreien. Nicht schwitzen. Nicht rennen." Diese drei Handlungen setzt Ploß am häufigsten. Darum ist er kein guter Chef.

Ein vertrauliches Gespräch mit dem Minister

Monika Wieland genoss es sichtlich, erstmals einem erlesenen VIP-Kreis im Regierungsviertel anzugehören, und das, obwohl Lörrs Büfett wenig mit Hauptstadt-Glamour zu tun hatte. Die Ministerialdirigentin behielt ihre gute Laune dennoch, diesmal bestand bei ihr keine Tourette-Gefahr. Sie fühlte sich innerlich befreit, niemals würde sie mehr im Bürgerservice versauern. Ihr neues Büro befand sich in direkter Nähe der Hausleitung und war mindestens doppelt so groß wie das alte, ihr Büronachbar war ein Parlamentarischer Staatssekretär. Um den neuen Arbeitsplatz zu verschönern, hatte sie bei einem dänischen Designer eine elegante Glasvitrine gekauft. Darin war Wielands kostbarster Schatz ausgestellt – die Ernennungsurkunde. Jeder Besucher sollte ihren Aufstieg in den Beamtenadel sehen.

„Im Namen der
Bundesrepublik Deutschland
ernenne ich

MONIKA WIELAND, M. A.

mit Wirkung vom 29. Oktober
zur Ministerialdirigentin

Berlin, den 28. Oktober

Der Bundespräsident
Frank-Walter Steinmeier"

Nun kam sogar der Minister auf sie zu, um persönlich zu gratulieren: „Herzlichen Glückwunsch, Frau Wieland! Können wir kurz unter vier Augen sprechen?"

Die Unterabteilungsleiterin begleitete den Politiker vor die Tür. Felix Rohr sagte: „Ich habe gesehen, dass 2.520 Euro auf meinem Konto eingegangen sind – die Miete für eine 90-Quadratmeter-Ferienwohnung in Prora für zwei Wochen. Sie müssen wissen, dass ich drei Appartements in Block 1 besitze, die ich alle vermiete. An sich ist das also nichts Ungewöhnliches, allerdings war unter Verwendungszweck Ihr Name angegeben, liebe Frau Wieland." Er pausierte kurz, um das Gesagte wirken zu lassen. Und das tat es auch: Monika Wieland wurde sichtlich nervös – der erste Fehler, der ihr bei der „Operation Ministeriumsschreck" unterlaufen war! Felix Rohr legte ihr beschwichtigend die Hand auf die Schulter und sprach weiter: „Ich weiß nicht, was Sie in Binz zu erledigen hatten, und will es eigentlich auch gar nicht genau wissen, aber ich bin mir ziemlich sicher, dass Ihr Aufenthalt einer äußerst guten Sache gedient hat. Die Ostsee ist immer wieder für Überraschungen gut, was unser lieber Hans-Joachim Lörr nur allzu gut bestätigen kann. Hier haben Sie Ihr Geld zurück."

Felix Rohr überreichte ihr ein dickes weißes Kuvert und lächelte wissend. Monika Wieland sah den Minister ganz verwirrt an, nach einigen Sekunden verstand sie jedoch: „Ganz lieben Dank, Herr Minister! Ich hoffe, ich kann auf Ihre Diskretion zählen."

„Diskretion gehört zu meinen Grundwerten, liebe Frau Wieland. Das wissen alle Geschäftspartner zu schätzen, mit denen ich über öffentliche Aufträge verhandle. Kein Gespräch wird dokumentiert, niemals dringt etwas an die Öffentlichkeit."

Noch am selben Abend erzählte der Minister Caro von seinem geheimen Feriengast in Prora, streng vertraulich natürlich. Caro tat, als sei sie überrascht, und erzählte später alles mir, und ich erzähle jetzt alles Ihnen. Vielleicht fragen Sie sich, warum der Minister so etwas Heikles ausgerechnet meiner Caro anvertraut hat, die ja nicht einmal seine Büroleiterin ist, sondern nur die des Schattenministers. Dazu müssen Sie wissen, dass Menschen, die in Ministerien arbeiten, prinzipiell Geheimnisse lieben, aber noch mehr lieben sie es, über Geheimnisse zu reden, und am liebsten ist es ihnen, wenn die verbreiteten Geheimnisse nicht sie selbst, sondern andere betreffen. In jedem Ministerium sind Geheimnisse die wertvollste Währung.

Als Polizeioberkommissar habe ich übrigens schon die außergewöhnlichsten Fälle untersucht, aber auf so viele Zufälle auf einmal bin ich noch nie gestoßen. Oder haben Sie schon jemals gehört, dass eine Kidnapperin, die Beamtin in einem Ministerium ist, als Gefängnis für ihren Chef eine Ferienwohnung mietet, die ausgerechnet jenem Bundesminister gehört, für den sowohl Opfer als auch Täter arbeiten? Oder dass sich der zuständige Ermittler in die Büroleiterin des Entführten verliebt?

„Manchmal fällt es mir schwer, an unglaubliche Zufälle zu glauben", habe ich zu Emily gesagt.

„Bei dir hat der Zufall Schicksal gespielt", hat sie lächelnd geantwortet. Ich glaube, dass Emily diesen Satz von Roland Kaiser gestohlen hat.

Aber werfen Sie mit mir noch einen letzten Blick auf das Abschiedsfest des Schattenministers. Um 23.45 Uhr war der Discounter-Wein ausgetrunken und die Feier zu Ende. Die Lörrs standen an der Ausgangstür und verabschiedeten jeden einzelnen Gast mit denselben drei Sätzen: „Wir würden uns sehr über eine Gegeneinladung zum Essen freuen. Und vergessen Sie bitte nicht, uns auf die Einladungsliste zu setzen, wenn Sie eine Veranstaltung organisieren. Wir kommen immer gerne!"

Um Punkt Mitternacht nahm Ministerialdirigentin Monika Wieland noch einmal ihr Kryptohandy und schrieb ihrem Neffen eine SMS: „Jetzt!" Björn Wieland setzte sich an seinen Computer und lud Lörrs Sorry-Video auf YouTube hoch.

Der nächste Anne-Will-Talk hatte das Thema: „Macht und Machtspielchen – fiese Psycho-Chefs in der Politik."

ENDE

PS: Mir war die ganze Aufregung im Berliner Regie-rungsviertel powidl, wie wir Wiener sagen, also völ-lig egal. Ich saß mit Caro händchenhaltend im Airbus A330-200 der Lufthansa und freute mich auf die Ma-lediven.

Handelnde Figuren

Nils Alber: Referatsleiter im Auswärtigen Amt

Thomas Bartenstein: Regierungsdirektor im Bundesministerium, CDU-Mitglied

Herbert Brandner: Fahrer im Bundesministerium

Kai Brüggemeier: junger Polizist, Mitglied der „BAO Finsterweg"

Mario Deppendorf: Geschichtslehrer und ehemaliger Bundestagsmitarbeiter, André Heidergotts bester Freund

Astrid Eberl: Ministerialdirigentin im Bundesministerium, Unterabteilungsleiterin Leitung 1 (Strategische Planung, Koordinierung, Ministerbüro)

Klaus Fabian: Ministerialdirektor im Bundesministerium, Abteilungsleiter Personal

André Heidergott: gebürtiger Wiener, Polizeioberkommissar in der Berliner Polizeidirektion 2

Hanna Heidergott: Verkäuferin im KaDeWe, Ex-Frau Heidergotts

Jasper Herbst: Regierungsdirektor im Bundesministerium, Referatsleiter in der Unterabteilung „Presse und Kommunikation"

Erik Holstein: Amtsrat, für den Fuhrpark im Bundesministerium verantwortlich

Steffen C. Jäger: Ministerialdirigent im Bundesministerium, Astrid Eberls Vorgänger als Unterabteilungsleiter Leitung 1 (Strategische Planung, Koordinierung, Ministerbüro)

Caro Himmler: Lörrs Büroleiterin

Anton Jacobs: Persönlicher Referent des Bundesministers

Philipp Kerres: Sprecher im Bundesministerium

Ming Li: Kellnerin im Nobelrestaurant „Cordo"

Dirk Lindemann: Leiter des Ministerbüros

Hans-Joachim Lörr: Ministerialdirektor, Abteilungsleiter im Bundesministerium, wichtigster Beamter des Bundesministers, Schattenminister

Hiltrud Lörr (geborene Wolzenburg): Sekretärin im Bundesrat, Hans-Joachim Lörrs Ehefrau

Gero Nüsser: Coronamasken-Fabrikant

Verena Omann: Ministerialdirigentin, Unterabteilungsleiterin im Bundesministerium

Ploß: Polizeidirektor, Ober-Boss von André Heidergott und Emily Schippmann

Josef Rawalski: Polizeioberrat beim Bundeskriminalamt, Chef der „BAO Finsterweg"

Felix Rohr: Bundesminister

Emily Schippmann: Dienstgruppenleiterin in der Polizeidirektion 2

Tom Schippmann: Online-Nachrichtenjournalist, Emilys Ehemann

Christoph Schütz: Stammgast im Restaurant „Cordo", Angestellter bei einem großen Ticket-Anbieter

Mirna Stajić: Social-Media-Chefin im Bundesministerium

Simon Streif: Ministerialdirigent im Bundesministerium, Ex-Ministersprecher, ehemaliger Unterabteilungsleiter Leitung 2 (Presse und Kommunikation)

Fred Suter: Coronamasken-Fabrikant, Gero Nüssers Geschäftspartner

Lisa Thaler: Regierungsobersekretärin im Bundesministerium, saß in Lörrs Vorzimmer

Gernot Trauner: *Spiegel*-Journalist

Ole Weimer: Parlamentarischer Staatssekretär im Bundesministerium

Björn Wieland: Sanitäter und Rettungsfahrer auf der Insel Rügen, Monika Wielands Neffe

Monika Wieland: Regierungsdirektorin im Bundesministerium, Referatsleiterin Bürgerservice und Besucherdienst

Register der Eitelkeit

(Kostenloser Service für alle Politiker*innen, die sich 100-mal pro Tag selbst googeln, und ihre Pressesprecher*innen, die vor lauter Chef-Googeln an brennenden Augen und verschwommener Sicht leiden.)

P
Pofalla, Ronald (S. 293, 294)
Pufpaff, Sebastian (S. 104)
Putin, Wladmir (S. 95, 209, 226, 236)

R
Relotius, Claas (S. 139)
Roth, Claudia (S. 104)

S
Scholz, Olaf (S. 78, 109, 148, 230)
Schröder, Gerd (S. 116)
Seehofer, Horst (S. 16)
Söder, Markus (S. 230)
Spahn, Jens (S. 84)
Stegner, Ralf (S. 212)
Steinbrück, Peer (S. 35, 100)
Steinmeier, Frank-Walter (S. 298)
Stoiber, Edmund (S. 35)
Strache, Heinz-Christian (S. 50)

Strauß, Franz Josef (S. 185)
Streibl, Max (S. 185, 186, 187)

T
Teuteberg, Linda (S. 103, 104)
Trittin, Jürgen (S. 112)
Trump, Donald (S. 55, 66)

U
Ulbricht, Walter (S. 55)

W
Wapler, Christoph (S. 75)
Will, Anne (S. 194, 275, 301)
Woelki, Rainer Jessas Maria (S. 11)

X
Xi, Jinping (S. 226)

Z
Zypries, Brigitte (S. 294)

Inhalt

Auflage:

4	3	2	1
2027	2026	2025	2024

HAYMON tb **322**

Originalausgabe
© Haymon Krimi, Innsbruck-Wien 2024
www.haymonverlag.at

ISBN 978-3-7099-7960-0

Inhaltliche Betreuung: Haymon Krimi / Linda Müller
Lektorat: Haymon Krimi / Ilona Mader / Linda Müller
Projektleitung: Haymon Krimi / Danijela Pavic
Buchinnengestaltung nach Entwürfen von himmel. Studio für Design
und Kommunikation, Innsbruck/Scheffau – www.himmel.co.at
Umschlaggestaltung und -motive: Zero Werbeagentur, München
unter Verwendung von folgenden Bildelementen:
Rahmen: shutterstock.com / Suwan Wanawattanawong;
Sessel: shutterstock.com / xavier gallego morell;
Kaktus im Topf: shutterstock.com / New Africa;
Hintergrund: shutterstock.com / Abdul Aziz Slamet
Satz: Da-TeX Gerd Blumenstein, Leipzig
Autorenfoto: Niels Starnick

Gedruckt auf umweltfreundlichem,
chlor- und säurefrei gebleichtem Papier.